dtv

»Mit mir als Vorgängerin werden Sie keine Schwierigkeiten haben«, tröstet die scheidende Amei-Angelika Müller ihre Nachfolgerin in der ländlichen Pfarrei – eingedenk ihrer eigenen Unzulänglichkeit und des schweren Erbes, das sie selbst vor sieben Jahren angetreten hat. Nun folgt sie ihrem Mann auf eine Pfarrstelle in der Stadt. Neue Erlebnisse und Erfahrungen warten auf die »unvollkommene Pfarrfrau«, von denen sie mit viel Selbstironie und gekonnter Situationskomik erzählt. Von Pfarrers Eigenheiten ist die Rede, von Erziehungsmethoden und Kinderstreichen, vom Laienspielkreis und Hexenschuß, vom Schwimmenlernen und von Tanzstunden. Nicht zu vergessen ihr »Aufstieg« von der »oifachen« Pfarrfrau zur Wilhelm-Busch-Expertin in ›Alles oder Nichts‹. Ein heiteres, humorvolles Buch, das beweist: »Pfarrer sind auch Menschen.«

Amei-Angelika Müller wurde am 6. Februar 1930 als Tochter eines Pfarrers in Neutomischel bei Posen geboren; im Januar 1945 Flucht in den Westen; 1950 Abitur und anschließendes Jurastudium. Weitere Werke: ›Pfarrers Kinder, Müllers Vieh‹ (1978), ›In seinem Garten freudevoll ...‹ (1981), ›Sieben auf einen Streich‹ (1982), ›Ein Drache kommt selten allein‹ (1987; 1990 u. d. T. ›Veilchen im Winter‹), ›Und nach der Andacht Mohrenküsse‹ (1991), ›Ach Gott, wenn das die Tante wüßte‹ (1996).

Amei-Angelika Müller

Ich und du, Müllers Kuh

Die unvollkommene Pfarrfrau in der Stadt

Deutscher Taschenbuch Verlag

Von Amei-Angelika Müller
sind im Deutschen Taschenbuch Verlag erschienen:
Veilchen im Winter (11309)
Ach Gott, wenn das die Tante wüßte (20186)
Pfarrers Kinder, Müllers Vieh (20219; auch als
dtv großdruck 25011)
Und nach der Andacht Mohrenküsse
(dtv großdruck 25096)
Sieben auf einen Streich (dtv großdruck 25143)

Ungekürzte Ausgabe
Oktober 1988
11. Auflage September 2003
Deutscher Taschenbuch Verlag GmbH & Co. KG,
München
www.dtv.de

Erstveröffentlichung: Heilbronn 1980
Umschlagkonzept: Balk & Brumshagen
Umschlagbild: ›Picnic With Balloon‹ (1908) von Konstantin Rodko
(© MAURITIUS Bildagentur)
Gesamtherstellung: Druckerei C. H. Beck, Nördlingen
Gedruckt auf säurefreiem, chlorfrei gebleichtem Papier
Printed in Germany · ISBN 3-423-20116-9

»... Der Ort ist gut, die Lage neu.
Der alte Lump ist auch dabei.«

Wilhelm Busch

Für Manfred

Bearbeitung der schwäbischen Dialektstellen:
Doris Leibinger

Inhalt

An den geneigten Leser

Halt, blättern Sie nicht weiter!

Ich weiß, das Vorwort überschlägt man gern oder man liest es hinterher. Bitte, machen Sie heute eine Ausnahme, denn ich möchte an dieser Stelle einen Irrtum aus dem Weg räumen, Sie vor Enttäuschung und mich vor Ärger bewahren.

Durch dieses Buch marschiert eine lange Reihe von Menschen. Nur ganz wenige von ihnen existieren in Wirklichkeit. Ich kann sie an den Fingern einer Hand herzählen: mein Mann, meine beiden Söhne und ich. Schon die Verwandtschaft habe ich stark verändert und überzeichnet. Alle anderen Gestalten in diesem Buch sind Geschöpfe meiner Phantasie, Typen, die es in Wirklichkeit nicht gibt.

Bin ich denn eine Filmgröße, eine einflußreiche Persönlichkeit, die mit ihrer berühmten Bekanntschaft brillieren könnte?

Nein, ich bin's nicht!

Wollte ich die Wirklichkeit nacherzählen, Menschen beschreiben, die das Pech hatten, mir über den Weg zu laufen?

Nein, das wollte ich auch nicht! Wozu habe ich meine Phantasie? Mit ihrer Hilfe eine eigene, kleine Welt zu schaffen hat mir weit mehr Freude gemacht.

Wenn Sie also in diesem Buch nach dem Konterfei irgendeiner lebenden Persönlichkeit suchen, dann klappen Sie's lieber zu, denn Sie werden mit Enttäuschungen rechnen müssen. Schenken Sie's Tante Ottilie oder Onkel Wilhelm zu Weihnachten, vielleicht haben die mehr Spaß daran.

Das ist's, was mir wichtig war. Und wenn Sie jetzt noch weiterlesen wollen, dann kann ich auch nichts machen.

Lesen Sie halt, und lassen Sie sich dabei die angenehme Erkenntnis vermitteln:

> »Ei ja, da bin ich wirklich froh,
> Denn, Gott sei Dank, ich bin nicht so!«
>
> *Wilhelm Busch*

Stellensuche mit Pferdefuß

»Mistviehcher, elendigliche! Rupfen sollte man sie, braten, in den Suppentopf stecken!« Ich packte Manfreds Briefbeschwerer und riß das Fenster auf. »Schau nur, wie sie meinen frischgepflanzten Salat fressen, wie sie scharren und picken. Nur wenn's ans Eierlegen geht, dann verschwinden sie. Hühnerbrut!«

Manfred wand mir den Briefbeschwerer aus der Hand.

»Sei friedlich, Malchen, du könntest eines treffen! Was meinst du, was der Nachbar sagen würde? Vielleicht brauchst du dich nicht mehr lange zu ärgern.«

»Wieso? Willst du den Zaun flicken? Ich sage dir, es ist zwecklos. Im Handumdrehen haben sie einen Tunnel gescharrt ...«

»Jetzt hör mir mal zu, wenn's möglich ist!«

»Natürlich ist es möglich! Pfarrfrauen müssen zuhören können, ich habe es in der Pfarrbräuterüstzeit gelernt ...«

»Ah ja, und seitdem kannst du es?«

»Manfred, sei nicht ironisch! Ich kann das nicht leiden!«

»Ich bin nicht ironisch! Ich will hier weg!«

»Hier weg?« Ich sank auf einen Stuhl. »Aber wir sind doch eben erst gekommen!«

»Eben? Du hast Nerven! Sieben Jahre sind's her. Und nach sieben Jahren sollte ein Pfarrer die Stelle wechseln.«

»Aber warum denn? Gerade jetzt, wo ich die Leute kenne und weiß, wie sie heißen, und ihren Dialekt verstehe ...«

»Die Gemeinde braucht einen neuen Pfarrer! Einen, der anders predigt, andere Lieder singen läßt, andere Menschen anspricht. Und ich, ich brauche eine Stelle, in der ich neu anfangen kann.«

Er sprang auf und ging ans Fenster. Ich gesellte mich zu ihm, und wir schauten schweigend hinunter in unsere Welt. Der Garten war nicht sonderlich prächtig, aber auf der Rabatte blühten Tulpen und Hyazinthen, und am Zaun entlang leuchteten die Forsythien. Drüben, vor der Kirche, spielten unsere Söhne »Fangerles«. Sie lärmten und tobten mit ihren kleinen Freunden und verfügten über ein ganzes Königreich: einen Kirchplatz und einen Garten, Bäume zum Klettern und Mauern zum Runterfallen, Bächlein und Rinnsale zum

Waten und Schmutzigmachen und zahlreiches Federvieh zum Jagen.

Manfred räusperte sich. »Was hältst du von einer Pfarrstelle in der Stadt?«

Im Stall jenseits der Straße grunzten Nachbars Schweine. Seine Hühner beehrten unseren Garten. Sein Misthaufen duftete mild in unsere Nasen. Sein Töchterchen brachte zur Winterszeit eine Kanne voll köstlicher Metzelsuppe ins Pfarrhaus, stellte eine Schüssel mit Leber- und Griebenwurst auf den Küchentisch und, wenn ich mich den Hühnern gegenüber freundlich verhielt, auch noch eine mit Sauerkraut und Wellfleisch. Mir lief das Wasser im Mund zusammen, ich schluckte vernehmlich.

»Möchtest du gerne Frau Stadtpfarrer werden?«

Die dörfliche Idylle nebst Wellfleisch und Metzelsuppe versank. Prachtvolle Schaufenster tauchten auf, Theaterfoyers mit festlich geputzten Menschen, Kinos und Straßenbahnen. Ein stolzer Dom, ein hohes Münster, gefüllt bis auf den letzten Platz. Manfred vor dem Altar. Ich, in der Pfarrbank, geehrt, bewundert. Frau Stadtpfarrer!

Ein Pfarrhaus mit Zentralheizung und Bad, ein Park darum mit lauschigen Bäumen, ein Dienstmädchen mit weißer Schürze, ein Gärtner mit grüner, und dies alles in vornehmer Villengegend, stille, gepflegte Straßen, Passanten mit bewundernden Blicken und gezogenem Hut: »Grüß Gott, Frau Stadtpfarrer!«

»Fünf Stellen sind ausgeschrieben«, sagte Manfred, »drei davon klingen der Beschreibung nach ganz respektabel. Wir müssen hinfahren und sie anschauen!«

»Ja, das wollen wir tun, so schnell wie möglich. Und das allerschönste Haus, das nehmen wir, gell, Manfred?«

Er nickte, und freudig erregt eilte ich in den Garten.

»Tut nur, was ihr nicht lassen könnt!« sagte ich zu den Hühnern, »freßt Salat, bis ihr platzt! Wir werden ihn doch nicht mehr ernten! Wir gehen in die Stadt!«

In solcher Weise sprach ich mit den Hühnern, und der ungewohnte Ton fuhr ihnen in die Glieder. Sie verdrehten Augen und Hälse und stoben, hysterisch glucksend, über den Zaun. Erst am nächsten Tag kehrten sie wieder, noch immer sehr verunsichert.

Manfred aber telefonierte mit den Kollegen und sagte unseren Besuch an.

Eines schönen Nachmittags bestiegen wir das Auto und fuhren frohgestimmt einer neuen, beglückenden Zukunft entgegen.

»Weißt du, Manfred«, sagte ich während der Fahrt und schaute sinnend hinaus auf die frühlingsgrünen Felder, »ich finde, es ist eine große Chance für euch Pfarrer, daß ihr immer wieder neu anfangen könnt! Die alte Gemeinde kennt eure Macken, aber sie sagt kein Sterbenswörtchen, sonst kriegt sie euch nicht los. Die neue hat keine Ahnung und denkt, sie hätt' was ganz Tolles ergattert. Bis sie merkt, was los ist, könnt ihr schon wieder woanders hingehen. Das ist eine wunderbare Lösung, findest du nicht auch?«

»Na ja«, er lachte, »ich hätte es anders formuliert.«

»Denk dir, jetzt kannst du all deine alten Predigten wieder aufwärmen. Die neue Gemeinde hat sie noch nie gehört. Das ist eine große Arbeitserleichterung! Unsere Wochenenden werden sich ganz neu gestalten, wenn du nicht dauernd Predigt machen mußt und alle übrige Arbeit an mir hängenbleibt. Das war für mich immer eine arge Anfechtung, ich muß es dir einmal sagen. Alle anderen Männer haben über das Wochenende frei, nur du hockst im Studierzimmer und brütest und brütest und kannst keinen normalen Gedanken fassen. Aber das wird ja nun alles anders. Mein Krippenspiel haben sie auch noch nicht gesehen und deine Witze noch nie gehört, und sie ahnen nicht, wie schlecht ich kochen kann. Manfred, vielleicht freuen sie sich richtig, wenn wir sie einladen ...«

So schwelgte ich in Zukunftsträumen, bis mich das Kopfsteinpflaster der Kleinstadt in die Wirklichkeit zurückriß. Hier in der Pfarrgasse sollte sich die erste der ausgeschriebenen Stellen befinden.

Das alte Patrizierhaus empfing uns mit Kühle und muffigem Moderhauch, der Amtsbruder dagegen mit Wärme und dampfender Pfeife. Er öffnete die Tür seiner Studierstube, ging dann mit einem kurzen Wort der Entschuldigung voran, um uns den Weg zu bahnen durch Karteikästen, Pläne und Plakate, und räumte Aktenbündel und Zeitschriften von zwei Stühlen, so daß wir Platz nehmen konnten. Er selber bezog Stellung vor dem Schreibtisch, wobei er sorgsam darauf bedacht war, die bedrohlich schief geneigten Aktenberge abzustützen.

»Dies alles«, ich rollte mit den Augen über Akten, Papiere

und Zeitschriften hin, »dies alles ist gewiß Ihr persönliches Eigentum, und Sie werden es einpacken und mitnehmen in Ihre neue Heimat.«

»Aber nein, nicht doch!« rief er. »Dies gehört alles hierher, bis auf den letzten Zettel, und Sie werden es vorfinden, wenn Sie kommen, und in den Schränken liegt noch viel mehr. Schauen Sie!« Er öffnete einen Wandschrank, schloß ihn aber sofort wieder, da die Fülle des Papiers Anstalten machte herauszuquellen. »Und nichts davon ist bearbeitet! Manches erledigt sich mit der Zeit von selbst, das andere wartet auf den Nachfolger!«

Manfred seufzte. Das Telefon läutete.

»Gwinfried«, rief eine Stimme von draußen, »Gwinfried, das Telefon ...«

»So geht es den ganzen Tag«, er hob bedauernd die Hände, begab sich hinter den Schreibtisch zum Telefon und ward nunmehr unserem Gesichtskreis völlig entrückt. Seine Stimme jedoch tönte über das Aktengebirge zu uns herüber und vermeldete düstere Nachricht.

Ein Gemeindezentrum von ungeahnten Ausmaßen solle erbaut werden, Kindergarten, Mitarbeiterwohnungen und Gemeindesaal. Er hätte dies alles aufs beste vorbereitet und gerne das Projekt bis zur Vollendung geführt, jedoch winke eine wichtigere Aufgabe für ihn. So sei er genötigt, den Bau in die Hände des Nachfolgers zu legen. Weiß Gott, es würde für diesen ein gehörig Maß Arbeit geben, jedoch die Befriedigung hinterher, wenn nach Jahren alles wohlgelungen und die Einweihung stattgefunden, diese Befriedigung würde alle Mühe reichlich lohnen. Der junge Amtsbruder werde ihm sicherlich recht geben.

Der junge Amtsbruder aber wiegte zweifelnd den Kopf und antwortete äußerst zurückhaltend, daß er nicht wisse, ob er der richtige Mann sei für diese Aufgabe. Befriedigungen in weiter Ferne hätten ihn eigentlich noch nie zu großen Taten verlockt, und er müsse es erst mit seiner Frau überdenken.

Seine Frau hatte sich bereits erhoben, schlich vorsichtig am Schreibtisch vorbei, um nicht unter stürzenden Aktenlawinen begraben zu werden, und strebte, nachdem sie der Gefahrenzone unverletzt entkommen, eilig der Tür zu.

Der Kollege kam hinter dem Schreibtisch hervor.

»Halt!« rief er. »Sie müssen noch die Baupläne sehen, sonst versäumen Sie das Wichtigste!«

Da klingelte erneut das Telefon.

»Gwinfried«, ertönte wieder die Stimme, »das Telefon!«

Er verschwand seufzend hinter seinen Akten, wir aber nutzten die Gelegenheit und flohen.

Warm war es draußen, und es roch nach Frühling. Ich schnupperte entzückt, aber Manfred drängte mich zum Auto.

»Schnell, mach doch, sonst kommt er noch mit den Bauplänen!«

Dann lag die Kleinstadt hinter uns, wir fuhren wieder durch frühlingsgrüne Wälder.

»Und überhaupt«, sagte ich schließlich nach langem Schweigen, »und überhaupt, wie soll man denn in solchem Studierzimmer Staub wischen!«

Die zweite Stelle lag in einer stillen Vorstadtstraße. Ein weißer Zaun begrenzte einen schmucken Ziergarten, hinter blühenden Büschen leuchtete ein ziegelroter, langgestreckter Bungalow in der Sonne.

»Bist du ganz sicher, Manfred, daß dies das Pfarrhaus ist? Man möcht' sich schließlich nicht umsonst freuen!«

»Komm nur, es ist schon richtig. Hier an der Tür steht Pfarrbüro.« Mir stockte der Atem. Da stand das Haus meiner Träume, zum Greifen nah. Mit leisem Summen öffnete sich das Tor zum Paradies, und wie auf rosigen Lämmerwölkchen schwebte ich hinein.

Ein lichter Wohnraum tat sich auf, die Pfarrfrau empfing uns mit der Kaffeekanne. Wir saßen, den Blick hinaus in den Garten gerichtet, indes mein Geist das Zimmer bereits mit unseren Möbeln bestückte. Dort in der Ecke wird sich das Klavier prachtvoll machen ... mein Schreibtisch kommt vor dieses Fenster ... die Sitzecke werden wir am besten ...

»Der Apfelkuchen schmeckt wie hausgemacht«, sagte die Pfarrfrau, »probieren Sie einmal!«

»Ja, wirklich köstlich«, murmelte ich und schob in Gedanken unseren Wohnzimmerschrank ein Stückchen weiter nach rechts. Ja, so könnte es gehen. Und auf dem Boden brauchen wir unbedingt einen ...

»... Gustav-Adolf-Kreis«, rief die Pfarrfrau, und zwar so laut, daß ich aufgeschreckt wurde. Ich warf ihr einen unwilligen Blick zu. Sie ließ sich nicht beirren, sondern sprach weiter mit solcher Lautstärke, daß ich meine Einrichtungsträume endgültig einstellen mußte.

»... Dienstag ist Frauenstunde, Mittwoch: Mütterkreis und ein Treffen junger Ehepaare, abwechselnd im vierzehntägigen Turnus, Donnerstagnachmittag: Basteln mit unseren Jungscharkindern hier im Wohnzimmer, abends: Kirchenchor und Elternforum, Freitagnachmittag: Seniorenklub, den Abend halten wir frei für private Verpflichtungen, manchmal hat man ja welche, und auf das Wochenende fallen Freizeiten, Gemeindeabende und Bazare – was haben Sie denn, Frau Müller?«

»Hab' mich verschluckt – der Kuchen – keine Luft ...«, ich hustete und schnaufte. Sie klopften mir gemeinsam auf den Rücken.

»Wer macht denn das alles?« fragte Manfred. »Es ist doch nicht gut möglich, daß Sie allein ...«

»Nun, es gibt natürlich Mitarbeiter«, sagte die Pfarrfrau, »aber im Grunde muß man doch alles selber machen, man möchte schließlich, daß ein gewisses Niveau gewahrt bleibt.«

»Aber, Sie haben ja keinen Abend frei außer dem Freitag ...«

»Ach, der Freitag, an dem ist meistens auch etwas los. Man muß die Kirche putzen und das Gemeindehaus ...«

»Haben Sie keinen Mesner?«

»Doch, natürlich, aber er kommt auch nicht mehr nach. Essen Sie doch noch ein Stückchen.«

Sie bot ein zweites Mal Kuchen an und sagte, sie wäre sehr betrübt, wenn alle Arbeit umsonst sein sollte und die Kreise nicht in ihrem Sinn weitergeführt würden. Auch die Gemeinde wäre sicher schmerzlich berührt.

»Wie schaffen Sie das alles?« Ich hustete noch immer.

»Nun, man darf im eigenen Haushalt nicht kleinlich sein«, meinte sie, »nehmen Sie einen ordentlichen Schluck Kaffee, der spült es vollends runter.«

Sie machte Anstalten, meine Tasse noch einmal zu füllen, aber Manfred erhob sich.

»Wir haben Ihnen genug kostbare Zeit gestohlen, jetzt wollen wir wirklich gehen. Vielen Dank für die gemütliche Kaffeestunde.«

»Aber Sie müssen noch das Haus anschauen! Es ist ein Traumhaus! Überaus praktisch und leicht in Ordnung zu halten, wenn man nicht kleinlich ist.«

Nun, sie war nicht kleinlich. Ich bemerkte es allerorten,

am meisten aber auf der Kellertreppe, wo ich über einen alten Stiefel stolperte, den Halt verlor, ein paar Stufen hinunterrutschte und schließlich weich und unbeschadet in einem Wäschebündel landete. Manfred jedoch, der zu meiner Hilfe herbeieilte, übersah eine Harke, die dort unvermutet lehnte, und trat auf ihre Zinken, worauf sie ihm heftig gegen die Nase schlug.

»Ja, so etwas passiert hin und wieder«, die Pfarrfrau lachte, »wir nehmen es mit Humor. Achtung, Sie fallen gleich über die Weihnachtskrippe. Es ist ein wenig dunkel hier unten, weil die Beleuchtung im letzten Winter kaputt gegangen ist. Wir haben uns schon daran gewöhnt, aber von Ihnen kann man das nicht verlangen.«

»Nein, wirklich nicht«, knurrte Manfred, rieb sich mit der einen Hand die Nase und schob mich mit der anderen die Kellertreppe hinauf, der Haustür zu.

»Ja, wir Pfarrleute müssen immer schieben«, sagte die Pfarrfrau, »sonst läuft nichts in der Gemeinde, aber wir tun es ja gern.«

Ihr Mann nickte bestätigend. Wir traten ins Freie, und das Tor des Paradieses klappte hinter uns zu. An der Gartentür blieben wir stehen und schauten noch einmal zurück. »Willst du ihre Nachfolgerin werden, Malchen?«

»Nein«, ich schüttelte heftig den Kopf, »ich bin zu kleinlich.«

Es dämmerte bereits, als wir die Großstadt erreichten und in den Stoßverkehr gerieten. Ich schloß die Augen, ich hielt mir die Ohren zu, gedachte des stillen Dörfleins und meiner armen Kinder und hoffte inständig, bei einem Zusammenprall gleich mausetot und nicht erst schmerzhaft verwundet zu sein.

Die Großstädter fuhren wie die Wilden, wechselten die Fahrbahnen, wann immer es ihnen paßte, fuhren so dicht an uns vorüber, daß es zischte, hupten den wegunkundigen Hinterwäldler wütend an und taten dies alles so lange, bis dessen ohnehin stark strapazierter Geduldsfaden riß. Er richtete sich auf, erhob seine Hand zu unzweideutiger Gebärde, knirschte mit den Zähnen und sprach Worte, die eines Pfarrers Mund nicht sprechen sollte. Dann gab er Gas, überholte rechts und links, hupte, bremste und tat es den anderen Wilden in jeder Weise nach.

Ich schwieg zu all diesem, obwohl mir so einiges auf der Zunge brannte. Wahrheiten über Pfarrer, die schön und ergreifend predigen, aber ganz und gar verwerflich handeln. Denen es am Steuer an jeglicher Nächstenliebe mangelt und deren Herz einzig erfüllt ist mit unchristlicher Wut. So dachte ich, sprach es vielleicht auch leise vor mich hin, und über diesen traurigen Betrachtungen gelangten wir in die Gegend, die wir suchten. Wir befanden uns in einer breiten Straßenschlucht, rechts und links begrenzt von hohen Häusern, am Randstein ein parkendes Auto hinter dem anderen, in der Mitte der fließende Strom der Fahrzeuge – und wir tief im Strudel.

»Oh, wie schön haben wir es doch zu Hause«, so sprach ich nun laut und deutlich, »in unserem trauten Dörflein. Laß uns dorthin zurückkehren, sonst werde ich verrückt!«

»Aber vorher schau noch nach den Hausnummern«, sagte der Mann am Steuer, »ich kann nicht alles alleine machen.«

Ich verstummte tiefgekränkt und gab mir Mühe, die Hausnummern zu entziffern.

»Hundertsechsundvierzig, hundertachtundvierzig, hundertfünfzig, das ist es! Halt an! Himmel, was für ein Ungetüm! Ein Wolkenkratzer!«

Manfred versuchte das Auto in eine Parklücke zu manövrieren, hinter uns hupte die Schlange der Autofahrer.

»Laß mich raus, ich kann's nicht mit anhören!«

»Laß gefälligst die Tür zu!«

Bis das Auto in der Lücke stand, waren wir beide einem Nervenzusammenbruch nahe, die Fahrer hinter uns auch.

Eine verwirrende Anzahl von Klingelknöpfen schmückte die Wand neben der Haustür. Manfred drückte auf den obersten, ein Summer ertönte, die Tür ging auf, und mit zitternden Knien keuchte ich neben ihm die Treppen hinauf. Bei der sechzigsten Stufe hörte ich auf zu zählen, weil mir die Puste ausging. Die Wohnungstür stand bereits offen, als wir oben anlangten. Das Pfarrehepaar Heisterwang empfing uns mit mitleidigem Lächeln.

»An das Steigen muß man sich erst gewöhnen«, sagte sie.

»Gut für die Kondition!« sprach er.

Sie nötigten uns in einen langen, engen Flur. Wir schoben uns im Gänsemarsch durch dieses seltsam vertrackte Wohngebilde. Fünf Zimmer, Küche, Bad, eine Terrasse und zwei Balkons, so stand es in der Stellenbeschreibung, und so konnten wir es nun mit eigenen Augen sehen.

Der eine Balkon, vom Eßzimmer aus zu erreichen, ging auf die Straße hinaus. Ich umklammerte das Geländer und blickte schaudernd hinunter in die Tiefe. Zwei glitzernde Autoschlangen wanden sich durch die Schlucht, die eine stadteinwärts, die andere stadtauswärts.

»Manfred, lehn dich doch nicht so weit vor!«

Ich packte seinen Arm und suchte ihn vom Geländer wegzuzerren, denn war er vorhin im Auto auch unfreundlich zu mir gewesen, runterfallen sollte er nun doch nicht.

»Für Menschen ist dieser Balkon eigentlich nicht geeignet«, meinte Herr Heisterwang, »es ist rußig hier und laut. Aber die Tauben suchen ihn gerne auf, benutzen ihn als Nistplatz und Absteigequartier – ein Platz für Tiere inmitten der Großstadt!« Er lachte herzlich.

»Sehr witzig!» bemerkte seine Frau, die mit grämlichem Gesicht daneben stand. »Du solltest dieses Tierparadies einmal putzen, mein lieber Theo, dann würde dir das Lachen schon vergehen. Es regnet Ruß und Staub. Und was die Tauben so hinterlassen ...«, sie seufzte.

Der zweite Balkon befand sich vor der Küche und ging zum Hof hinaus. Ich richtete meinen Blick zu den Leinen empor, die da kreuz und quer gespannt waren.

»Hier hängen Sie also Ihre Wäsche auf? Wie herrlich muß sie duften, in luftiger Höhe getrocknet!«

»Ja, sie duftet!« antwortete Frau Heisterwang. »Aber man gewöhnt sich daran ...«, dann klappte sie den Mund zu und gab keine weiteren Erklärungen.

»Nun genießen Sie noch den herrlichen Blick von der Terrasse!« rief der Amtsbruder. Wir sahen die Stadt im Lichterglanz unter uns liegen, sahen die Weinberge und bewaldeten Höhenrücken, sagten »Prachtvoll! Wunderbar! Wirklich sehr schön!« und wußten doch beide, daß wir hier nicht wohnen wollten.

Es zog auf der Terrasse. Wir drängten zurück in den Schutz der Wohnung und wären am liebsten sofort wieder vom hohen Olymp hinuntergestiegen, aber Theophil Heisterwang hatte unser Zögern wohl bemerkt und nötigte uns noch »für ein kleines halbes Stündchen« in sein Amtszimmer.

»Ich muß Ihnen klarmachen«, so sprach er, »wie verlokkend diese Stelle doch ist. Wir sind zu viert an der Nikodemuskirche. Bedenken Sie die Vorteile! Man muß nicht jeden Sonntag predigen und trägt nicht alle Last allein auf den Schultern. Dies führt natürlich auch zu mancherlei Schwierigkeiten. Sie verstehen, was ich meine?«

Ja, wir verstanden es.

»Glücklich sind die beiden Beene, die am Altar stehn alleene!« So lautet eine alte Pfarrersweisheit, und recht hat sie, denn Pfarrer sind auch Menschen mit Empfindlichkeiten und Eigenheiten. Ein Dienst zu viert mochte wohl seine Schwierigkeiten haben, besonders, wenn man bedenkt, daß zu jedem Pfarrer noch eine Pfarrfrau gehört, bereit, seine Interessen zu wahren und sie mit Vehemenz zu vertreten. Ich kannte es von meinem Elternhaus her.

»Paul-Gerhard, warum hast du heute nicht ›Stille Nacht‹ singen lassen?« So fragte meine Mutter mit sanftem Tadel. »Die Leute singen es am Heiligen Abend so gerne. Mit ›Ein Kindelein so löbelich‹ hast du sie richtig vor den Kopf gestoßen. Diese schwierige Melodie und dann der altertümliche Text! Der Herr Missionar läßt immer Lieder singen, die jeder mag, deshalb ist bei ihm die Kirche auch voll ...«

Mein Vater verteidigte sich nie, ging aus dem Zimmer und war »betrübt«.

»Du solltest so was nicht sagen, Mutti! Wirklich, das ist ganz falsch! Jetzt ist er traurig!«

»Ach Kind, ich will doch nur sein Bestes! Er predigt viel besser als der Missionar, aber er ist manchmal so schrecklich unklug ...«

Jeder der vier Pfarrer hätte seinen besonderen Bereich, erklärte Theophil Heisterwang. Er zum Beispiel sei für die Jugendarbeit verantwortlich, welche – in aller Bescheidenheit sei's gesagt – so herrlich blühe, daß es ein rechter Segen sei. Er habe sich aber auch ganz dafür eingesetzt, sei an freien Wochenenden mit der Jugend auf Fahrt gegangen und zu Freizeiten und habe viel Zeit investiert.

»Und Sie sind immer mitgefahren?« fragte ich seine Frau.

»Manchmal«, antwortete er für sie, »immer ging es natürlich nicht. Wir haben schließlich zwei Kinder.«

Ich sah mich schon winkend auf dem Straßenbalkon stehen, Andreas und Mathias greinend am Rockzipfel, unten auf der Straße Manfred, lachend, mit Rucksack und Lederhose, im Kreis ansprechender junger Leute.

»Ich glaube nicht, daß ich die Stadtluft vertrage«, äußerte ich nach dieser unerfreulichen Zukunftsvision, »ich bin ziemlich blutarm, und manchmal habe ich Rückenschmerzen.«

»Dann ist diese Stelle genau richtig für Sie!« Herr Heisterwang wurde ganz eifrig und schlug mir sogar auf die Schulter. »Hier können Sie sich pflegen, denn als Pfarrfrau brauchen Sie nichts in der Gemeinde zu arbeiten. Die Kreise sind in den besten Händen. Meine Frau hat nur bei uns in der Wohnung gewirkt, denn wie hätte ich die große Aufgabe bewältigen können, wenn sie mir nicht zu Hause alles vom Leib gehalten hätte?«

Was denn? Kein Mädchenkreis, kein Frauenkreis, kein Kirchenchor, überhaupt gar nichts?

Ich wirkte in unserem Dörfchen mit dem angenehmen Gefühl, eine wichtige Persönlichkeit zu sein, allseits bekannt und tapfer im Dienst stehend an der Seite meines Mannes. Nun sollte ich nur noch in dieser luftigen Wohnung hocken, seinen müden Kopf an die Brust drücken und die Sorgen von seiner Stirn streicheln? Nein, nicht doch! Diese Stelle war ja noch abstoßender als die anderen und für glückliche Pfarrehen absolut ungeeignet. Ich signalisierte zu Manfred hinüber, daß es höchste Zeit sei und daß wir heim wollten.

Auch sein Gesicht war düster umwölkt. Die Jugendarbeit saß ihm wie ein Stachel im Fleisch. Mußte zu eigener Kinderaufzucht, zu Religions- und Konfirmandenunterricht nun auch noch diese Last auf seine Schultern gelegt werden? Er fühlte sich viel wohler in Gesellschaft Erwachsener, die ähnliche Probleme hatten wie er und die, über Sturm und Drang hinaus, bereits zu einer gewissen Reife gelangt waren. Ein Blick von ihm zu mir, und wir waren uns einig wie selten einmal. Nicht diese Pfarrstelle! Nicht diese Wohnung! Nicht diese Stadt! Je schweigsamer wir wurden, desto wortreicher drang der scheidende Theophil auf uns ein. Er schilderte die Gefahren des Straßenverkehrs besonders für Kinder, klagte über die Lärmbelästigung und den Kirchengemeinderat und entließ uns mit dem Gefühl, noch einmal glücklich davongekommen zu sein.

Schweigend hasteten wir die Treppen hinunter, flüchteten in unser Auto und ließen die Stadt aufseufzend hinter uns. Erst in der Stille der dunklen Wälder gewann ich die Sprache wieder.

»Zuviel Aufgaben sind nichts, aber gar keine sind auch nichts!«

»Wir müssen Geduld haben«, sagte Manfred, »irgendwann wird sich eine schöne Stelle bieten. Wir brauchen nichts zu überstürzen, wir haben Zeit.«

Also sprachen wir zueinander, drückten uns kurz, aber liebevoll die Hand und waren schon wieder einig.

»Jugendarbeit!« murmelte Manfred, »der Himmel behüte mich!«

»Und erst dieser enge Flur!« fügte ich hinzu.

Wir warteten ein halbes Jahr. Es bot sich nichts Verlockendes, so weit wir auch unsere Blicke in den Stellenangeboten und im Ländle schweifen ließen. Mittlerweile – aber das wußten wir nicht und suchten deshalb in aller Ruhe weiter – mittlerweile waren wir bereits in die Mühlen des Oberkirchenrates geraten.

Es meldete sich nämlich niemand auf die vierte Pfarrstelle der Nikodemuskirche, und also fragte der zuständige Oberkirchenrat bei dem früheren Stelleninhaber an, wer sich denn für die Stelle interessiert habe. Schon saßen wir im Netz, denn wir waren die einzigen gewesen.

Manfred wurde zum Oberkirchenrat gebeten.

Er ging nichtsahnend, mit frohem Herzen. Er kehrte zurück, kummervoll, mit trauriger Nachricht. Man hatte ihm nahegelegt, sich zu bewerben. Nikodemus vier wäre genau das richtige für ihn.

Nach dem Dorf in die Stadt. Nach dem Solistenpart die vierte Geige. Welch gute und nützliche Abwechslung! Welche Bereicherung des inneren Werdegangs! Er solle es sich nicht lange überlegen, sondern fröhlich zugreifen im festen Glauben an die Weisheit des Oberkirchenrates und an die Hilfe Gottes.

Nun hatte ich früher einmal an eben dieser Weisheit gezweifelt, hatte gejammert und geklagt und den Weg nicht gehen wollen, den sie vorschrieb, welcher Kleinglaube mir gar viel Selbstvorwürfe und Herzeleid eingetragen hatte. Also beschloß ich, folgsam und gläubig zu tun, was man an höchster Stelle für richtig erachtete.

»Den Fehler habe ich einmal gemacht«, sagte ich in belehrendem Ton zu Manfred, »den mache ich bestimmt nicht wieder! Weißt du, man wird klüger mit den Jahren und lernt aus seinen Fehlern.«

Manfred brach in Lachen aus.

»Ja, wirklich, tust du das?« fragte er und lachte noch viel mehr. »Dann will ich mich gleich deiner Erkenntnis fügen und die Bewerbung schreiben. Vielleicht haben wir Glück, und sie nehmen uns nicht!«

»Sei nicht albern, Manfred, und hör auf zu lachen! Wen sollen sie denn sonst nehmen, du bist doch der einzige Bewerber.«

»Keiner hat sie gewollt, ich hab' sie gleich gehabt!« Jetzt klang seine Stimme nicht mehr ganz so fröhlich.

»Warum guckst du mich dabei an, Manfred? Wen hat keiner gewollt und du gleich gehabt?«

»Die Stelle, Malchen, die Stelle!«

Viehmarkt und Abschied

An einem schönen Sonntagmorgen fiel der städtische Kirchengemeinderat in Weiden ein, um den Pfarrer predigen zu hören und die Pfarrfamilie zu besichtigen.

Sie hatten sich vorher telefonisch angemeldet, worauf wir in hektische Betriebsamkeit verfielen.

Manfred verwandte besonders viel Sorgfalt auf die Auswahl der Lieder und arbeitete seine Predigt zweimal um. Ich putzte das Haus vom Speicher bis zum Keller, stellte Blumen und Zweige in alle Winkel und legte einen Band Thomas Mann sowie etwas Goethe und Schiller rein zufällig auf den Couchtisch im Wohnzimmer. Auch fuhr ich die Buben mit barschen Worten an, gefälligst ihre Schuhe auszuziehen, wenn sie ins Haus kämen.

»Ich weiß nicht mehr, wo mir der Kopf steht!« jammerte ich.

Andreas sah mich entsetzt an.

»Warum weisch du des nimmer, Mulchen? Und warum schtellsch du überall Blume rum, was isch denn?«

»Der neue Kirchengemeinderat kommt und will den Vati predigen hören und uns anschauen, und wir müssen einen guten Eindruck machen.«

»Gut«, sagte Andreas, »dann zieh i meine gelbe Gummischtiefel an und dr Rucksack und d' Lederhos!«

Diese Kleidung hielt er für besonders vorteilhaft und fand sich schön darin.

»Und vor d' Tür schtell i en Baum wie bei dr Konfirmatschon. Und den Mathias zeiget mir eifach net her. Der macht sich doch immer schmutzig und sagt Ausdrück. Den gebet mir der Rosa, und die darf ihn net rauslasse. Gell, Mulchen, des tun mir?«

»Was hasch gsagt?« Mathias stapfte die Treppe herauf, vier Jahre alt, verschwitzt, verdreckt, mit zornig funkelnden Augen.

»Willst du wohl deine Schuhe ausziehen!« schrie ich, aber er hatte anderes im Sinn.

»Was hasch du gsagt, du frecher Dinger? I soll zur Rosa, und du bisch bei're Konfirmatschon? Wart no!«

Er schwang den Stock in seiner Hand und wollte sich auf seinen großen Bruder stürzen.

»Mulchen, der haut mi!« schrie Andreas.

Ich riß die beiden Streithammel auseinander. Manfred erschien und fragte, ob ich ihm verraten könne, wie er bei einem solchen Affentheater eine gescheite Predigt zustande bringen solle? Ich sagte, nein, ich könne es ihm leider nicht verraten, weil ich nämlich auch am Ende meiner Kräfte sei und nicht wüßte, wie ich alle Arbeit schaffen solle, mutterseelenallein ...

»Und se weiß net amal, wo ihr Kopf schteht«, sagte Andreas und schaute seinen Vater vorwurfsvoll an. »I will au bei dr Konfirmatschon sei!« schrie Mathias. In der Nacht schliefen wir schlecht.

Den Kirchengängern in Weiden bescherte der Sonntagmorgen keinen erbaulichen Gottesdienst, denn es geschahen Dinge, die keines Menschen Herz erfreuen konnten. Sechs fremde Autos parkten vor dem Pfarrhaus! Zwölf unbekannte Menschen saßen in der Kirche! Schulzes Frida und Meiers Emma irrten heimatlos auf dem Mittelgang umher, denn ihre angestammten Plätze waren besetzt von fremdem Volk! Von Männern, welche eigentlich auf die Empore gehörten und nicht unten ins Schiff. Besetzt allerdings auch von zwei Damen, herausgeputzt in einer Art, die man im Gotteshaus nicht gerne sieht, angemalt die eine, angetan mit seltsam blauem Turban die andere. Was für eine Verschwörung war da im Gange?

Frau Pfarrer schien auch nervös, rutschte auf der Pfarrbank hin und her und schaute sich dauernd um, was sie sonst nicht zu tun pflegte.

Nach dem Gottesdienst standen diese Menschen auf dem Kirchplatz herum, tuschelten miteinander und marschierten dann ins Pfarrhaus hinüber, ohne zu bedenken, daß Frau Pfarrer den Sonntagsbraten aufsetzen mußte!

Der kleine Andreas stand kerzengerade vor der Haustür und salutierte mit einem Birkenzweig, als das fremde Volk ins Haus einzog.

»Andreasle! Do komm her! Do hosch a Bombole. Du, Andreasle, wer isch denn des? Die hent mr fei no nie gsehe.«

Rosa und Marie vom Lädle gegenüber ahnten Schlimmes. Andreas ließ den Birkenzweig fallen und lief hinüber zu seinen beiden Freundinnen, ein Geheimnisträger, gerne bereit, alles, was er wußte, für etwas Süßes auszuplaudern.

»Weisch Rosa, des isch en Kirchenrat aus dr Schtadt, und die wollet höre, ob dr Vati predige kann. Und dann wollet se unser Haus agucke und 's Mulchen und uns, und mir müsset en gute Eidruck mache. Und der Mathias muß dabei sei, dann hat se ihn im Aug, und er kann sich net dreckig mache. Weisch, was 's Mulchen sagt, Marie?«

»Was sagt se denn, Andreasle?«

»Se sagt, des isch wie en Viehmarkt, und se isch froh, wenn mir's lebend überschtehet. Und dann kommet mir in d' Schtadt, und i krieg Rollschuh!«

»Rosa, hosch des ghert? 's Pfarrers wellet weg, hetsch des denkt?« Sie eilten davon, um die Neuigkeit im Dorf zu verkünden.

Die Kirchengemeinderäte saßen im Wohnzimmer auf allen verfügbaren Stühlen, lächelten freundlich und versuchten, nicht gar zu interessiert um sich zu blicken. Manfred schenkte Wein ein, ich bot Salzstangen an und Kekse. Von selbstgefertigtem Gebäck hatte ich abgesehen. Niemand sollte meinen, ich wollte ihn mit hausgemachtem Hefekranz bestechen.

Ich schlug die Augen gesittet nieder, wirkte so schlicht und »oifach« wie möglich und ließ Manfred sprechen. Der zeigte sich der Situation gewachsen, berichtete von seinem Werdegang als Pfarrer, beantwortete alle Fragen über die von ihm bevorzugte theologische Richtung mit diplomatischem Geschick und stellte schließlich seine kleine, aber glückliche Familie vor. Andreas war nun auch hereingekommen und lehnte malerisch an meiner Seite. Mathias saß auf dem Schoß einer Kirchengemeinderätin. Das Gespräch verstummte, man betrachtete uns wohlwollend.

»Bleibsch du no lang bei uns?« So brüllte Mathias seiner Kirchengemeinderätin ins Ohr.

»Willst du mich los sein?« fragte sie mit schelmischem Lächeln.

»Ja, dann krieget mir endlich was zum esse!«

»Da bin ich aber traurig!«

Er legte den Arm um ihren Hals. Traurige Menschen bedrückten ihn sehr.

»Magsch du Säule?«

»Was für Säule meinst du jetzt, Schätzchen? Kleine, rosa Ferkel? Ja, die mag ich sehr!«

»Dann komm mit! In der Rosa ihrm Stall da hat's ganz kleine. I zeig se dir.«

»Nein, Schätzchen, leider, leider, ich muß ja hier bleiben ...«

»Um noch einmal auf die Predigt zurückzukommen«, sagte Manfred, »ich halte mich meistens an die Perikopen ...«

»I komm glei wieder!«

Mathias strich noch einmal andächtig über die rosa Pfirsichbäckchen, rutschte vom Schoß seiner Angebeteten und marschierte der Tür zu, Andreas schloß sich an. Manfred und ich atmeten auf. Jetzt würde die Vorstellung vollends in Ruhe über die Bühne gehen.

»Wie verstehen Sie sich mit der Jugend?«

Da war sie, die gefürchtete Frage. Mathias' neuer Schwarm, die pfirsichwangene Dame hatte sie gestellt.

»Schlecht!« sagte Manfred.

Oh, daß er immer so ehrlich sein mußte! Ich sprang auf.

»Darf ich Ihnen noch ein kleines Gläschen von meinem Rumtopf anbieten?«

»O ja, wie reizend von Ihnen!« riefen die Herren.

»Dann muß ich aber die Damen bitten, mir ein wenig beim Ausschenken zu helfen, ich bin leider nicht sehr geschickt.«

»Natürlich, gerne!« sagten die beiden.

Mein schöner Rumtopf, da schwand er hin, rutschte sanft durch ihre Kehlen, erstickte aber auch jede weitere unangenehme Frage. Die Tür sprang auf, herein drang strenger Stallgeruch und Mathias, rot das Gesicht, doch strahlend die Augen. Andreas hinter ihm wirkte eher etwas besorgt. Beide hielten krampfhaft ein quiekendes, strampelndes Ferkel an sich gedrückt.

Mir blieb der Rumtopf im Hals stecken, Manfred sprang auf, unsere Gäste aber saßen wie Ölgötzen mit hervorquellenden Augen und töricht geöffnetem Mund.

»Da isch's!« rief Mathias und legte sein Ferkel in den seidenen Schoß der Kirchengemeinderätin.

»Und des isch für di!« sagte Andreas und ließ seine Bescherung auf den Schoß der zweiten Dame fallen.

Beide Damen schossen in die Höhe, beide Ferkel landeten auf dem Boden, und alle vier quiekten schrill und hemmungslos.

Es war nicht einfach, die erschreckten Tiere zu fangen, aber einige der Kirchengemeinderäte erwiesen sich als beherzte und umsichtige Jäger. Sie wiesen die anderen an, eine Kette zu bilden und nach Art von Treibern langsam das

Zimmer zu durchschreiten. So blieb den Ferkeln immer weniger Raum, wild quiekend schossen sie von einer Zimmerecke in die andere und suchten schließlich unter meinem Schreibtisch Schutz. Nun trat ein Herr in Aktion, der mir schon vorher angenehm aufgefallen war. Meine Finger erholten sich nur langsam von seinem herzhaften Händedruck, und wenn er den Mund öffnete, dann tat er es nicht, um unangenehme Fragen zu stellen, sondern um dröhnend zu lachen. Dieser Herr, ein Tierarzt, wie sich später herausstellte, zog sein Jackett aus, ermahnte die anderen Mitjäger, die Reihe fest geschlossen zu halten, ging in die Hocke und kroch unter meinen Schreibtisch. Mit schrillem Quieken schoß das eine Ferkel zwischen seinen Beinen hindurch und suchte zu entkommen, das andere aber hielt er am Wickel.

»Da, Mathias, bring's schnell in den Stall!«

Mathias nahm es entgegen, drückte es an seinen völlig verschmutzten Sonntagsanzug und verschwand eilig. Nach kurzer Zeit hatte Andreas seines auch wieder im Arm.

»Mulchen, ehrlich, mir habet dacht, sie tätet sich freue. Zeihung!«

»Komm verschwinde! Wir sprechen uns später.«

Er lief davon mit bedrücktem Gesicht und quiekendem Ferkel.

Das Zimmer sah schlimm aus, die Damen auch. Aber die Herren standen angeregt plaudernd beieinander und erzählten sich Schwänke aus ihrem Leben. Schließlich erwachten die Damen aus ihrer Erstarrung und baten um Wasser und Seife. Sie lächelten matt und sagten, wir hätten originelle Kinder, und so etwas wäre ihnen noch nie passiert.

Die Rosa und Marie wollten ihren Ohren nicht trauen, so laut lachten diese Menschen, als sie aus dem Haus traten. Und das sollten Kirchengemeinderäte sein?

Im Garten hinter einem Busch hockten Andreas und Mathias. Sie hatten sich nicht mehr ins Haus getraut und wollten hier, vom sicheren Versteck aus, den Abschied der Gäste beobachten. Als sie dieselben nun aber lachen und lärmen sahen, da fiel es ihnen doch schwer, so abseits vom fröhlichen Geschehen zu sitzen.

»I geh!« sagte Mathias. »I au!« Andreas.

Also erschienen sie unter der Gesellschaft, legten ihre schmutzigen Händchen vertrauensvoll in die der Stadtleute und durften schließlich auf den ohnehin schon ramponierten

Schößen der Damen Platz nehmen und ein Stückchen mitfahren.

»Na ja«, sagte Manfred, als das letzte Auto hinter der Fliederhecke verschwunden war, »sie müssen uns ja nehmen.«

»Worom wellet r gange?« fragte die Mesnerin. »Baßt's eich nemme?«

»Wir sind gerne hier, Frau Rüstig, das wissen Sie doch! Aber nach sieben Jahren sollte man die Stelle wechseln. Der Oberkirchenrat sagt das auch.«

»A was, was woiß denn der! Jetzt kennet er eich a bißle aus, on no wellet er gange. I kos net gut hoiße.«

»Uns fällt's auch schwer. Wir gehen nicht gerne.«

»On dia Bube? Moinet er, die hens besser in dr Schtadt? Oh, 's wird Ehne no leid do!«

So sprach die Mesnerin, und so dachten sie alle im Dorf. Sie waren enttäuscht von uns, weil wir höher hinaus wollten, weil es uns anscheinend nicht gefiel, weil wir abtrünnig geworden waren.

»Ganget no«, sagte Nachbar Meier, »ganget no, wenn er's net verhebe kennet. Mir werdet's überlebe!«

Der Umzugstermin wurde von Woche zu Woche verschoben, denn in der Stadtwohnung saß noch Theophil Heisterwang mit seiner Familie. Das Pfarrhaus in seiner neuen Gemeinde wurde umgebaut, und er wollte nicht einziehen, bevor es fertig war. Bei jedem anderen hätte ich diese Haltung kräftig befürwortet, nur hier waren wir selbst betroffen, und so konnte ich mich zu keiner positiven Einstellung durchringen.

Jedermann im Dorf wußte, daß wir gehen wollten, trotzdem verschwanden wir nicht von der Bildfläche, sondern blieben weiter im Pfarrhaus, als ob wir noch mit dazu gehörten.

Andreas trabte zornrot vom Kirchplatz heim.

»Dr Hans-Peter hat gsagt, hau bloß ab, du eigebildeter Dinger. Gang zu deine Stäffelesrutscher. Darf der des sage, Mulchen? Und er will uns nemme mitschpiele lasse, aber dr Mathias hat ihm eine neighaue.«

»Wo ist der Mathias?«

»Bei der Rosa. Sie wascht ihn.«

»Warum wäscht sie ihn?«

»Mulchen«, Andreas mußte den Kopf schütteln vor soviel mütterlichem Unverstand, »weil er schmutzig isch und sei Nas blutet.«

»Was, seine Nase blutet, und dann geht er zur Rosa und nicht zu mir?«

»Ja weisch, Mulchen, wenn er zur Rosa geht mit seiner blutige Nas, dann kriegt er a Bombole. Und wenn er zu dir geht, dann kriegt er Schimpfe.«

Nun stand also auch Weiden unter den freien Stellen im Pfarrerblatt, und eines Tages erschien ein junges Pärchen, um sich Haus und Garten anzuschauen und zu erkunden, was diese Stelle zu bieten habe. Wir nahmen sie freundlich in Empfang und zeigten ihnen gerne die besonderen Attraktionen unseres Hauses.

Hei, wie sie schnupperten, wenn wir in die Nähe des Plumpsklos kamen!

»Riecht es hier immer so?« fragten sie angstvoll.

»Nein, nur bei Tiefdruck«, sagte Manfred.

»Zum Glück haben wir grade keinen«, ergänzte ich.

Sie rollten die Augen gen Himmel, aber nicht lange, denn ich ließ sie einen Blick in den Backofen werfen, worauf sie erschüttert die Augendeckel zuklappten und für eine Weile gar nichts mehr sehen wollten.

»Muß man darin backen?« stöhnte die junge Frau.

»Man muß nicht. Man kann, wenn man will. Es macht natürlich im Dorf einen guten Eindruck. Unsere Vorgängerin hat's getan, und ihr Brot war in aller Munde. Von ihr werden Sie übrigens noch manches Erbauliche hören, wenn Sie hierher kommen sollten. Sie war eine Pfarrfrau nach dem Herzen der Gemeinde.«

»Und Sie, waren Sie's nicht?«

Manfred lachte. »Sie war ein Kontrastprogramm«, sagte er.

»Mit mir als Vorgängerin werden Sie keine Schwierigkeiten haben«, fügte ich hinzu und schenkte meinem Mann einen säuerlichen Blick.

Wir schleiften unsere Opfer sogar hinunter in den Keller.

»Nein, nein, so viel Zeit haben wir nicht!« riefen sie, aber ihr Sträuben war vergebens, sie mußten mit.

»Dieser Keller ist sehenswert! Schauen Sie, wie sauber die Steinplatten sind! Sie können vom Boden essen!«

»Das wollen wir gar nicht!«

»Aber wenn Sie's wollten, dann könnten Sie's, und keine einzige Ratte würde Sie bei der Mahlzeit stören!«

»Wieso, hat es hier Ratten gegeben?«

»Das will ich meinen!« sagte ich stolz. »Aber wir haben sie ausgerottet, gell, Manfred?«

»Ja«, bestätigte der, »es waren harte Zeiten.«

»Das Treppenhaus wird doch hoffentlich gestrichen? Diese Flecken an der Wand sind ja widerlich, man kann sie keinem Menschen zumuten!« Die Stimme der jungen Frau bebte vor Empörung.

»Das Treppenhaus wird sicherlich gestrichen. Aber auf die Flecken brauchen Sie trotzdem nur kurze Zeit zu verzichten. Spätestens im nächsten Frühjahr nach dem Tauwetter kommen sie wieder. Wissen Sie, es ist der Salpeter, ein lieber Hausgenosse, wenn man sich positiv zu ihm einstellt.«

Wir führten sie von Zimmer zu Zimmer, so wie man uns geführt hatte vor Jahren. Und am Schluß der Besichtigung konnten wir ihnen versprechen, daß ein Bad und eine Ölheizung eingebaut und das Parkett versiegelt werden sollte. Die Genehmigung des Bauamts lag bereits vor. Da atmeten sie auf, da wurden sie richtig heiter und aufgekratzt, so daß ich ihnen doch noch die verstaubten Doppelfenster vorführen mußte, damit sie wieder auf den Boden der Wirklichkeit zurückkehrten.

»Wenn es kalt wird, muß man sie putzen und einhängen, damit es nicht mehr so fürchterlich zieht im Haus. Beim Einhängen kann man sich alle möglichen Körperteile verrenken und verletzen, man kann natürlich auch mitsamt dem Fenster hinunterstürzen und zerschellen.«

»Ja wirklich?« rief die junge Frau. »Wie entsetzlich! Ephraim, hast du es gehört?«

»Die beiden leben ja auch noch«, sagte Ephraim, »und sie machen es nun schon sieben Jahre.«

Eines Tages stand der Umzugstermin fest. Der Abschied rückte näher, und er fiel uns schwer. Kirchenchor und Mädchenkreis sangen unten im Hausflur. Sie sangen nicht mehr ›Auf Adelers Flügeln getragen ...‹; sie sangen ›Innsbruck, ich muß dich lassen ...‹ Ich hockte inmitten meiner Söhne auf der Treppe und weinte.

»Mensch, Mulchen«, Mathias stieß mir einen Finger zwischen die Rippen, »nun heul doch net!«

»Und überhaupt«, Andreas lehnte sich an mich, »du hasch doch uns!«

Während des Umzugs hatten wir sie zum Glück nicht. Omi und Opa nahmen sie unter ihre Fittiche.

»Hoffentlich wird's euch nicht zuviel mit den beiden«, sagte Manfred, »sie sind ziemlich lebhaft.«

»Pah«, meinte der Opa, »ich habe dich großgezogen und noch drei andere dazu, ich werde mit ihnen fertig, verlaßt euch drauf!«

Als er sie nach zehn Tagen in unsere Hände zurückgab, sah er vergrämt und angegriffen aus.

»Es sind Lausejungen«, knurrte er, »von wem sie das wohl haben?«

Er schaute mich an, aber ich hielt dem Blick eisern stand und gab ihn dann weiter an Manfred. Der wurde denn auch unsicher und fragte: »Haben sie sich etwa schlecht benommen?«

»Das kannst du wohl glauben!« sagte der Opa, »Und ich erzähle es euch gerne. Zunächst haben sie meinen besten Apfelbaum leergeschüttelt. Er trug zum ersten Mal. Zehn Äpfel. Prachtexemplare! Sie haben alle zehn angebissen und fortgeworfen.

Am nächsten Tag bauten sie auf dem Kiesweg Straßen für ihre Spielzeugautos. Den überflüssigen Kies verteilten sie gleichmäßig über meinen gepflegten Rasen.« Der Opa schluckte, holte tief Luft und fuhr dann fort: »Am dritten Tag zielten sie mit Lehmkügelchen nach der Dachrinne. Die Hauswand ist gesprenkelt wie ein Leopardenfell. Wollt ihr sie anschauen?«

»Nein danke, Opa, ich kann mir's vorstellen. Es tut mir ja so leid!«

»Es soll dir auch leid tun! Mir hat's auch leid getan. Ich hab' sie dafür einen Tag lang eingesperrt und ihnen die Bilderbibel gegeben, um ihre Gemüter zu beruhigen und ihren Sinn auf heilige Dinge zu lenken. Was haben sie getan?«

»Was denn, Opa?«

»Sie haben dem Propheten Jeremias eine Brille gemalt und den zwölf Aposteln Hüte und struppige Bärte. Die sehen jetzt aus wie eine Räuberbande. Aber all dieses hätte ich ertragen in christlicher Geduld, wenn sie den Bogen nicht überspannt und vor drei Tagen den Stecker aus der Kühltruhe im Keller gezogen hätten. Wir haben es erst gestern gemerkt, da war schon alles abgetaut und verdorben.«

»Entsetzlich!«

»Aber, meine Lieben, da ist mir der Kragen geplatzt! Da hat es was gesetzt!«

»Opa, du hast doch nicht ...«

»Doch«, sagte der Opa, »ich habe!« Und er lebte förmlich auf. »Ich habe ihnen eine Tracht Prügel verabreicht, an die sie noch lange denken werden. Sie war längst fällig, meine Lieben! Jetzt sind sie erzogen! In Zukunft werdet ihr es leichter haben!«

Ähnliches pflegte meine Mutter zu sagen, wenn wir Andreas oder Mathias nach einem Urlaub bei ihr abholten. (Sie nahm nie beide zusammen. »Denn«, so sprach sie, »ich bin auch nicht mehr die Jüngste, und eure Kinder sind reizend, aber nur einzeln zu ertragen.«)

»Jetzt ist er wirklich ganz sauber«, erklärte sie, »jetzt habt ihr keinen Ärger mehr damit. Er hat sich an das Töpfchen gewöhnt und weiß Bescheid. Ihr müßt ihn nur draufsetzen, und schon ist die Sache erledigt.«

Wir dankten überschwenglich, packten den betreffenden Sohn ins Auto und priesen uns glücklich, daß diese schwierige Periode überwunden schien.

Kaum zu Hause angelangt, war alles wieder beim alten. Von »wirklich ganz sauber« konnte nicht die Rede sein.

»Na, Kind, wie ist es?« fragte meine Mutter ein paar Tage später am Telefon. »Habt ihr noch Schwierigkeiten?«

»Wenn wir das Töpfchen aus dem Spiel lassen, dann nicht.«

»Kind, ihr macht da irgend etwas falsch. Meine Kinder waren alle mit zwei Jahren sauber. Ihr seid zu lässig und nehmt es nicht ernst genug. Nun lest ihr schon all diese Erziehungsbücher, und was kommt dabei heraus? Nichts als nasse Hosen!«

Dann erreichte uns ein Päckchen mit Fotos.

»Andreasle bei den Großeltern« stand darauf geschrieben. Wir betrachteten die Fotos: Andreas auf dem Töpfchen neben Großpapas Schreibtisch sitzend; Andreas auf dem Töpfchen unter dem Birnbaum sitzend, rechts Großmama, Bohnen schnippelnd, links Großpapa, Zeitung lesend; Andreas auf dem hohen Stuhl am Frühstückstisch, unter ihm das Töpfchen ... so ging es weiter, lauter entzückende Töpfchenbilder. Er mußte die ganze Ferienzeit auf diesem Gefäß zugebracht haben. Kein Wunder, daß er es bei uns so tief verabscheute, es aus dem Fenster warf, unters Bett schubbste oder einfach dafür sorgte, daß die Sache schon erledigt war, bevor das Töpfchen in Aktion trat.

»Also, jetzt sind sie erzogen!« sagte der liebe Schwiegervater, als wir unsere Söhne im Auto verstauten. »Ich habe euch viel Mühe abgenommen, und es ist mir nicht leichtgefallen, das könnt ihr mir glauben. Ich lasse mir nicht von zwei kleinen Lausbuben auf der Nase herumtanzen, auch wenn ich weiß, daß ihr gegen Prügel seid!«

»Weisch, Mulchen«, sagte Andreas bei der Heimfahrt, »dr Opa hat uns richtig verhaue, zerscht mi und dann dr Mathias. Aber 's war net schlimm! Mir habet furchtbar brüllt, und dann isch d' Omi komme und hat gsagt, sie kann's net mit asehe, 's dreht ihr's Herz rom, und dr Opa wär en Türann und schlägt die arme Kinder halb tot, wo sie 's doch net gwußt habet mit dr Kühltruhe. Dann hat dr Opa den Schtock in d' Eck gschmisse und gsagt, se soll net denke, ihm macht's Spaß, aber er hat a Verantwortung, und se soll net so histerisch sei, und dann habet se sich furchtbar gschtritte, und dr Mathias hat fascht gar nix mehr verwischt.«

»Ja«, bestätigte Mathias, »da hab i Glück ghabt!«

Umzug ohne Aufzug

Der Auszug verlief schnell und reibungslos. Punkt zwölf Uhr schloß der Packer die Tür des Möbelwagens.

Manfred und ich fegten das leere Haus und gingen dann noch einmal von Zimmer zu Zimmer, um Abschied zu nehmen.

Trotz all seiner Tücken liebte ich dieses Haus: Den Parkettboden, der in stillen Nächten so furchterregend »arbeitete«; die zinnengeschmückten Öfen, in denen man Äpfel braten und Wärmflaschen aufheizen konnte; die Küche mit der steinernen Spüle, dem altmodischen Tellerbrett und den Rohren, die trotz unserer Bemühungen jeden Winter einzufrieren pflegten; die Speisekammer, in der es noch zart nach Sauerkraut und Schimmel duftete – ja, dies alles liebte ich oder meinte es wenigstens beim Auszug, umfaßte es noch einmal mit warmem Blick und richtete ihn dann hinaus zum Fenster. Der Birnbaum flammte in herbstlichem Rot, und der goldene Hahn auf dem sehenswerten Kirchlein glänzte ein letztes Lebewohl. Wir schlossen die Wohnungstür hinter uns ab und gingen die Treppe hinunter in die Diele. Noch zwei, drei Monate, dann würden die Wände von Reif glitzern und schimmernde Eiszapfen von der Decke wachsen. Die Hintertür stand offen, die kleine, ewig verklemmte.

»Laß sie in Ruhe, Manfred! Wir dürfen kein Riskiko eingehen, heute am Umzugstag!«

»Offen kann sie nicht bleiben«, sagte er und packte die Klinke mit starker Hand.

»Paß auf, sie wird dich klemmen!«

Sie tat es nicht, ließ sich leicht ins Schloß drücken und quietschte nur leise und versöhnlich.

»Du Biest!« Ich gab ihr einen letzten wehmütigen Abschiedstritt. Dann wandten wir uns ab, gingen am Räumle und der Registratur vorbei durch die schöne Vordertür hinaus ins Freie.

Wie oft hatte ich über dieses Haus gemurrt. Jetzt erschien es mir gar schön und prächtig.

»Es war unser eigenes kleines Königreich. Jetzt müssen wir mit so vielen Menschen zusammenleben. Meinst du, wir schaffen das, Manfred?«

»Es wird uns nichts anderes übrigbleiben«, antwortete er.

Ein letzter Blick auf Haus und Garten, dann gingen wir zum Auto. Auf diesen Augenblick hatten Rosa und Marie gewartet. Sie eilten aus dem Lädle herbei, um ein letztes Mal »ade« zu sagen und einen Korb mit Eiern auf den Rücksitz zu stellen.

»Brauchet's gsond!« Schwester Lina legte mir einen Strauß Astern auf den Schoß. Die Mesnerin winkte vom Kirchplatz herunter. Ich ließ mein Taschentuch aus dem Autofenster flattern, obwohl ich es drinnen nötiger gebraucht hätte.

Als wir vor dem »Wolkenkratzer« in der Stadt anlangten, stand noch kein Möbelwagen dort, aber Parkverbotsschilder zeigten an, daß er erwartet wurde.

Unsere neuen Hausbewohner hatten wir schon besucht. Es waren kirchliche Mitarbeiter: Jugendwart, Kirchenpfleger, Kindergärtnerinnen und ein Prälat in Ruhe, aber kein Pfarrer. Die drei anderen Pfarrfamilien von Nikodemus lebten in einem weit schöneren Haus in der Nähe der Kirche.

Oh, wie krampfte sich mein Herz zusammen, als ich diese Pfarrwohnungen sah! Große, helle Zimmer, Schiebetüren, Teppichböden, modern eingerichtete Küchen. Warum nur mußten gerade wir in diese vertrackte Wohnung ziehen, hoch über der lauten Durchgangsstraße? Hätte es mir nicht auch gut getan, in einer bequemen, modernen Wohnung zu leben nach den sieben harten Jahren im Weidener Pfarrhaus? Anklagend hob ich die Hände gen Himmel und haderte mit meinem Geschick. Schließlich zog ich Manfred zur Rechenschaft und bat ihn, mir eine theologische Erklärung dafür zu geben, daß der Herr solche Unterschiede mache in der Behandlung seiner Diener. Ob es gerecht sei, daß der eine so schön wohnen dürfe und der andere so schlecht, auch wenn ihm beide in gleicher Weise treulich gedient?

»O Malchen«, sagte er, »sei dankbar und froh! Du bist bestimmt nicht schlecht weggekommen. Wir sind weit ab vom Schuß. Was meinst du, was sie im gemeinsamen Pfarrhaus für Probleme haben?«

»Gar keine Probleme. Jeder lebt in seiner Wohnung friedlich vor sich hin.«

»Denkst du! Auch in Pfarrfamilien gibt es Streit. Du solltest das eigentlich wissen. Und all dies erleben die anderen mit. Sie sehen deinen christlichen Lebenswandel aus nächster Nähe und machen sich ihre Gedanken. Sie können beobachten, welches Gemeindeglied ins Haus kommt, zu wem es geht, wie lange es bleibt. Na, willst du immer noch so gern im gemeinsamen Pfarrhaus wohnen? Ja? Dann zähl mal nach, wie viele Pfarrerskinder in diesem Haus zusammenkommen. Nein, zehn Finger langen da nicht aus, du mußt schon noch einen Fuß zu Hilfe nehmen. So, Malchen, und jetzt denk dran, wie dir manchmal der Krach deiner eigenen Söhne auf die Nerven geht, es sind nur zwei ...«

»Warum sagst du ›nur zwei‹ und machst ein trauriges Gesicht und legst die Betonung auf ›nur‹? Sind's dir zu wenig?«

»Nein, natürlich nicht, und ich hab' auch kein trauriges Gesicht gemacht und die Betonung auf ›nur‹ gelegt. Ich wollte bloß deutlich machen, daß unsere Familie klein ist im Gegensatz zu den anderen Pfarrfamilien ...«

»Siehst du, jetzt machst du mir Vorwürfe. Dabei haben wir schon oft darüber gesprochen, und ich dachte, wir wären uns einig ...«

»Wir sind uns auch einig! Es geht doch nur darum, daß in dem anderen Haus mehr Kinder sind und daß mehr Kinder mehr Krach machen!«

»Ich glaube, du hast was ganz anderes auf dem Herzen.«

»Nein, das habe ich nicht. Malchen, dich drückt dein Gewissen, dein irregeleitetes, damit du es genau weißt! Du denkst, Pfarrfamilien müßten kinderreich sein, das wäre christlich und gehörte sich so. Deshalb reagierst du empfindlich wie eine Mimose und fühlst dich dauernd angegriffen! Es wäre gut, du würdest dich endlich lösen von diesen veralteten Leitbildern!«

So sprach er und setzte dabei sein überheblichstes Lächeln auf. Ich konnte nicht anders, mußte laut und zornig protestieren gegen diese Verdächtigung, obwohl mir klar war, daß er recht hatte.

Meine Großeltern väter- und mütterlicherseits taten ihr Bestes, das Land mit Pfarrerskindern zu bevölkern, und meine Eltern standen ihnen in diesen Bemühungen nicht nach.

»Du glückliches Kind!« riefen die Leute. »Ist es nicht herrlich, in einem so großen Geschwisterkreis aufzuwachsen?«

Nein, überhaupt nicht, dachte ich, lächelte aber so glücklich wie möglich, um niemanden vor den Kopf zu stoßen. Für seine Geschwister mußte man dankbar sein, auch wenn man nicht den geringsten Drang dazu verspürte, das wußte ich wohl. Ich war ihnen ja auch von Herzen zugetan, fand aber immer, daß sie die Eltern ungebührlich viel in Anspruch nahmen. Kam ich, um meine mannigfachen Kümmernisse vor den elterlichen Ohren auszubreiten, dann fand ich diese bereits besetzt. Auch mußte ich meiner Mutter insgeheim vorwerfen, daß sie ihre Liebe nicht gleichmäßig und gerecht verteilte. Daß sie dem Stefan länger zuhörte, die kleine Gitti inniger küßte, Christoph freundlicher anlächelte, schmerzlicher um Beate besorgt war, bitterlicher mit Michael weinte, als sie das bei mir je getan hatte, und daß sie gar nicht bemerkte, wie ich dahinwelkte, weil kein Mensch mich liebte. Dauernd war einer von uns krank, und in mein Nachtgebet mußte ich so viele Familienglieder einschließen, daß ich fast nicht mehr zum Schlafen kam. Also hegte ich kein großes Verlangen danach, in den christlichen Ehestand zu treten, schon gar nicht mit einem Pfarrer. Und das Bild der treusorgenden Mutter, wie sie im Kreis der lieben Kleinen steht, Brot und Rat unter ihnen aufteilend, dieses Bild wies ich weit von mir. Der Mann aber, an den ich mein Herz verlor, war ein Theologe. Wir heirateten. Nach angemessener Zeit erschien Andreas, zwei Jahre später Mathias. Dann stockte die Produktion im Pfarrhaus. Die Weidener bemerkten es mit Trauer und Mißvergnügen.

»Sie sottet en Zucker vors Fenschter lege!« so rieten Rosa und Marie.

Als ich im fünften Ehejahr an Umfang zunahm, auch manchmal ein modisches Hängerkleidchen trug, betrachtete man mich im Dorf mit wohlwollend-wissenden Blicken.

»So, Frau Pfarrer, wird's desmol a Mädle?«

»Nein, ich hab' einfach zuviel gefuttert, ich werd' schon wieder abnehmen. Sie müssen nicht denken, daß ...«

»'s isch scho recht, Frau Pfarrer, reget Se sich bloß net uff in ihrm Zuschtand!«

Aber die Zeit verstrich ohne Zuwachs im Pfarrhaus.

Eines Abends belauschte ich ein Gespräch meiner Söhne.

»Der Eckart hat a Schweschterle kriegt«, sagte Andreas zu Mathias. »Du, des isch vielleicht a Süße! Die hat so feine Härle und dann schtrampelt se und lacht. Und als i ihr mein Finger hingschtreckt hab, da hat se ihn packt mit ihrem winzige Händle und hat dran schnulle wolle. Du, des war a wunderbars Gfühl für mi. Ach!« Er seufte. »I hätt au gern a Schweschterle!«

»I net!« sagte Mathias. »Die Bigi hat au a Schweschterle kriegt, und weisch, was die jetzt macht? Die muß des Schweschterle schpazierefahre dr ganze Tag, und wenn se mal hält, dann brüllt des Schweschterle wie am Spieß und nachts au, und se könnet net schlafe. Nei du, da will i lieber en Goldhamschter!«

Auch Mandfred und ich blieben nicht müßig und führten Gespräche über dieses Thema. Eines davon fand im Auto statt. Wir kehrten zurück von einem Besuch bei meiner Schwester Beate und ihrem jüngstgeborenen Töchterlein. Ich hing wie verzaubert auf meinem Sitz, fühlte noch das kleine, weiche, warme Päckchen auf meinem Arm und seufzte sehnsüchtig.

»Ist es nicht ein süßes Mädchen? Ach, Manfred, ich hätt' auch so gern ein Baby zum Liebhaben!«

»Ich auch!« sagte er. »Eine Tochter, der man Zöpfe flechten kann und die lieb ist und zärtlich zu ihrem Vater.«

»Sind deine Söhne nicht lieb und zärtlich zu dir?«

»Es hält sich in Grenzen. Und Zöpfe kann man ihnen überhaupt nicht flechten, ich hätte halt gern eine Tochter!«

»Ja, wenn man's sicher wüßte. Es liegt nicht in unserer Hand, Manfred. Zu Hause hatten wir in der Gemeinde einen Mann, der wollte auch immer eine Tochter. Bei der Taufe des vierten Sohnes hat mein Vater ihm zugeredet und gesagt, er soll doch dankbar sein und sich bescheiden. Aber nein, er wollte es partout durchsetzen und schließlich hatte er sechs Söhne!«

»Puh!« sagte Manfred.

»Und bei den sieben Raben ...«

»Erzähl mir keine Märchen!«

»Da hat's am Ende doch geklappt. Das achte Kind war ein Mädchen.«

»Nein«, sagte Manfred, »das nicht! Was zuviel ist, ist zuviel!«

Schließlich schenkte ich alle Babysachen weg und fühlte mich schlecht dabei.

Eine Stunde lang standen wir in der leeren Wohnung herum, sagten: »Ja, wo bleiben sie denn? Wenn sie nicht bald kommen, werden wir vor dem Abend nicht fertig mit Einräumen. Ein Möbelwagen kann doch nicht verlorengehen.« Dann sah ich ihn die Straße hinaufkeuchen, eine lange Autoschlange hinter sich. Der Fahrer manövrierte das Monstrum geschickt in die Parklücke, und die Packer kletterten heraus. Ihre Blicke glitten am Haus hinauf und blieben bei mir hängen. Ich stand auf dem Straßenbalkon und winkte fröhlich hinunter. Sie faßten sich entsetzt am Arm, deuteten nach oben und suchten Halt am Möbelwagen.

Seit dem letzten Umzug hatten wir keine so unfreundlichen Packer mehr erlebt. Sie stöhnten und schimpften laut und betrachteten es als besondere Schikane ihnen gegenüber, daß wir mit zahllosen Bücherkisten und einem Klavier so hoch hinaufzogen. Da half kein Bier, da half kein Trinkgeld. Sie nahmen es zwar entgegen, verharrten aber in ihrer negativen Haltung.

Manfred und ich hatten diesen Umzug aufs beste vorbereitet. Es gab für jedes Zimmer einen Plan mit genauen Aufzeichnungen, wo welches Möbelstück stehen solle, nur waren uns diese Pläne im allgemeinen Durcheinander abhanden gekommen. Sie fanden sich später zu unserem Erstaunen in einer Suppenterrine. Auch hatten wir alle Kisten sorgfältig beschriftet, doch als der Umzugstag dem Ende zuging und die Packer brummend die Treppe hinunterstolperten, stand keine Kiste da, wo sie nach unserem Plan hätte stehen sollen. Wir hatten nicht gewagt, unsere so sichtbar strapazierten Helfer auch noch in verschiedene Zimmer zu dirigieren. Einer Art Urinstinkt folgend, hatten sie die Kisten in dem Raum abgesetzt, der der Tür am nächsten lag, und das war Manfreds Arbeitszimmer.

Verzagt stand ich vor der Kistenpyramide, die sich bedrohlich vor uns türmte.

»Meinst du nicht«, sagte ich zu Manfred, »daß man sie ein bißchen verteilen sollte, bevor die Decke durchbricht und alles bei Prälats landet?«

Gehorsam zerrte er an der obersten Kiste. Sie bewegte sich nicht einmal.

»Dann müssen wir sie an Ort und Stelle leermachen«, schlug ich vor.

»Man bräuchte eine Leiter dazu«, murmelte er schwach, »weißt du, wo die Leiter ist?«

Ich wußte es nicht. Da ging ein heller Schein über Manfreds Gesicht und er sprach: »Gottlob!«

So verbrachten wir die erste Nacht inmitten eines unvorstellbaren Chaos und in der Nachbarschaft einer Pyramide.

Am nächsten Morgen gewann ich eine neue Erkenntnis. Es klingelte, ich stürzte zur Tür. Es war niemand da.

Ich drückte auf den Türöffner, aber auch dann tat sich nichts. Niemand kam. Ich ging ins Treppenhaus hinaus und beugte mich über das Geländer. Tatsächlich, dort, tief unter mir, schien sich etwas zu bewegen. Zunächst sah ich nur Hüte, dann vernahm ich Schritte, und endlich hörte ich mehrstimmiges Schnaufen, das allmählich lauter wurde. Erst nach dieser Ouvertüre tauchten die Besucher leibhaftig auf. Wie oft sollte ich dieses Schauspiel noch erleben!

Freilich erkannte ich bald die unbestreitbaren Vorteile, die mit einem derart beschwerlichen Aufstieg verbunden waren. Man konnte uns beim besten Willen nicht überraschen. Vom Klingeln unten bis zur Ankunft oben verging so viel Zeit, daß ich mich derweil in aller Ruhe kämmen und seelisch auf den Besucher einstellen konnte. Erschien er endlich mit hochrotem Gesicht, schwitzend und schnaufend an der Wohnungstür, empfing ich ihn wohl vorbereitet und mit freundlicher Gelassenheit, führte ihn in die kleine Diele und drückte ihn in einen bereitgestellten Sessel, damit er wieder Fassung erlange. Ich brachte es fortan nie mehr übers Herz, einen Besucher stehend an der Wohnungstür abzufertigen, was mir den Ruf besonderer Freundlichkeit eintrug.

An diesem ersten Morgen in der neuen Wohnung hatte uns eine Abordnung des Kirchengemeinderats erstiegen. Es waren die beiden Damen und ein Herr, uns wohlvertraut von ihrem Besuch in Weiden. Sie drückten mir mit letzter Kraft einen Blumenstrauß in die Hand und sanken dann auf die nächststehenden Kisten nieder.

»Ein Pfarrer sollte nicht derart hoch wohnen«, keuchte Frau Kirchengemeinderat Windekusch, »es macht einen schlechten Eindruck!«

»Ich hätte auch lieber unten im richtigen Pfarrhaus gewohnt!« sagte ich und schaute sie freundlich an, denn sie hatte mir das Stichwort geliefert, mein Lieblingssprüchlein herzusagen. Manfred, der das leidige Thema wieder auf sich zukommen sah, riß die Terrassentür auf und bat die Gäste, sich hinauszubemühen und die schöne Aussicht zu bewundern. Sie taten es ungern, denn draußen wehte ein scharfes Lüftlein.

»Ach, wir kennen es ja!« rief Frau Windekusch. »Wir hatten die große Freude, es schon bei Ihrem Vorgänger zu sehen. Außerdem wohne ich seit Kindesbeinen in dieser Stadt, sie kann mir nichts Neues mehr bieten, auch nicht von oben.«

So warfen sie nur einen kurzen Blick hinaus und strebten dann wieder hinein. Sie vermißten die beiden reizenden Buben und eröffneten uns, daß wir um den Investiturkaffee nicht besorgt sein müßten, denn die Gemeinde werde ihn ausrichten, unten, im Saal der Nikodemuskirche.

Oh, wie freudig schlug ihnen mein Herz entgegen, wie dankbar ergriff ich ihre Hände! Wenigstens das Kuchenbakken blieb mir erspart, es gab noch genug andere Arbeit und der Löwenanteil davon würde auf meinen schwachen Schultern liegen.

Tatsächlich, zwei Tage später, am Freitag nämlich, verschwand Manfred in seinem Studierzimmer. Er schloß die Tür hinter sich und begann heftig auf die Schreibmaschine einzuhämmern. Ich ertrug es lange Zeit in Geduld. Nachdem ich mir aber beim Bilderaufhängen kräftig mit dem Hammer auf den Daumen geklopft, wurde es mir doch zu dumm. Ich war es leid, körperliche Schwerarbeit zu verrichten, indes mein Mann gemütlich im Sessel saß und Schreibmaschine tippte. Also pflanzte ich mich vor seinem Schreibtisch auf, den Hammer in der Hand.

»Manfred, Lieber, wir sind noch nicht fertig«, sagte ich mit freundlicher Stimme. »Die Bilder müssen an die Wand und die Gardinen an die Fenster! Die Schränke sollten eingeräumt und das Klavier noch einmal verrückt werden, denn dort, wo es steht, da wirkt es nicht gut. In zwei Tagen ist Investitur! Wir bekommen eine Menge Besuch, und ...«, hier wurde ich lauter und hob den Hammer, »ich dreh' durch, wenn ich alles alleine machen muß!«

Er sprang auf.

»Menschenskind, ich muß eine Predigt machen, und zwar eine gute für die Investitur, und dazu brauche ich Ruhe! Geht das in deinen Kopf?«

»Ja, es geht in meinen Kopf, daß du eine Predigt brauchst! Aber es ist mir unverständlich, wie ein denkender Mensch etwas so Wichtiges bis zum letzten Augenblick aufschieben kann! Hättest du diese Predigt nicht schon vor Wochen in Weiden machen können? In aller Stille und Beschaulichkeit?«

»Stille und Beschaulichkeit, daß ich nicht lache! Hast du

nicht dauernd Abschied gefeiert mit Mädchenkreis und Kirchenchor und was weiß ich noch mit wem? War nicht ein unablässiges Kommen und Gehen im Haus?«

»Manfred, daran liegt es nicht! Es liegt daran, daß du immer alles vor dir herschiebst. Das ist es! Wenn ich an meinen Vater denke ...«

»Auch das noch! Fang bloß nicht mit deinem Vater an! Hast du mir nicht erzählt, wie er seine Predigten in der Nacht zum Sonntag gemacht hat und wie ihr alle zittern mußtet, ob sie überhaupt fertig werden?«

»Wenn du mich allein läßt mit all der vielen Arbeit, dann muß ich das ertragen. Wenn du aber meinen Vater schlecht machst ...«, mir versagte die Stimme.

Ich tappte aus dem Zimmer, begab mich ans andere Ende der Wohnung und begann am Klavier zu zerren, zu drücken und zu stoßen. Es ruckte keinen Zentimeter vom Platz. Die Tränen schossen mir in die Augen und tropften aufs Klavier, ich schluchzte laut, obwohl kein Mensch mich hörte. Seltsam, daß die Schreibmaschine noch immer nicht klapperte. Überhaupt war es unheimlich still im Studierzimmer. Dann ging drüben die Tür. Ich war auch schon unterwegs.

»Es tut mir leid!« Das kam von beiden Seiten wie aus einem Mund. Hinterher ging jeder neugestärkt und frohgemut seiner Arbeit nach.

Abends rief Mutti an.

»Ich schicke dir Else«, sagte sie, »damit sie bei der Investitur die Küche übernimmt, du hast anderes zu tun. Rede ihr nicht rein, Kind, und mache ihr keine Vorschriften, denn du weißt, daß sie das nicht leiden kann. Wenn sie verärgert ist, habe ich es später auszubaden. Ich stelle dir eine gescheite Tischordnung auf, und Gitti wird Tischkarten malen. Und Kind, noch eines: Überlege dir deine Worte, bevor du sie aussprichst, und sei nicht so schnippisch. Manche Menschen können das nur schwer ertragen.«

Am Samstagabend holten wir Else vom Bahnhof ab. Sie stieg aus dem Abteil, beladen wie ein Lastesel mit Töpfen, Pfannen, Körben.

»Hier bin ich! Mei bosche kochanje, wo habt ihr eure Aujen?« So schrie sie und wedelte mit einer Bratpfanne. Wir eilten herzu.

»Else, was für ein Segen, daß du da bist!«

Ich beugte mich herunter, um ihr einen Kuß zu geben, sie

aber drehte blitzschnell den Kopf zur Seite, so daß mein Mund auf ihrem Ohr landete. So machte sie es immer, und jedesmal war es mir gräßlich peinlich, aber wehe, ich hätte sie ungeküßt begrüßt. Manfred durfte sich mit einem Händedruck begnügen, denn er war für sie kein vollwertiges Mitglied der Familie. Er sprach breites Schwäbisch, was sie zutiefst verabscheute, lachte viel, wie es »ihr Herr Pfarrer« niemals getan hatte, und kam er auf Besuch, so mußte sie Spätzle kochen, ein Gericht, das sie für albern und schädlich hielt und das ihr niemals gelang. Sie ertrug ihn in Geduld, aber das war auch das einzige, was sie ihm entgegenzubringen vermochte.

Da stand sie, das weiße Haar straff zurückgekämmt und am Hinterkopf zu einem kleinen Dutt gedreht, im grünschillernden schwarzen Mantel, darunter trug sie sicher nebst anderem eine weiße Schürze. Ich kannte sie nicht anders als mit Schürze, eine blaue in der Küche, sonst eine weiße. Else, der gute, aber polternde Geist aus meinem Elternhaus. Sie hatte schon in Polen für uns gekocht, war dann eine Zeitlang verheiratet gewesen und hatte einen eigenen Haushalt geführt. Doch als ihr Hannes die »Aujen für immer schloß«, hatte sie »über die jrüne Jrenze jemacht« und war wieder zu uns gekommen. Wie glücklich war die Familie, als sie meiner Mutter den Kochlöffel aus der Hand wand und nicht nur eßbare, sondern sogar schmackhafte Gerichte herstellte. Nur an Süßspeisen traute sie sich nicht heran. So blieben uns die mit Liebe gekochten, manchmal zu flüssigen, manchmal zu festen, aber immer klumpigen Cremes meiner Mutter erhalten. Seit »Herrn Pfarrers« Tod war »Frau Pfarrer« zu ihrem einzigen Lebensinhalt geworden. Sie trachtete danach, Frau Pfarrer fröhlich zu stimmen, sei es durch deren Leibgerichte oder durch detaillierte Wiedergabe der Neuigkeiten aus aller Welt. Diese Neuigkeiten bezog sie aus der Bildzeitung, welche sie pflichtbewußt und am Küchentisch sitzend von vorne bis hinten durchbuchstabierte, die Brille auf der Nase und den Zeigefinger von Zeile zu Zeile wandernd.

»Weeßte, Amei-Kind, ich mach das nich aus Spaß. Mir fallen abends och die Aujen zu, aber ich muß mir bilden, und es tut Frau Pfarrer jut, wenn ich ihr ablenke.«

Sie beschimpfte uns Kinder auf polnisch und deutsch, wenn wir zu selten Briefe schrieben, zu wenig anriefen, nicht oft genug auf Besuch kamen oder Frau Pfarrer sonst betrübten. Dennoch war sie uns von Herzen zugetan und wir ihr auch.

Der Zugführer pfiff.

»Das Suppenjrün! Im Jepäcknetz, schnell, schnell!«

Im Abteil entstand fieberhafte Erregung, dann flatterten Schnittlauch, Petersilie und Sellerie auf uns nieder.

»Jottseidank!« stöhnte Else und raffte zusammen, was da an Grünem auf dem Bahnsteig lag. »Ohne Suppenjrün kann ich keene Suppe nich kochen. Wie ich dir kenne, haste nuscht nich im Haus.«

»Du hast gesagt, Else, daß ich mich um nichts kümmern muß und daß du alles mitbringst.«

»Kommt endlich«, drängte Manfred, »die Leute drehen sich schon nach uns um!«

Er packte, soviel er tragen konnte, und ging eilends voran. Wir folgten mit den übrigen Pfannen und Kesseln.

»Nimm ein Taxi!« flüsterte ich draußen in Manfreds Ohr. »Mir ist's fürchterlich peinlich mit all dem Zeugs!«

Aber Else hatte gute Ohren, jedenfalls war das Wort »Taxi« zu ihr gedrungen.

»Kommt nich in Fraje!« erklärte sie. »Jibt's keene Straßenbahnen bei euch?«

Doch, es gab. Während der Fahrt unterhielt sie uns und alle anderen Fahrgäste mit dem, was sie zu kochen gedachte, mit Frau Pfarrers Arthritis und der Suche nach verlorenen Gepäckstücken.

Investitur mit Trockentaufe

Der Investiturmorgen brach an. Else war schlechter Laune. Ich merkte es an der Art, wie sie die Töpfe auf den Ofen knallte. Nein, sie habe nicht gut geschlafen, sagte sie mit grämlichem Gesicht. Eine ausgewachsene Frau wie sie gehöre nicht ins Kinderzimmer und schon gar nicht in diese neumodischen Etagenbetten. Wie im Flüchtlingslager sei sie sich vorgekommen. Im unteren Bett habe sie keine Luft gekriegt und sich den Kopf angeschlagen, darum sei sie mitten in der Nacht trotz starker Beklemmungen die Leiter hinaufgestiegen in das obere Bett. Dort aber sei es ihr derart schwindlig geworden, daß sie sich an der Matratze habe festkrallen müssen. Es sei ein Wunder, daß sie noch lebend vor mir stünde und sich nicht das Genick gebrochen habe. Nein, in die Kirche könne sie nicht gehen nach diesen nächtlichen Schrecknissen. Sie sei ohnehin schon zerschlagen an Leib und Seele, und sie hoffe, daß man es dem Braten nicht anmerken werde.

»Ach Else, wenn wir dich nicht hätten!«

»Red nicht, mach, daß du aus die Küche rauskommst!«

Ich ging mit leichtem Herzen. Wenn Else schimpfte, ging's ihr gut.

Wir hatten einen weiten Fußmarsch zurückzulegen bis zur Kirche. Mindestens fünfzig Stufen mußten wir hinuntersteigen, einen Platz überqueren, eine Straße entlanglaufen, dann endlich stand die Nikodemuskirche vor uns.

Das Auto hatten wir verkauft. Manfred hatte sich nur ungern von ihm getrennt. Er knurrte und murrte, obwohl ich ihm klarzumachen suchte, ein Pfarrer müsse einfach leben, dies sei ein gutes Beispiel für die Gemeinde, außerdem brauche man in der Stadt sowieso kein Auto, weil es nämlich Straßenbahnen gebe, und nicht zuletzt könnten wir uns für das Geld ungeheuer viel Schönes leisten.

Als ich aber das erste Mal die Stäffele mit gefüllten Einkaufskörben hochschlich, überkam mich das deutliche Gefühl, daß ein Auto etwas sehr Nützliches sei. Nicht, daß ich diese Meinung Manfred gegenüber hätte laut werden lassen, nein, ich schleppte knurrend weiter.

Dann lagen eines Tages zwei Theaterkarten auf meinem

Schreibtisch, ohne jeden Anlaß, einfach nur, um mir eine Freude zu machen, sagte Manfred, und ich hätte wissen müssen, daß er irgendein Ziel damit verfolgte.

Der Hinweg mit der Straßenbahn verlief unerfreulich. Ein Mensch trat auf mein langes Kleid, ein anderer fixierte mich ungeniert und belustigt, als sei ich gradewegs dem Panoptikum entsprungen. Doch enthielt ich mich jeglicher Äußerungen, lächelte krampfhaft und tat, als fühle ich mich von Herzen wohl.

Auf dem Rückweg fuhr uns die Straßenbahn vor der Nase davon. Es wehte ein kalter Wind. Ich fror in meinem dünnen Festkleid und sagte zu Manfred, daß mir alle erhabenen Gefühle, die ich im Theater gewonnen, abhanden kämen bei dieser Kälte und ob wir nicht vielleicht ein Taxi nehmen könnten.

»Ich bin nicht dafür«, sprach er, »Taxifahrten sind teuer, das Geld können wir sparen. Wir laufen jetzt einfach bis zur nächsten Haltestelle, dabei wird's dir sicher warm.«

Wir liefen, aber es ging nur langsam voran mit meinen hochhackigen Pumps. Ein gutes Stück vor der Haltestelle fuhr die nächste Straßenbahn an uns vorbei.

»Such is life!« sagte Manfred, »da fährt sie hin, und die nächste kommt erst in zehn Minuten.«

»Sprich nicht Englisch, es wirkt angeberisch, und ich weiß ja, daß du's kannst!« murrte ich. »Du mit deinem warmen Anzug, du bist natürlich fein raus, aber ich! Ich werde mir den Tod holen bei dieser sibirischen Kälte.«

»Es war deine Idee, das Auto zu verkaufen.«

Dies war ein verdrießlicher Theaterabend, und er wurde zu Hause auch nicht schöner. Nachts fuhren unentwegt Autos durch meine Träume, so daß ich morgens mit Kopfschmerzen erwachte. Ich äußerte mich am Frühstückstisch vorsichtig in der Richtung, daß wir unsere Augen offen halten sollten, um möglicherweise ein billiges, gebrauchtes Auto ...«

»Ich habe schon mit dem Autohändler telefoniert«, sagte Manfred, und ich schwieg still dazu, obwohl ich vieles hätte sagen können von faulen Tricks und wie schlecht sie einem Pfarrer stünden, und ob er meine, daß seine Handlungsweise Gott wohlgefällig sei.

»Schmeckt es dir?« fragte ich freundlich. Er hob erstaunt die Augenbrauen.

»Ja, danke der Nachfrage, sehr gut.«
»Man hört's!« sagte ich.

Die Nikodemuskirche war brechend voll. Ich mußte mir einen Platz in den hinteren Reihen suchen. Da saß ich einsam und verloren unter all dem fremden Volk, und kein Mensch ahnte, daß ich die Pfarrfrau war. Das Geläut verstummte. Noch ein paar einsame Glockenschläge, dann setzte die Orgel ein. Das war kein mühsam eingeübtes Stücklein aus den »leichten Choralvorspielen für Anfänger«, das war eine Orgelorgie, wie ich sie sieben Jahre lang nicht mehr erlebt hatte. Ich verdrehte den Kopf, um diesen begnadeten Organisten zu erspähen, aber mein Blick blieb in einer Mantelmauer hängen, denn hinter mir hatten sich die Kirchgänger bereits erhoben. Wie eine Welle lief es von hinten nach vorne durch die Kirche, ich wurde mit hochgerissen.

Durch den Mittelgang schritten die kirchlichen Würdenträger. Voran der Herr Dekan, in gebührendem Abstand die vier Pfarrer der Nikodemuskirche, Manfred mitten unter ihnen, dann noch einmal zwei Pfarrer, alle im Talar, mit steifgestärktem Beffchen unter dem Kinn. Den Schluß bildeten die zwölf Kirchengemeinderäte, sie allerdings nur im landesüblichen Sonntagsgewand.

Ich liebe kirchliche Prachtentfaltung! Sie rührt mich zu Tränen. Sie verschafft mir das angenehme Gefühl, einer machtvollen Institution angehören zu dürfen. Ein frommer Schauder läuft mir über den Rücken, und ich beschließe bei solchen Gelegenheiten, ein neuer Mensch zu werden.

Auch die anderen Kirchenbesucher genossen den eindrucksvollen Einmarsch bei Orgelmusik. Ich sah es am strahlenden Blick, am hochgereckten Kinn. Jeder fühlte sich zutiefst erhoben, als wir nun wieder Platz nehmen durften. Die kirchlichen Würdenträger verteilten sich im Altarraum und saßen dort vor unser aller Augen in eindrucksvollem Halbkreis.

Nachdem sich die erste Rührung gelegt, machte ich mir einen Knoten ins Taschentuch. Ich darf nicht vergessen, Manfred zu sagen, daß er aufrecht gehen soll. Er wirkt so niedergeschlagen, wenn er die Schultern hängen läßt. Doch nein, ich knotete das Taschentuch wieder auf. Kein Wort des Tadels sollte am heutigen Tag über meine Lippen kommen! Denn wie viele Lasten lagen heute auf seinen Schultern! Erst die Predigt, dann die Verlesung seines Lebenslaufes, die Investitur und schließlich noch eine Taufe. Dies alles mochte einen Menschen wohl zu Boden drücken! Armer Manfred!

Die Liturgie hielt der Dekan. Also konnte ich mich in aller Ruhe entspannen und Kräfte sammeln für Manfreds Auftreten. Schon war es soweit. Er erhob sich und ging mit wehendem Talar der Kanzel zu. Höchste Zeit, meine Sorgenlast wieder auf mich zu nehmen! Es galt da nämlich eine Schwierigkeit zu meistern und etwas Neues zu erlernen, und das war der Umgang mit dem Mikrophon. In Weiden hatte es so etwas nicht gegeben, da reichte Manfreds Stimme aus, um das kleine Kirchlein zu füllen, hier aber war ein Mikrophon an der Brüstung des Kanzelbollwerks befestigt, und ich betrachtete es mit Mißtrauen. Gut, daß ich nicht in die Zukunft schauen konnte, sonst wäre meine Sorge ins Uferlose gewachsen, denn wieviel Ärger mußten wir noch mit dieser technischen Errungenschaft erleben! Jeder der vier Pfarrer hatte ein anderes Stimmvolumen, also kam es vor, daß das Mikrophon für den einen zu leise eingestellt war. Dann schlich Mesner Lasewatsch in die Sakristei, um es aufzudrehen. Mittlerweile hatte der Pfarrer aber auch gemerkt, daß seine Zuhörer die Hände lauschend an die Ohrmuscheln hielten und ihn offenbar nicht gut verstanden. Also steigerte er die Lautstärke, und wie das Leben so spielt, drehte im selben Augenblick Mesner Lasewatsch in der Sakristei das Mikrophon kräftig auf. Die Zuhörer fuhren erschrocken zusammen und wunderten sich, warum, um alles in der Welt, der Pfarrer auf einmal so brüllte.

Es ergab sich natürlich auch die Möglichkeit, daß das Mikrophon zu laut eingestellt war. Dann reagierte es mit einem unerfreulich hohen, vibrierenden Ton und pfiff angstvoll, sobald sich der Pfarrer auch nur um einen Zentimeter näherte.

Beim Investiturgottesdienst gab es keinerlei Pannen dieser Art. Das Mikrophon war richtig eingestellt, Manfred hielt den gehörigen Abstand. Er brüllte nicht, er flüsterte nicht, nein, er sprach mit ruhiger Stimme, faßte dabei die Gemeinde fest ins Auge und warf nur ab und zu einen kurzen Blick ins Manuskript. Da ich die Predigt schon kannte, ließ ich meine Gedanken schweifen, und sie blieben endlich an einer Geschichte hängen, die mir eine kirchliche Mitarbeiterin aus unserem Haus erzählt hatte. Sie hätte einen Pfarrer gekannt, so berichtete sie, der besonders schön predigte und einen starken Zulauf hatte in der Gemeinde. In seinem Predigtmanuskript – das wußte sie aus sicherer Quelle – hätte er gelegentlich mit Rotstift an der Seite vermerkt: »weinen!« Er tat's im Gottesdienst an eben dieser Stelle, und die Gemeinde seufzte erschüttert auf.

Manfred weinte nicht. Seine Predigt enthielt sogar einige humoristische Spritzer, so daß die Gemeinde hätte lachen können, wenn sie das je in der Kirche getan hätte, und wie alle seine Predigten, so endete auch diese früher, als irgend jemand zu hoffen gewagt. Um mich herum nickte man anerkennend.

»Hoffentlich predigt er immer so kurz!« flüsterte die Dame neben mir ihrer Nachbarin zu.

Manfred verließ die Kanzel und trat vor den Altar. Dort stand bereits der Herr Dekan. Er forderte Manfred auf, sich nun der Gemeinde mit einem kurzen Wort vorzustellen. Das kurze Wort bestand zum großen Teil aus seinem Lebenslauf. Ich kannte ihn schon und konnte deshalb die umsitzenden Gemeindeglieder beobachten.

Daß er in einem frommen Elternhaus aufgewachsen, das Seminar in Urach besucht, dort das Abitur gemacht und schließlich im Evangelischen Stift in Tübingen Theologie studiert habe, das nahmen sie alle wohlwollend hin, waren es doch gute Voraussetzungen für einen rechten schwäbischen Pfarrer.

»Aha, ein Stiftler!« flüsterte der Herr links von mir seiner Nachbarin zu. »Viele berühmte Schwaben haben das Stift durchlaufen. Mörike, Uhland und alle möglichen ...«

»Noi, des het i jetzt net denkt«, zischte die Dame zurück.

»... In Göttingen im vierten Semester lernte ich meine spätere Frau kennen ...« Ich horchte auf und schaute mich um, was die Leute wohl dazu sagen würden, aber niemand nahm besondere Notiz von dieser für mich so überaus wichtigen Mitteilung.

»... Ich war Vikar in Schöntal und Ellwangen und schließlich Repetent am Seminar in Urach. Nach dem zweiten Examen heirateten wir und zogen in unsere erste Pfarrstelle nach Weiden. Dort wurden auch unsere beiden Söhne geboren, Andreas und Mathias.«

Im Altarraum entstand Bewegung. Kirchengemeinderäte und Pfarrer erhoben sich und nahmen rechts und links vom Altar Aufstellung. Der Herr Dekan wedelte mit der Agende und blickte dabei auffordernd in die Gemeinde, dann nahm er noch eine Hand zur Hilfe und machte eine gewaltige Aufwärtsbewegung. Da endlich verstand man den zarten Wink und erhob sich.

Nun richtete er Worte an die Kirchengemeinderäte, worauf sie mit »Ja« antworteten, dann an die Pfarrer, und sie antworteten und sprachen »Ja«, und schließlich an Manfred, der wie erwartet auch »Ja« sagte, aber sein »Ja« klang besonders fest und sicher. Daraufhin reckte sich der Dekan in die Höhe, denn er war etwas kleiner als Manfred, und legte ihm die Hand segnend aufs Haupt. Dies ging mir nun doch sehr nah, denn ich war schließlich seine Frau, und mein Herz floß über vor Rührung und meine Augen vor Tränen. Wir durften uns wieder setzen, und in der allgemeinen Unruhe, im Schneuzen, Husten und Füßescharren gelang es mir, mich einigermaßen zu fassen.

Pfarrer und Kirchengemeinderäte richteten nun ihrerseits Worte von verschiedener Güte und Länge an Manfred und die Gemeinde, und als sie alle zu Wort gekommen, reichten sie ihm die Hände, schauten ihm stumm und ernst ins Auge und begaben sich wieder auf ihre Plätze.

Nun fehlte nur noch die Taufe. Sie aber bereitete mir keine Sorge, denn taufen konnte Manfred, er hatte es schon viele Male fehlerlos und väterlich getan. Sogar unsere Weidener überkam Rührung, wenn sie ihn taufen sahen. »Wie er des Kendle tauft on no wieder trocke reibt, des isch oifach schö, des ko er.«

Beim Frühstück, als ich darüber klagte, daß diese Taufe den Investiturgottesdienst unnötig verlängern würde und daß man sie hätte auf einen anderen Sonntag verschieben können, da hatte mein lieber Mann sein mild-belehrendes Lächeln aufgesetzt und gesagt, nein, er fände es trefflich und wohlüberlegt, daß der neue Pfarrer ein neues Glied in die Gemeinde aufnehmen und somit gleich eine Amtshandlung vollziehen würde. Gut, wenn sie sich etwas dabei gedacht hatten, wollte ich nicht dagegen anmeckern. Wenn die Kirchgänger so viele Amtshandlungen hintereinander ertragen konnten, mir machte es keine Schwierigkeiten, Kirchenluft war ich gewohnt schon seit frühesten Kindertagen.

Wir sangen das Tauflied, derweil Mesner Lasewatsch die Taufgesellschaft durch den Mittelgang nach vorne führte. Vom Täufling sah man nichts als ein Kissen und einen rosenbestickten Schleier. Man hörte auch nichts von ihm, was ich besonders beglückend fand. Wie oft schon hatten Säuglinge durch ihr gellendes Geschrei die feierliche Handlung empfindlich gestört! Zwar hatte Manfred solche Störungen in heiterer Gelassenheit hingenommen, waren es doch nicht seine eigenen Kinder, die da brüllten, doch die Taufgesellschaft wurde meist nervös, stopfte dem Kind einen Schnuller in das aufgerissene Mäulchen, wiegte und schaukelte es, bis das kleine Wesen vollends die Fassung verlor. Dieses hier schien friedlich zu schlafen.

Manfred trat ans Taufbecken und winkte die Paten mit dem Täufling heran. Ich ließ mich nach hinten sinken, denn meine Aufmerksamkeit war nicht vonnöten, jetzt würde alles den gewohnten Gang gehen.

Aber, was war das? Sie standen vorne um den Taufstein, als wollten sie ein Foto fürs Familienalbum stellen, unbewegt, mit starrem Blick. Getauft wurde nicht.

Die Kirchgänger streckten die Köpfe. Mir stockte der Atem. Manfred schaute in das Taufbecken, nahm die Brille ab, schaute noch einmal, tauchte seine Hand hinein und zog sie wieder heraus, ungläubig lächelnd. Dann wandte er sich der Gemeinde zu.

»Es ist gut«, sagte er, »wenn uns einmal klar wird, daß man zu einer Taufe Wasser braucht. Ohne Wasser kann ich nicht taufen, also muß ich den Mesner bitten ...«

Lasewatsch stürzte bereits durch den Seitengang nach vorne. Auch er warf einen Blick in das Becken, steckte die Hand hinterher, stieß einen Schrei des Entsetzens aus und eilte den Weg zurück, den er gekommen. Nun hätte er gleich vom Altarraum aus in die Sakristei gehen können, dann wäre ihm ein erneutes Spießrutenlaufen durch die Gemeinde erspart geblieben, aber er war schon rettungslos verbiestert. Dieser Investiturgottesdienst hatte ihm Übermenschliches abverlangt! Ein leibhaftiger Dekan in der Kirche! Alle vier Nikodemuspfarrer auf einmal und noch zwei fremde dazu! Glokkenläuten an ungewohnten Stellen! Die Kirche besetzt bis auf den letzten Platz. Es war zuviel! Es ging über seine Kraft!

Manfred schlug vor, noch einen Vers des Tauf liedes zu

singen. Die Gemeinde zeigte sich gerne erbötig und blätterte im Gesangbuch. Doch war das Lied schon vorher völlig durchgesungen, welchen Vers, bitte, sollte man singen? Die Orgel hub an. Einige Gemeindeglieder entschieden sich für den ersten Vers, andere für den letzten. So sang denn jeder mit lauter Stimme, um den Nebenmann von der Richtigkeit seiner Verswahl zu überzeugen und ihn aus dem Konzept zu bringen. Von solch mächtigem Gesang erwachte der Täufling und stimmte kräftig mit ein. Mesner Lasewatsch erschien, hochroten Antlitzes, die silberne Taufkanne wie ein Panier vor sich hertragend. Aus der Kanne stieg eine leichte Dampfwolke.

»Nehmen sie hier warmes Wasser?« dachte ich verwundert. »Bei uns in Weiden waren sie mit kaltem zufrieden. Man sollte die Stadtkinder nicht so verwöhnen!«

Bei Taufen pflegte Lasewatsch vor dem Gottesdienst heißes Wasser aus dem Boiler in der Sakristei in das Taufbecken zu schütten. Während des Gottesdienstes kühlte es ab und ergab dann ein angenehm lauwarmes Taufwasser. Dieser Gewohnheit war er auch jetzt treu geblieben. Er brachte heißes Wasser herbei, uneingedenk der Tatsache, daß es keine Zeit mehr zum Abkühlen hatte. Er schüttete es ins Bekken. Manfred winkte wiederum die Paten mit dem brüllenden Säugling heran und senkte die Hand ins Wasser. Schnell wie der Blitz war sie wieder draußen. Er hob sie zum Mund – vermutlich um draufzublasen –, blieb dann aber auf halbem Weg mit ihr an der Bibel hängen, bedeutete den Paten, sich wieder auf ihren Stühlen niederzulassen, und ging zum Altar. Die Gemeinde verfolgte all diese Geschehnisse mit lebhaftem Interesse.

»Ach, der Arme, jetzt hat er sich verbrannt!« flüsterte der Herr neben mir.

Wellen des Mitgefühls brandeten vor zum Altar, kühlten die brennende Haut, tauchten den Leidenden ein in Liebe und Wohlwollen.

»Glei im erschte Gottesdienscht muß em des passiere«, zischelte die Dame auf meiner anderen Seite, sie beugte sich vertraulich zu mir herüber, »wisset Se, des isch der neue Herr Pfarrer!«

»Ich weiß es! Ich bin nämlich seine Frau!«

»Ja so ebbes! Jetzt laß me gehe! Des het i jetzt net denkt!« Sie sprach Honoratiorenschwäbisch. »Des freut mi aber! So,

Sie send also die neu Frau Pfarrer. I bin d' Frau Jäckle. Grüß Gott, Frau Pfarrer.«

Wir schüttelten uns die Hand. Manfred, vorne am Altar, blätterte im Gesangbuch. Dann bat er die Gemeinde, das Lied Nummer 152 aufzuschlagen. »Bis wir die sechs Verse gesungen haben«, so meinte er mit verzerrtem Lächeln, »wird das Wasser gerade richtig sein.«

Mittlerweile aber hatte Mesner Lasewatsch wieder soviel Fassung erlangt, daß sein verwirrter Geist zu denken anhub und seine Füße sich in Richtung Sakristei bewegten. Dort füllte er kaltes Wasser in die Kanne, brachte sie herbei und goß Wasser in das Taufbecken. Er tat dies klug und bedacht nach Art einer besorgten Mutter, die das Bad für ihr Kind richtet. Zwar fuhr er nicht mit dem Ellenbogen in das Bekken, denn er trug seinen schwarzen Sonntagsanzug, aber er rührte mit der Hand im Wasser, vermengte sorgsam kaltes und warmes, und erst nachdem er mit der Mischung zufrieden, zog er tropfend von dannen.

Schon nach dem zweiten Vers des Taufliedes konnte die feierliche Handlung vollzogen werden. Der Täufling Thilo Knastenberg verstummte, als das lauwarme Naß seine Stirn berührte, und leckte selig schmatzend das auf, was bis zu seinem Mäulchen hinunterrann.

So ging der Gottesdienst seinem wohlverdienten Ende entgegen. Noch einmal sang der Kirchenchor, dann brauste die Orgel auf, und die Gemeinde strömte dem Ausgang zu. Meine Nachbarin stellte mich ihren sämtlichen Bekannten vor, und wir standen zusammen, bis die Herren aus der Sakristei traten, den Talarkoffer in der Hand. Vor soviel geballter Geistlichkeit entflohen die Damen.

Der Herr Dekan lud uns leutselig in sein Auto ein. Er lobte die Besonnenheit des jungen Amtsbruders, während er kräftig auf das Gaspedal trat, einigen Kirchenbesuchern, die schwatzend auf der Straße standen, einen heilsamen Schrecken einjagte und dann in Richtung auf unsere Wohnung davonbrauste.

»Er hat Hunger«, sagte die Frau Dekan und lachte herzlich. Mir war nicht so sehr zum Lachen zumute, denn trotz aller Pannen waren wir früher dran als erwartet. Else hatte das Essen bestimmt noch nicht fertig, denn von meinem Vater war sie lange Predigten gewohnt. Was sollten wir nur in der Zwischenzeit mit Dekans anfangen?

Meine Sorge erwies sich als unbegründet, denn bis Frau

Dekan die Treppen hinauf und dann wieder zu Atem gekommen war, verging eine lange Zeit. Dann zeigte sie Interesse für unsere Wohnung, und nach alter schwäbischer Sitte gingen wir von Zimmer zu Zimmer. Ich zog sogar die Schubladen auf und öffnete die Schränke, um meine Reichtümer zu zeigen.

Frau Dekan war beeindruckt. Sie sagte, es täte ihr wohl, Pfarrer zu sehen, die Wohnkultur hätten und Ordnung hielten. Ich wehrte bescheiden ab, sagte, daß es eigentlich noch gar nicht so richtig schön sei und daß wir noch einen Teppich bräuchten, aber sie wisse ja, daß man nicht alles auf einmal anschaffen könne, und horchte dabei entsetzt auf den Lärm in der Küche.

Else klapperte mit den Kochtöpfen, krachte Schüsseln auf den Tisch und fuhrwerkte wild in der Küche herum. Ich wußte, was das zu bedeuten hatte: Das Essen ist fertig, hieß es, alles wird kalt, wenn jetzt nicht bald gegessen wird!

Um Unterhaltung bei Tisch brauchten wir nicht besorgt zu sein, Frau Dekan nahm sie ganz allein auf sich.

»Wissen Sie, was ein Berber ist?« fragte sie.

Wir wußten es.

»Ein Teppich«, sagte Manfred.

»Ein Pferd«, meinte ich.

Frau Dekan nickte wohlwollend.

»Sie kommen vom Land, das erklärt manches, aber Sie müssen noch viel lernen hier in der Großstadt! Ein Berber ist ein Zuhälter. Unser Haus steht in der Altstadt, da gewinnt man Einblicke!«

»Klären Sie uns auf, Frau Dekan!« bat Manfred, und auch sein Freund zeigte lebhaftes Interesse. Sie zierte sich nicht lange und schöpfte gerne aus dem reichen Schatz ihrer Erfahrungen.

»Eines Abends mußte ich eine ›Dame‹ vor unserem Haus bemerken, Sie wissen, was für eine ich meine?« Wir nickten. »Sie stand dort, direkt unter unserem Wohnzimmerfenster, und lauerte auf Beute. Es bot sich an, sie heilsam zu ernüchtern und möglicherweise zur Umkehr zu bewegen. Also goß ich ihr ein Gläschen Wasser aufs wohlfrisierte Haupt. Sie aber erhob ein Geschrei und bezichtigte mich der Geschäftsschädigung. Die ›Grüne Minna‹ holte uns ab, und so fuhren wir dann gemeinsam zur Polizeistation. Kennen Sie die ›Grüne Minna‹ von innen?«

Nein, wir mußten auch hier unsere Unerfahrenheit bekunden. Die Frau Dekan hatte keine andere Antwort erwartet und gab uns deshalb unverzüglich eine genauere Beschreibung der »Grünen Minna« von innen, worauf mich schauderte und ich beschloß, dieses Gefährt – wenn möglich – niemals zu benutzen.

»Mir hat es weiter nichts ausgemacht«, fuhr die Frau Dekan fort, »denn ich habe für eine gute Sache gekämpft, und nachdem sich die Dame beruhigt hatte, kam es sogar zu einem Gespräch zwischen uns beiden. Sehr aufschlußreich, muß ich sagen. Ach ja, Sie machen sich keinen Begriff.« Die Frau Dekan seufzte.

Solche und ähnliche Geschichten vernahmen wir zwischen Suppe und Pudding. Eine neue Welt tat sich vor uns auf, und wir konnten nur mit dem Kopf schütteln und flüstern: »Nein, so was! Schrecklich! Schrecklich!«

»Ja«, sagte die Frau Dekan, »Sie müssen noch viel lernen!«

Mich erfaßte eine tiefe Zuneigung zu dieser Frau Dekan, die so wacker versuchte, den Sumpf der Großstadt trockenzulegen, und die so interessant zu erzählen wußte. Ich hätte sie gerne in den Genuß des Kaffees der Nikodemusgemeinde gebracht, aber der Herr Dekan hatte noch anderweitige Verpflichtungen, und so schieden die beiden nach dem Essen von uns.

Wir blieben allein mit Manfreds Freunden bis zum Kaffee im schönen Gemeindesaal mit vielen geladenen Gästen, Posaunenklang, Reden und Gedichten.

»Eine Dame hat zu mir ›Frau Stadtpfarrer‹ gesagt! Wie findest du das, Else?«

»Also, wenn ich mal janz ehrlich sein soll, so eine Frau Pfarrer, wie unsere Frau Pfarrer, so eine kannst du nie nich werden!«

Franziskus wider Willen

Wir hatten ein schwer bewohnbares Pfarrhaus gegen eine schwer bewohnbare Pfarrwohnung eingetauscht.

Die Fenster der fünf Zimmer gingen zur Straße hinaus, die Türen auf einen elf Meter langen, sehr schmalen Gang, der links mit der Küche endete und rechts in eine kleine Diele überging. Diese Diele möblierten wir mit zwei roten Sesselchen, »denn«, so sprach ich zu Manfred, »erschöpften Treppensteigern flimmert es vor den Augen. Sie sehen nur noch rot, sinken auf diese Sessel und erholen sich. Dabei fällt der Straßenstaub von ihren Füßen, der Schnee läuft aus den Rillen ihrer Schuhe, und sauberen Fußes und ruhigen Atems betreten sie unsere Zimmer. Ist das klug, Manfred?«

Er nickte: »Ja, das ist klug.«

Heisterwangs, unsere Vorgänger, hatten das Zimmer neben der Küche zum Eßzimmer gemacht und das Gemach am anderen Ende des Ganges, hinter der Diele, zum Schlafzimmer. Eine an sich praktische und einleuchtende Lösung. Manfred jedenfalls meinte das, und ich hätte mich seiner Meinung sofort angeschlossen, wäre nicht dieses Zimmer das größte und schönste der ganzen Wohnung gewesen, hätte es nicht auf der einen Seite zum Straßenbalkon hinausgeführt und auf der anderen zur Terrasse und wäre es nicht mit dem nächsten Zimmer durch einen Kachelofen und eine Flügeltür verbunden gewesen. Mein Herz hätte geblutet, wäre diese Pracht als Schlafzimmer verkommen. In meinem Elternhaus in Bromberg hatte es auch solche Flügeltüren gegeben, und zwar zwischen Wohn- und Eßzimmer. Ich erinnerte mich gern daran, wie meine Mutter bei Einladungen die Flügeltüren weit öffnete und ins Wohnzimmer hineinsprach: »Darf ich zum Essen bitten. Es ist angerichtet!« und wie später die Gäste zwischen beiden Zimmern hin und her spazierten, das Weinglas in der Hand und viele kluge Worte im Mund, die kein Kind verstand.

»Bei uns zu Hause war es auch so«, sagte ich zu Manfred, »es wirkt kultiviert und großzügig. Und überhaupt sind Flügeltüren dazu da, daß man sie weit öffnet. Willst du, daß aller Augen in dein Schlafzimmer blicken und jedermann hineintritt und sich auf dein Bett setzt und in deinem Nachttisch wühlt, willst du das?«

»Nein, das will ich nicht, aber es ist praktischer, wenn das Eßzimmer neben der Küche liegt, denk an den weiten Weg mit dem vollen Tablett ...«

»Bin ich alt, bin ich schwach?«

»Nein!«

»Also! Ich brauche den Auslauf, jetzt, da ich keinen Garten mehr habe. Drunten im richtigen Pfarrhaus, da haben sie drei Zimmer mit Flügeltüren, ach, wie glücklich wäre ich, wenn ...«

»Es ist schon recht«, er seufzte, »machen wir es so, wie du meinst.«

Also lag unser Eßzimmer elf Meter von der Küche entfernt, und ich legte jeden Tag weite Strecken zurück. Nicht, daß ich jemals murrte, aber ich legte meinem Mann den Kauf eines Servierwagens nahe und tat dies so lange, bis wir ihn hatten. Unsere Söhne schoben diesen Servierwagen mit großem Eifer und noch größerer Geschwindigkeit von einem Ende der Wohnung zum anderen, schwangen sich wohl auch noch mit darauf, wenn sie genug Fahrt erlangt hatten, und grämten sich nicht, wenn Soße und Suppe überschwappten. Früher, als wir gedacht, erlag der Servierwagen den Strapazen und brach auf halbem Weg zusammen.

Das Zimmer neben der Küche wurde also zum Schlafzimmer. Es duftete beim Zubettgehen noch sanft und anheimelnd nach dem Essen des Tages, und öffneten wir die Fenster, so rauschte unten der Strom der Autos, hinunter in die Stadt und hinauf zur Autobahn. Manchmal, in der Frühe des Sonntagmorgens, wachten wir auf, fuhren entsetzt hoch und konnten schlecht wieder einschlafen, weil es draußen so still war.

Dieses Schlafgemach wurde durch eine Tür mit einem Raum verbunden, den wir zum Kinderzimmer erkoren, eine Lösung, die unsere Söhne nicht recht befriedigen konnte. Der Lichtstreifen unter der Tür verriet, wie lange sie nachts noch lasen oder spielten, auch leise geführte Gespräche und mit Vorsicht in Szene gesetzte Streitigkeiten wurden im elterlichen Schlafzimmer deutlich vernommen und durch Machtworte vereitelt.

Damit die beiden mehr Platz zum Spielen hätten, kauften wir Etagenbetten. Das obere Bett war ungleich beliebter als das untere, also wechselten wir ab. Eine Woche durfte Mathias oben schlafen, die andere Andreas. In einer Mathiaswoche riß uns morgens ein Knall mit anschließendem wildem Geschrei aus dem Schlaf. Wir stürzten ins Kinderzimmer. Mathias lag brüllend auf dem Boden, Blut lief ihm über das Gesicht. Andreas hockte daneben und versuchte, ihn zu beruhigen und zum Schweigen zu bringen.

»Er hat mir zeige wolle, wie er mit em Kopf voraus d' Leiter nunterklettere kann, und auf einmal hat's ihn überschlage, und jetzt isch sei Kopf blutig.«

»Ja«, schrie Mathias, »ja, so war's, und i kann nix dafür!«

Manfred fuhr um fünf Uhr morgens mit ihm ins Krankenhaus, wo die Platzwunde an der Stirn genäht wurde.

Zu Hause bezog Mathias Stellung vor dem Spiegel, er betrachtete den Kopfverband mit Wohlgefallen, fand sich tapfer und schön und konnte sich nur schwer von seinem Anblick trennen.

»Och, Mulchen, wenn mi jetzt die Bigi sehe tät, no tät's ihr leid, daß i nimmer da bin!« Er seufzte und gedachte der Weidener Spielgefährtin, die bei seinem Abschied nur wenige Tränen vergossen hatte.

Später bereicherte der Goldhamster Nicki die nächtlichen Geräusche um eine neuartige Variante. Nicht, daß Manfred und ich uns besonders zu Goldhamstern hingezogen fühlten oder gar freiwillig ein solches Tier erworben hätten, wir wurden von unseren Söhnen dazu gezwungen.

Andreas und Mathias hatten nämlich in seltener Einmut erklärt, daß sie ein Tier haben wollten zum Liebhaben. Am einfachsten wäre ein Krokodil, denn es könnte in der Badewanne wohnen. Ein Pferd hätten sie ebenso gerne, dann müßte man allerdings auf der Terrasse einen Stall bauen. Einen Hund würden sie auch hinnehmen, doch wenn all diese Tierchen den Eltern nicht genehm wären, wie sie schon ahnten, dann würden sie sich mit einem Goldhamster begnügen, denn der Rolfi hätte auch einen, und der wäre richtig niedlich.

Nun hatte ich gerade gelesen, wie wichtig es für ein Kind sei, lebende Tiere zu hegen und zu pflegen. Ein solches Haustier würde das kindliche Verantwortungsbewußtsein stärken und sein Zärtlichkeitsbedürfnis stillen.

»Deshalb wollen wir nicht an uns denken«, so sprachen Manfred und ich zueinander, »und an unsere Bequemlichkeit, sondern an das Wohl unserer Kinder!«

Also kauften wir einen Goldhamster mitsamt dem teuren Käfig, dem Häuschen und dem Rädchen. Dieses Rädchen, so erklärte die Verkäuferin in der Tierhandlung, sei für den Hamster lebensnotwendig, weil er nämlich als Wüstentier gewohnt sei, bei der Nahrungssuche weite Strecken zurückzulegen. Im engen Käfig, das müßten wir wohl bestätigen, könne er dieses nicht tun, weshalb man genötigt sei, ein Rädchen am Gitter anzubringen. Der Hamster würde sich täuschen lassen, das Rädchen besteigen und darin immer auf der Stelle laufen, stundenlang, riesige Strecken, dies wäre für sein Wohlbefinden äußerst wichtig, für uns zudem possierlich anzuschauen.

Wir brachten also das Tierchen mit all dem teuren Drumherum nach Hause, setzten uns vor den Käfig und warteten, daß es possierlich zu laufen beginne. Aber der Goldhamster tat nichts dergleichen, kroch in sein Häuschen und ließ sich den ganzen Tag nicht mehr blicken.

»Mensch, mit dem sin mir aber agschmiert«, schimpfte Mathias, »hättet mir bloß a Krokodil kauft! Der isch ja furchtbar langweilig!«

»Vielleicht hat er Heimweh nach dr Wüschte oder nach dere nette Frau im Laden«, meinte Andreas nachdenklich, »in Bad Reichenhall, wo i so Heimweh ghabt hab, da hab i mi au verkroche und mit niemand spreche wolle, bloß gheult! Der Arme! Mir müsset arg lieb zu ihm sei!«

»Wie sollet mir lieb zu ihm sei, wenn er im Häusle hockt!« murrte Mathias.

Nachts wurde ich von einem seltsamen Geräusch aus dem Schlaf geschreckt. Es ratterte, es quietschte. Nach alter Gewohnheit rutschte ich erst in Manfreds sichere Nähe. Der legte schlaftrunken den Arm um mich, stieß ein paar beruhigende Laute aus und schlief weiter. Aber das Geräusch wollte nicht aufhören. Jetzt ging drüben im Kinderzimmer das Licht an. Ich hörte, wie die beiden miteinander flüsterten und durchs Zimmer tappten. Das war kein unheimlicher Geisterspuk, das war traurige Wirklichkeit. Ich kroch aus dem Bett und öffnete die Tür zum Kinderzimmer. Beide Knaben hockten am Boden vor dem Käfig. Der Goldhamster hing mit allen vier Pfötchen am Gitter und schaute seine neuen Freunde mit blanken Knopfaugen an. Als ich nahte, ergriff er die Flucht und rannte in seinem Rädchen mindestens fünf Kilometer davon, ohne eine Atempause einzulegen. Nach dieser weiten Strecke gewann er seine Sicherheit zurück, stieg aus und hing sich ans Gitter, um mich genauer zu betrachten. Manfred gesellte sich zu uns.

»Ich brauche meine Nachtruhe«, knurrte er und hockte sich vor den Käfig. So saßen wir die halbe Nacht und schauten zu, wie unser neuer Hausbewohner sich trimmte.

»Dr Onkel Michael hat au so a Rädle in seim Schlafzimmer«, sagte Mathias, »da radelt er immer auf dr Schtell, aber net nachts. Und mr darf net neikomme, weil er sich scheniert. Und d' Tante Vera sagt, 's wär besser, er tät weniger esse, dann tät sei Ranze schneller weggehe.«

»Mir müsset ihn taufe«, sagte Andreas, »er soll Nicki heiße«, und der kleine Goldhamster war zufrieden, nahm zierlich ein Salatblatt in die Pfoten und knabberte es auf. Dann machte er sich wieder auf die Reise. Ein reizendes Tier! Wir hätten es auch ohne irgendwelche Vorbehalte ins Herz geschlossen, wären unsere Lebensrhythmen besser aufeinander abgestimmt gewesen. Er schlief den ganzen Tag und wurde erst abends lebendig, mir ging es ähnlich, aber ich tobte schließlich nicht die ganze Nacht herum wie dieser Nicki!

Manfred ölte das Rädchen, worauf es ein paar Nächte lang nur noch ratterte. Bald aber kam der wohlbekannte Quietschton wieder dazu. Unsere Söhne gewöhnten sich schnell an diese Nachtgeräusche und schliefen selig dabei, wußten sie doch, daß es ihrem kleinen Goldhamster wohlerging, sobald das Rädchen quietschte. Mit der Zeit verlor Nicki jegliche Scheu, lief nicht mehr davon, wenn er uns kommen sah, hing sich ans Gitter und blickte gar flehentlich durch die Stäbe.

»Er will raus, Mulchen«, rief Andreas, »guck, wie er trauert, wie a Gfangener!«

Die Zimmertüren wurden geschlossen, die Käfigtür geöffnet, und der kleine Hamster schoß aus seinem Gefängnis, trippelte durch das Zimmer, knabberte an Kissen und Leitungen, ließ sich später auch auf den Schoß nehmen und streicheln.

Als der jährliche Nestbautrieb über ihn kam, zernagte er in Ruhe und Heimlichkeit das untere Deckbett und trug emsig Federn in sein Häuschen. Am nächsten Morgen beim Bettenmachen erging es mir wie weiland Frau Holle, die Federn flogen weiß und dicht um mich herum, doch meine Freude über dieses sommerliche Schneegestöber hielt sich in Grenzen. Wehklagend setzte ich mich in die weiße Pracht.

Andreas strich mir liebevoll über das Haupt, Mathias sprach Worte des Trostes: »Macht nix, Mulchen, wenn's da so voll isch mit Federe. Mir schpielet eifach damit. Mir schpielet, es schneit.«

»Wer war das? Wer von euch hat das Deckbett zerschnitten?«

»Aber Mulchen, was densksch denn du! Mir schneidet doch net in d' Bette nei!«

Bei näherer Betrachtung des Deckbettes ergab es sich, daß hier keine Schere am Werk gewesen war, sondern kleine, spitze Zähnchen und Krallen. Nicki tat gut daran, den ganzen Tag still in seinem wohlgespolsterten Häuschen zu verbringen.

Wir gingen dazu über, das liebe Tier auch unseren Freunden vorzuführen.

»Wollt ihr unseren Nicki sehen, er ist süß?«

Ja doch, die meisten wollten. Sie hatten allerdings mehr an eine Vorführung bei geschlossenem Käfig gedacht. Wir aber öffneten die Tür, flugs schoß der kleine Hamster heraus, lief hierhin und dorthin und suchte nach einem dunklen Schlupfwinkel.

Am glücklichsten fühlte er sich in Herrenhosenbeinen.

»Schaut nur, wie er mich mag«, rief Freund Karl-Otto, »er hat sich auf meinen Schuh gesetzt!«

Im nächsten Augenblick aber fuhr er entsetzt vom Stuhl auf, warf das linke Bein wild in die Höhe und versuchte, den Hamster herauszuschleudern, was ihm aber nicht gelang, denn Nicki pflegte sich von innen am Hosenbein festzukrallen. Mit Schleudern und Schlenkern war da nichts auszurichten.

»That isn't the right way!« schrie Karl-Otto, der gerne zeigte, daß er unter anderem auch Englisch beherrschte, aber das pure Grauen ließ ihn wieder zu seiner Muttersprache greifen. »Zieh ihn raus, Andreas«, rief er, »verdammt noch mal!«

»Aber«, mahnte ich vorwurfsvoll, »wer wird denn fluchen! Wir dachten, du wärst tierlieb! Was meinst du, was der Nicki jetzt für einen Schock hat?«

»Und ich!« rief Karl-Otto. »Was meinst du wohl, was ich für einen Schock habe!«

Bei einer solchen Vorführung außerhalb des Käfigs verloren wir unseren kleinen Hamster, und das kam so:

Die Nikodemuspfarrer erhielten einen Lehrvikar – nicht etwa zur Arbeitserleichterung, wie mancher Unwissende annehmen möchte, sondern als zusätzliche Aufgabe. Sie sollten ihn durch alle Zweige pfarramtlicher Tätigkeit hindurchgeleiten, ihm erklärend und belehrend zur Seite stehen und Gespräche mit ihm führen, falls er diskussionsfreudig wäre. Dieser Vikar nun war überaus diskussionsfreudig. Frisch der Universität entronnen, lag ihm besonders viel daran, neues Leben in die langweiligen, konservativen Gottesdienste zu bringen. Er diskutierte dieserhalb gar viel mit Manfred und den anderen Pfarrern, und also wurde ihm ein Sonntagsgottesdienst zugeteilt, in den er viel neues Leben einzubringen gedachte. »Ein Familiengottesdienst«, so sprach er, »soll es werden, denn es taugt nicht, daß wir nur alte Leute in der Kirche haben, auch die mittlere Generation ist willkommen, die Jugend und vor allem die Kinder. Sie müssen die Kirche lieb gewinnen und in ihr heimisch werden, damit sie später nicht von ihr lassen können, außerdem bringen die Kinder die Eltern mit.«

»Das ist ein kluger und bemerkenswerter Gedanke!« sagte Manfred und ließ diesem kinderfreundlichen Vikar freie Hand zur Vorbereitung des Familiengottesdienstes.

»Kann mr Goldhamschter bade, Mulchen?« fragte Mathias am Samstagabend.

»Nein, natürlich nicht, das heißt, ich weiß es nicht genau. Ich glaube, er putzt sich von alleine. Wieso, stinkt der Nikki? Dann mußt du den Käfig putzen.«

»Ja, des mach i au, weil morgen der Nicki ganz arg schö sei soll und en gute Eidruck mache.«

»Warum, kommt jemand?«

»Nei, aber er darf mit zum Gottesdienscht.«

»Was, bist du zu retten?«

»Ja, dr Vikar hat gsagt, mir sollet mitbringe, was mir am liebschten habet und was uns Eidruck macht.«

»O Himmel, und da willst du den Nicki mitnehmen?«

»Ja!«

»Und was nimmt der Andreas mit?«

»Der isch grad bei dr Uschi und fragt, ob er ihr Schweschterle kriegt, weil er des so mag und 's ihm Eidruck macht mit seine winzige Fingerle.«

Ich verdrehte die Augen. »Ja meint ihr denn, Uschis Mutter gibt euch das Baby mit in die Kirche?«

»Des wisset mir net. Aber wenn se 's Schweschterle net gibt, dann vielleicht dr Papagei, der immer sagt: ›Papagei heißt Flora‹, der macht 'm au Eidruck, aber 's Schweschterle wär besser!«

Ich begab mich zu Manfred ins Studierzimmer.

»Weißt du, was der Vikar morgen macht?«

»Was wird er machen? Einen Familiengottesdienst!«

»Ha, von wegen Familiengottesdienst! Er wird vor den Tieren predigen wie weiland Franziskus von Assisi. Hör mal, was Mathias sagt!«

Mathias putzte im Badezimmer den Hamsterkäfig, er ließ sich nur ungern bei der Arbeit stören, erzählte dann aber doch, was der Vikar gesagt hatte.

»Und jetzt muß i schaffe wie verrückt, weil i dann zum Bruno rüber muß und ihm helfe, die Bella bade, damit se sauber isch, weil se morge au in d' Kirch geht.«

»Die Bella ist Brunos Cockerspaniel«, belehrte ich Manfred. Der machte ein Gesicht, als hätte er auf Mäuse gebissen.

»Was denkt sich denn der Vikar? All die Tiere in der Kirche ...«

»Vermutlich denkt er, die Kinder machen's wie die Weiber von Weinsberg und schleifen als liebstes, was sie besitzen, ihren Vater oder ihr lieb Mütterlein auf dem Buckel daher. Weißt du noch, wie er gesagt hat, die Kinder bringen ihre Eltern mit? Das denkt er, der Ahnungslose, aber er wird sich wundern. Mich sieht er jedenfalls morgen nicht in der Kirche, ich lass' mich doch nicht freiwillig beißen!«

Manfred begab sich in sein Zimmer und telefonierte. Aber der Vikar war an diesem Samstag nicht zu erreichen. Wie er nachher gestand, habe er in Gottes freier Natur, nämlich im Freibad, seine Predigt noch einmal durchmeditiert.

Andreas kehrte niedergeschlagen von dem Bittbesuch bei Uschi zurück. Nein, das Schwesterle habe er nicht bekommen. Aber den Papagei Flora dürfe er morgen vor der Kirche abholen, und Uschis Mutter würde noch eine rote Schleife um den Käfig binden.

Beide Söhne hatten alle Hände voll zu tun. Sie versuchten Nicki zu waschen und zu bürsten. Er schrillte und quiekte in höchster Todesangst, so daß sie ihn schließlich unverrichteter Dinge in seinen Käfig entließen, wo er sofort sein Häuschen aufsuchte und sich nicht mehr blicken ließ. Andreas und Mathias aber begaben sich zu ihren Freunden und halfen bis zum späten Abend beim Putzen und Schmücken von deren Katzen, Hunden und Meerschweinchen.

Der Sonntagmorgen brach an. Manfred ging zur Kirche mit grämlichem Gesicht und zwei strahlenden Söhnen. Mathias trug Nicki im sauber geputzten Gehäuse. Andreas schleifte den Papageienkäfig, welcher mit einer großen roten Schleife geschmückt war.

Ich kann nicht genau berichten, was alles in diesem »Familiengottesdienst« geschah, denn ich war nicht dabei, aber es muß keineswegs konservativ und überhaupt nicht langweilig gewesen sein.

Von allen Seiten strömten die Kinder mit ihrem Getier zur Kirche, Kind und Haustier festlich geschmückt.

Mesner Lasewatsch erlitt einen hysterischen Anfall, als Hunde und Katzen in die Kirche eindrangen. Beim Anblick eines kleinen Reitersmannes mit seinem Pony verzog er sich in die Sakristei und schwor, diesen Beruf aufzugeben.

Auch der Vikar zeigte sich der Situation nicht gewachsen, hatte er doch mit solchen Teilnehmern am Familiengottesdienst nicht gerechnet. Ja, so vertraute er später Manfred an, ja natürlich hatte er angenommen, die Kinder würden ihre Eltern und Großeltern mitbringen, Tanten und Onkel, oder Blümchen, Steinchen, Bücher und Spiele.

Es war laut in der Kirche und unruhig. Die Hunde wollten den Katzen zu Leibe rücken, die Katzen den Hamstern und Vögeln. Eine Eidechse entwischte und mit ihr mehrere weiße Mäuse. Andreas berichtete, der Papagei hätte wie verrückt gerufen: »Papagei heißt Flora«, aber vor lauter Lärm hätte gar niemand etwas gehört.

Der Vikar ließ das Lied ›Geh aus mein Herz und suche Freud‹ singen. Mathias nahm Nicki aus dem Käfig, damit er besser sehen könne, aber der kleine Goldhamster machte sich dünn, drehte und wendete sich und, schwupp, glitt er aus Mathias' Faust, sprang auf die Kirchenbank, von dort auf den Boden und war verschwunden. Andreas warf sich auf seinen Bruder.

»Du hasch ihn losglasse, du gemeiner Dinger!«

»I hab's net wolle, er hat sich ganz von allei losgrisse, ehrlich!« Auch Mathias weinte.

Sie krochen wehklagend unter die Kirchenbänke, riefen: »Nicki, wo bisch du?«, aber er kam nicht wieder, blieb verschollen zwischen Kirchenmauern.

Der Vikar verzichtete auf seine im Freibad so gründlich durchmeditierte Predigt und stotterte nur einige unvorbereitete Worte, daß die Tiere auch Geschöpfe Gottes seien und wir sie deshalb lieben sollten und ihnen genug zu fressen geben und sie nicht unnütz quälen ... In diesem Augenblick machte er einen Sprung, warf sein Bein in die Höhe und schwang es hin und her.

»Nicki!« schrien Andreas und Mathias gleichzeitig und stürzten nach vorne, aber da war der Vikar schon in der Sakristei verschwunden. Er kehrte wieder, bleich, aber gefaßt und entließ die Kinder samt dem Liebsten, das sie mitgebracht hatten.

So nahm der Gottesdienst ein schnelles Ende. Die Kinder strömten mit ihren Tieren dem Ausgang zu, aber Andreas und Mathias waren nicht bereit, ihren geliebten Nicki ohne Nachforschungen dahinzugeben.

»Du hasch ihn totgmacht!« schrie Mathias und pflanzte sich vor dem erschreckten Vikar auf.

»Wo hasch du unsern Nicki?« rief Andreas. »Er war doch in deiner Hose?«

»Ich weiß von nichts!« schwor der Vikar. »Ich bin unschuldig. Ich kenne keinen Nicki!«

»Mörder!« sagte Mathias mit Grabesstimme. »Du vermaledeiter Mörder!!«

Das Wort »vermaledeit« hatte er irgendwo aufgeschnappt, und es war für ihn das schrecklichste Wortgebilde, was es überhaupt geben konnte.

Andreas und Mathias kehrten ohne ihr Liebstes heim, gingen schluchzend an Mesner Lasewatsch vorbei, der ebenfalls weinend am Taufstein lehnte und seine Kirche betrachtete.

»Hasch du unsern Nicki gsehe, Herr Lasewatsch?« fragte Mathias.

»Habt ihr all den Dreck gesehen?« fragte der Mesner zurück, dann fiel sein tränenumflorter Blick auf Flora, die aufgeplustert in ihrem Käfig hockte. »Packt euren Papagei«, schrie er zornig, »und schert euch zur Kirche raus! Pfarrersbuben, elende!«

»A-a--ei--ei--o-a!« kreischte der Papagei, und dies sollte »Papagei heißt Flora« heißen, denn Konsonanten auszusprechen war diesem Tier versagt.

»Da hasch du dei Flora!« sagte Andreas zu Uschi, die

gekommen war, um sich vom Gottesdienst berichten zu lassen und den Papagei wieder heimzuholen.

»I will dir mal was sage, Uschi, mr verschteht's ja gar net, was se sagt. Vielleicht sagt se: ›Papagei heißt Flora‹, aber vielleicht meckert se bloß irgendwas, und ihr sagt, 's heißt so. Dei Flora isch scho a bißle blöd, ja, des will i dir bloß sage, und se macht au kein Eidruck auf mi, und …«, er mußte sich abwenden, weil ihm ein dicker Kloß im Hals saß und er vor der Uschi nicht weinen wollte.

»Du bisch bloß neidisch, weil du kei Schweschterle hasch und weil du unsers net kriegsch!« sagte die Uschi, riß den Käfig an sich und verschwand samt ihrem krächzenden Papagei.

Andreas und Mathias aber trauerten den ganzen Sonntag, und wir mit ihnen. Nein, sie wollten keinen neuen Goldhamster haben, denn so wie Nicki wäre keiner mehr, ein Tier einzigartig im Leben und im Sterben. Und hatten sie fernerhin Streit und galt es, eine fürchterliche Beschimpfung auszustoßen, so sprachen sie zueinander: »Du Vikar!«

Zum Glück gingen nur die Zimmer auf die geräuschvolle Durchgangsstraße hinaus, Küche, Bad und Klo waren nach hinten zum Hof gerichtet. So hatten wir doch drei stille Plätzchen, wo wir in aller Ruhe und Beschaulichkeit sitzen konnten: am Küchentisch, in der Badewanne und auf dem Klo.

Der letzte Ruheplatz verlor jedoch an Behaglichkeit durch die Tatsache, daß sein Fenster auf die Terrasse ging. Ungeduldigen Familiengliedern genügte es nicht, zart an die Tür zu klopfen, nein, sie traten hinaus auf die Terrasse, lugten durch das Fenster und stießen Drohungen aus.

Solche Schwierigkeiten ergaben sich allerdings nur, wenn mein Nähkorb überquoll. In Ermangelung eines anderen Platzes hatte ich nämlich die Nähmaschine ins Klo gestellt. Sie stand dort an günstiger Stelle und diente in geschlossenem Zustand zur Ablage von Lesestoff. Machte ich sie aber auf, um zu nähen, dann versperrte sie die Tür. Nun trat dieser Fall selten ein, denn die Nähmaschine verhielt sich mir gegenüber ausgesprochen feindlich. Sie ließ andauernd ihren Faden reißen und ihre Nadel brechen, sie brachte krumme Nähte und seltsame Stiche hervor und gab mich dem Gespött der Familie anheim. Auch hatte sie mich schon aufs schmerzhafteste verletzt und boshaft durch meinen Finger genäht, als ich ihn vertrauensvoll unter die Nadel legte und mit dem Fuß weitertrat. Auf mein Schmerzensgeschrei stürzte Manfred aus seinem Zimmer, schlug gegen die verschlossene Tür, lief auf die Terrasse und stieg durchs Fenster ein. Mir war inzwischen schlecht geworden. Mit bleichem Gesicht hockte ich auf dem Klodeckel vor der Nähmaschine und wimmerte leise vor mich hin. Er aber dachte gar nicht daran, mich in meinem Schmerz zu trösten, sondern schimpfte, es sei ihm unverständlich, wie ein denkender Mensch seinen Finger unter die Nähmaschinennadel halten könne und dabei mit den Füßen weitertreten, aber er kenne mich ja nun lange genug, um zu wissen, daß mir in dieser Hinsicht alles zuzutrauen sei. Unter diesen und anderen Worten zog er die Nadel aus meinem Finger und mich aus dem Örtchen und machte sich an die schmerzhafte Prozedur, die winzige Wunde zu verbinden. Da ich die Nadel vorher nicht desinfiziert hatte, mußte ich eine Tetanusspritze auf mich nehmen, was meinen Haß auf die Nähmaschine ins Grenzenlose steigerte. Wenigstens blieb mir hinfort der Vorschlag erspart, einmal einen Nähkurs zu absolvieren.

»Bis sie diesen Nähkurs hinter sich hat«, so sprach Manfred beim Abendessen zu seinen Söhnen, »wird sie sich jeden Finger mindestens einmal durchstechen. Das wollen wir doch nicht?«

»Nei!« riefen beide. »Des wollet mir net!«

Das Glanzstück der Wohnung aber bildete die Terrasse, drei Meter breit und acht Meter lang, auch sie lag nach hinten hinaus.

Der Gedanke an diese Terrasse und ihre mannigfachen Verwendungsmöglichkeiten hatte mir den Abschied von Weiden etwas erleichtert.

»Denk dir nur, Manfred, was wir da draußen für romantische Feste feiern können, mit bunten Lampions am Geländer entlang, das Lichtermeer der Stadt zu unseren Füßen, der unendliche Nachthimmel zu unseren Häuptern, es wird zauberhaft!«

»Na ja«, sagte er, »das müssen wir erst sehen.«

Als dann ein Fest nahte und wir die Terrasse schmücken wollten, flogen die Lampions weit über die Stadt davon, es war ein schönes Bild, wenngleich es mich schmerzlich berührte.

Unsere Gäste zeigten sich tief beeindruckt, als wir sie auf die Terrasse drängten.

»O ja, herrlich, dieses Lichtermeer«, riefen sie, »wirklich wundervoll!« Die Damen hielten mit der einen Hand ihre Frisur fest und mit der anderen ihren Rock, die Herren sahen überall hin, bloß nicht auf das Lichtermeer, und alle strebten sie eilends zurück in die Wohnung.

»Ein rechtes Kleinod habt ihr da«, sagte meine Mutter, als sie uns das erste Mal besuchte und wir ihr das Lichtermeer zeigen wollten. Sie versuchte, den Rock zu bändigen, der über ihrem Kopf zusammenschlagen wollte.

»I halt ihn dir fescht, Großmama«, sagte Andreas, »dann kannscht du in aller Ruhe nuntergucke!«

»Nein, Liebes, danke, wir gehen jetzt ganz schnell wieder ins Wohnzimmer. Der Herbstwind weht doch recht stark.«

Ja, der Herbstwind wehte stark, und meine Wäsche auf dem Küchenbalkon knatterte unter seinen Stößen. Sie schlug mir um die Ohren, als ich sie von den Leinen nahm. Ich schnupperte, erst ungläubig, dann entsetzt, und durch meine Nase sog ich eine neue Erkenntnis in mich hinein. Wie war das damals gewesen bei der Stellensuche? Ich hatte mich begeistert geäußert: »Wie herrlich muß die Wäsche duften – in luftiger Höhe getrocknet ...«, ja, so etwa hatten meine Worte gelautet, und Frau Heisterwang war daneben gestanden und hatte Unverständliches gemurmelt: »Ja, sie duftet! Aber man gewöhnt sich daran ...« Dann war sie verstummt, und jetzt wußte ich, warum.

»Mach die Augen zu und riech mal!« Ich hielt Manfred ein frisch gewaschenes und getrocknetes Wäschestück unter die Nase. »Na, was riechst du?«

»Schinken!« rief er begeistert.

»Von wegen Schinken! Ein Kissenbezug ist's, luftgeräuchert auf unserem Küchenbalkon! Was sagst du dazu?«

»Was soll ich dazu sagen? Mir ist der Geruch nicht unsympathisch.«

»Aber mir! Ich mag nicht riechen wie eine Salami. Ach, wie herrlich hat es doch im Weidener Pfarrgarten geduftet, wenn die Linde geblüht ...«

»... und Nachbar Meyer seinen Mist aufgeladen hat. Malchen, so schwerwiegend das Problem auch sein mag, ich kann's nicht länger mit dir erörtern, ich muß arbeiten.«

Dies war seine Art, sich aus der Affäre zu ziehen. Er klapperte auf der Schreibmaschine und lehnte es ab, an weiteren Wäschestücken zu riechen.

»Wenn du als Salami durch die Lande ziehen willst, bitte. Ich aber will es nicht, und darum brauche ich Parfüm, aber ein gutes, starkes, damit es den Rauchgeruch überdeckt.«

»Einverstanden! Und wenn du dann draußen bist, dann mach bitte die Tür hinter dir zu.«

Direkt unter uns wohnten »s' Prälats«, ach, und sie hatten es schwer mit uns, denn wir tobten ihnen auf dem Kopf herum. Herr Prälat hörte nicht mehr gut, aber Frau Prälat sagte mir, sie könne es nur mit Gottes Hilfe und Ohropax ertragen.

Daraufhin gaben wir uns unendliche Mühe, leise zu sein. Wir kauften sogar einen dicken Teppich für das Wohnzimmer. Aber so sehr wir uns auch mühten, wir blieben eine geräuschvolle Familie.

»Seid still! Zankt euch nicht so laut!« schrie ich die Buben an, die auf dem Teppich miteinander rauften. »Denkt an Frau Prälat!«

»Menschenskind«, schimpfte Mathias zurück, »in dem Haus darf mr net amal in Ruh schtreite! Immer muß mr an Frau Prälat denke!«

»Zankt halt leise weiter! Ich geh' mal an die frische Luft!«

»Die frische Luft« war meine neue Lektion aus der Elternschule. Ich hatte es im Kochen und Backen trotz aller Bemühungen zu keinen Glanzleistungen gebracht, die höheren Weihen im Schneidern und Nähen verbaute mir die bösartige Nähmaschine, aber in der Kindererziehung dachte ich Wesentliches zum Guten zu wenden durch Erlernen der Grundkenntnisse. Also unterrichtete ich Manfred von meinem Entschluß, eine Elternschule zu besuchen.

»Viel Glück!« sagte er. »Tu, was du nicht lassen kannst. Aber ich halte mich da raus, einer von uns beiden sollte seinen gesunden Menschenverstand bewahren, außerdem habe ich keine Zeit.«

Zum Glück hatte ich eine Mitstreiterin gefunden in einer Dame aus dem Hinterhaus, die auch zwei Kinder hatte. Sie gedachte, ebenso wie ich, ihre Erziehungsprobleme mit Hilfe einer Elternschule aus dem Weg zu räumen.

»Na, denn viel Spaß!« sagte Manfred, als wir von dannen fuhren. Ich hätte es gerne gesehen, wenn er uns begleitet hätte, denn war er nicht Vater zweier Söhne und ein geschickter Autofahrer obendrein? Mit ihm wäre uns wenigstens der Streß auf dem Weg zur Elternschule erspart geblieben, denn meine Bekannte, Charlotte Oxenwadel, fuhr etwa so gut wie ich. Sie konnte jedoch besser ein- und ausparken, weshalb wir meistens ihr Auto nahmen, denn der Parkplatz vor der Elternschule war begrenzt. An diesem ersten Abend jedoch fuhr ich, fand eine Parklücke und stand schon nach dem dritten Versuch recht ordentlich darin.

»Es ist gut, daß er ein Stück vom Randstein entfernt ist«, meinte Charlotte Oxenwadel, »dann kommen wir nachher leichter heraus.«

Ich mußte ihr recht geben, hörte auf, weiter am Lenkrad zu drehen und kletterte aus dem Auto.

»Jetzt müssen wir uns die Stelle genau einprägen, denn alle

Autos sehen irgendwie gleich aus, besonders bei Nacht, und ich hab' schon viel Zeit beim Suchen verloren.«

Charlotte Oxenwadel nickte, sie kannte das Problem. Also merkten wir uns die Straße und die Nummer des Hauses, vor dem wir standen, gingen bis zur Ecke vor und zählten die Schritte, vermerkten auch noch, daß vor unserem Auto ein schwarzer Mercedes stand, direkt dahinter nichts, sonst wäre ich gar nicht in die Lücke gekommen, und dann ein kleines, schmutziges Fahrzeug von unbekannter Herkunft, denn die Marke lag unter der Dreckschicht verborgen. Gegenüber, auf der anderen Straßenseite, gewahrten wir eine Telefonzelle, die merkten wir uns auch noch. Nun kann nichts mehr schiefgehen, so dachten wir beide. Ich schloß ab, dann gingen wir noch einmal um das Auto herum, um sicher zu sein, daß alle Lichter gelöscht waren.

»Ich habe es einmal vergessen«, sagte Frau Oxenwadel, »das war fürchterlich, denn da sprang er nicht mehr an und die Batterie war leer, und da stand ich ...«

»In solchem Fall ruft man am besten seinen Mann an«, sagte ich, ich wußte dies aus leidvoller Erfahrung, »auch wenn's natürlich etwas peinlich ist. Im Grunde sind sie ja froh, daß sie mit dem Auto besser Bescheid wissen und einen belehren können.«

Ja, den Eindruck hätte sie auch gewonnen, meinte meine Begleiterin, und dann gingen wir zur Elternschule.

Nach zwei Stunden befanden wir uns wieder auf der Straße, schlichen zum Auto, schweigend, tieftraurig. Wir zählten die Schritte, erkannten die Telefonzelle, den schwarzen Mercedes, sahen unser Auto, nur dahinter hatte sich Entscheidendes verändert. Ein Lastkraftwagen oder dergleichen hatte sich zwischen uns und dieses undefinierbare Fahrzeug geklemmt. Stoßstange an Stoßstange, und vorne sah es nur um weniges günstiger aus.

»Typisch Mann!« schimpfte ich voller Erbitterung. »Dies kann nur ein Mann verbrochen haben, und man sollte ihn anzeigen lassen wegen Verkehrsbehinderung und Verstoßes gegen Paragraph 1 der Straßenverkehrsordnung.«

Ja, meinte Charlotte Oxenwadel, da müsse sie mir zustimmen, auch wenn sie nicht sicher sei mit dem Paragraphen 1 der Straßenverkehrsordnung, aber erst müßten wir rauskommen, sonst kämen wir nie zu einer Polizeiwache, um Anzeige zu erstatten. Ich stieg ein, sie blieb draußen, um zu schreien, falls die Situation gefährlich werde.

Nach einer halben Stunde vergeblichen Manövrierens, als ich am Ende meiner Kräfte und sie völlig heiser war, kam ein Polizist des Weges daher.

Charlotte Oxenwadel sah ihn kommen, klammerte sich an ihn und bat ihn händeringend, uns aus unserer großen Not zu befreien.

»Schlüssel verloren?« fragte er.

»Nein, meine Freundin sitzt schon drin.«

»Dann springt es also nicht an?«

»Doch, es tät schon springen, aber wir kriegen's nicht raus!«

Er schaute sie an mit einem Blick voller Mitleid, Erbarmen und tiefster Geringschätzung, dann sprach er: »Weiber!« und kam mit.

Ich saß völlig verkrampft hinter dem Lenkrad, da steckte er den Kopf durchs Fenster.

»Ich stell' mich hinten hin und zeige Ihnen, wieviel Platz Sie noch haben. Es ist kein Hexenwerk, Sie sind gleich draußen!« Er stellte sich in Positur und gab Zeichen mit beiden Händen, aber er tat es nicht lange. »Steigen Sie aus«, knirschte er, »bevor ich verrückt werde, fahr' ich selber raus!«

Es gelang ihm schon nach dem zweiten Anlauf, aber er hatte ja schließlich keine Elternschule hinter sich.

Einmal in der Woche fand sie statt, ein ganzes Semester lang. Nach jedem Abend waren Charlotte Oxenwadel und ich völlig zerknirscht, beladen mit Schuldkomplexen, zerrissen von Reue, voller Mitgefühl unseren armen Kindern gegenüber, denen wir, unwissend zwar, unendlich viel Böses angetan, ihre zarten Seelen verletzt und die Saat zu unzähligen Komplexen in ihnen ausgestreut.

»Kommst du noch mit hoch?« fragte ich vor unserem Haus. »Schaffst du die Treppen?«

Die gemeinsame Schuld hatte uns so verbunden, daß wir schon bald zu dem vertrauten »Du« übergegangen waren.

»Ja, ich kann jetzt doch nicht einschlafen. Manfred wird mir guttun.«

Er tat uns gut, indem er uns erst einmal einen Kognak kredenzte.

»Na, was habt ihr diesmal alles falsch gemacht?« fragte er munter.

»Lach nicht über diese Dinge, Manfred! Ich weiß nicht, wie ich es je wieder gutmachen soll!« Charlotte und ich seufzten zweistimmig. »Ach, wie oft hab' ich den Andreas angeschrien! Gestern hab' ich dem Mathias sogar eine runtergehauen, weil er mich bis aufs Blut gereizt hat ...«

»Na und?«

»Und ich hab' meiner Suse eins auf die Finger gegeben, als sie ihre Suppe auf den Tisch gekippt hat!« klagte Charlotte.

Manfred lachte.

»Weißt du denn nicht, wie ungeheuer schädlich das für die Kinder ist, Manfred? Man muß ihnen Freiheit lassen und Liebe geben! Man darf sich auf keinen Fall hinreißen lassen und seinen Ärger zeigen!«

»Wie viele Kinder nennt denn eure Lehrerin ihr eigen?«

»Was weiß ich, wie viele Kinder sie hat und ob sie überhaupt verheiratet ist.«

»Na, dann würde ich ihr mal zwei von der Sorte unserer Söhne wünschen«, sagte Manfred grimmig, »wo willst du hin, Malchen?«

Ich war schon an der Zimmertür. »Zu Andreas und Mathias!«

Er seufzte: »Jetzt fängt das wieder an!«

Tatsächlich hatte ich nach jeder Elternschulung das dringende Bedürfnis, meine Söhne in die Arme zu schließen und ihre Verzeihung zu erbitten für all das Schreckliche, was ich ihnen angetan.

»Mathiasle, Andreasle, bitte verzeiht mir!«

»Was denn?« murmelte Mathias schlaftrunken.

»Daß ich so ungerecht zu euch war und böse. Es tut mir schrecklich leid, ich will's nie wieder tun. Ihr wißt doch, daß ich euch liebe!«

»Ja, Mulchen, ja, mir wisset des. Jetzt reg di doch net auf! Schlaf schö, gut Nacht!«

Ich herzte und küßte sie, und sie seufzten sehr unter dieser Marotte ihrer Mutter.

»Charlotte läßt dich grüßen«, sagte Manfred, als ich wieder ins Wohnzimmer kam, »sie war nicht mehr zu halten. Es drängt sie, ihre armen Kinder aus dem Schlaf zu reißen, sie in die Arme zu schließen und um Verzeihung zu bitten. O Himmel, hoffentlich überstehen wir die Elternschule ohne ernsthafte Schäden!«

An einem dieser Schulungsabende wurde das Problem der

Streitigkeiten unter Geschwistern abgehandelt. »Es ist außerordentlich wichtig für die Entwicklung der Kinder, daß sie miteinander streiten dürfen«, so sprach unsere Dozentin. »Die Eltern müssen sich positiv dazu einstellen und glücklich sein über jede Auseinandersetzung, die Geschwister offen miteinander austragen!«

»Wenn sie nur nicht soviel Krach dabei machen würden«, klagte eine Mutter, »ich könnte grade durchgehen, wenn sie sich streiten, daß die Wände wackeln.«

»Warum tun Sie's nicht?« fragte die Meisterin mit feinem Lächeln. »Wenn Sie den Lärm nicht ertragen können, dann gehen Sie doch einfach an die frische Luft und laufen einmal um das Häuserkarree herum!«

»Dann wäre ich ja den ganzen Tag unterwegs«, sagte ich, worauf die Dozentin mich kurz musterte und erklärte: »Das würde Ihnen gar nicht schaden, Frau Müller, dann würden Sie viel besser aussehen!«

Nachdem die Elternschule abgeschlossen war und allmählich die Erinnerung an das Gelernte verblaßte, fiel mir die Kindererziehung wieder leichter.

Dagegen stiegen Erinnerungen an meine eigene Kindheit auf. Ach, wie gern hätte ich als Kind manchmal ein lautes, böses, ja sogar häßliches Wort herausgeschrien oder mich mit den Geschwistern herumgebalgt, aber das war ganz und gar unmöglich, das tat man nicht! Wir Geschwister trugen unsere Streitigkeiten in stillem, aber gefährlich verbissenem Kampf aus.

Ich kann mich nicht daran erinnern, daß meine Eltern jemals miteinander gestritten hätten, jedenfalls nicht laut und niemals vor uns Kindern. Aber diese stillen Vorwürfe, diese betrübten Gesichter, dieses drohende Gewitter, das nie losbrach, um die Luft zu reinigen, dies alles war für das Kind fast nicht zu ertragen, so daß es hinauslief in den Garten, Steine aufsammelte, um unbekannte, unsichtbare Gegner damit zu zerschmettern. Ich erzählte meinen Söhnen davon.

»Gell, Mulchen«, sagte Andreas, »gell, du bisch froh, daß du jetzt bei uns bisch!«

Die härteste Leidenszeit für Frau Prälat brach an, als Mathias eine Tuba zu blasen begehrte. Der Bruno habe auch eine und spiele schon im Posaunenchor. Sein Vater hätte gesagt, man müsse so früh anfangen wie möglich und deshalb sei es für ihn jetzt allerhöchste Zeit.

Wir liehen uns ein solches Instrument, um vor der teuren Anschaffung den Fleiß und die Begabung unseres Sohnes zu testen. Diese Tuba war so groß, daß Mathias völlig hinter ihr verschwand, doch war seine Anwesenheit nicht zu überhören. Er saß im Kinderzimmer auf einem Hocker und entlockte dem Instrument grauenvolle Töne. Es klang wie das Röhren eines Hirsches in der Brunft, wie der Schrei einer waidwunden Elefantenkuh. Mathias aber behauptete, es sei ein Lied, und es hieße:

»Ist ein Mann in Brunnen g'fallen,
Hab ihn hören plumpsen ...«

Auch Frau Prälat hörte dieses Lied, stürzte die Treppe herauf und klingelte Sturm.

»Was ist passiert?« rief sie. »Wer ist verunglückt und schreit so fürchterlich?«

Ich führte sie ins Kinderzimmer. Dort stand die Tuba, und hinter ihr saß Mathias mit hochrotem Kopf und blies: *›Ist ein Mann in Brunnen g'fallen ...‹*

»Ist es möglich«, stammelte Frau Prälat, »ist es möglich, daß ein so kleiner Junge einen so ungeheuren Lärm hervorbringt? Unsere Lampe fällt von der Decke, unsere Gläser springen, sogar mein Mann hört es!«

Also setzte sich Mathias mit seiner Tuba auf den Balkon.

»Bei dem Straßenlärm fällt das nicht weiter auf«, meinte Frau Prälat, »ich verstehe durchaus, daß er üben muß, denn unsere Posaunenchöre brauchen Nachwuchs. Ich halte das für eine gute Lösung.«

Hier aber irrte Frau Prälat. Kaum hatte Mathias die ersten Töne seines Liedes hervorgestoßen, da gab es unten auf der Straße einen gewaltigen Krach. Bremsen quietschten, Hupen gellten, Menschen schrien. Die Fußgänger schauten sich angstvoll um, von welcher Seite das Unheil käme, und selbst die Tauben stoben davon und trauten sich erst nach Tagen wieder auf unseren Balkon.

Wegen der Lärmbelästigung und weil der Posaunenwart Manfred mitteilte, daß es Mathias an der sittlichen Reife mangle, er in der Übungsstunde empfindlich störe und den ganzen Chor durcheinanderbringe – wegen all dieser

Schwierigkeiten, vornehmlich aber, weil Mathias keine Lust mehr zum Üben hatte, gaben wir die Tuba zurück und schenkten unserem Sohn eine Strickliesel.

Diese Strickliesel, ein billiges und absolut geräuschloses »Instrument«, bereitete ihm eine Zeitlang große Freude und Befriedigung. Schon morgens in der Frühe konnte man ihn im Bett sitzend vorfinden, die Strickliesel fest in der linken Faust, in der rechten die Nadel, mit der er die Fäden über die Haken zog. Unten aus der Strickliesel hing eine Wurst von verarbeiteter Wolle heraus, an der er heftig riß, damit sie länger werde. Ich nähte diese Würste zusammen und machte Untersetzer und Deckchen daraus, die zwar häßlich anzusehen und selten zu gebrauchen waren, jedoch als »Selbstgemachtes« trefflich dazu geeignet schienen, die Verwandtschaft an Weihnachten und Geburtstagen zu beglücken.

Als Mathias' Eifer zu erlahmen begann, wickelte ich Schokoladenplätzchen und Gummibären in den Wollknäuel, damit er einen Lohn seines Fleißes habe. Nach kurzer Zeit aber ging er dazu über, die Leckereien schon vorher aus der Wolle zu zerren. Nachdem er viele lange Würste hergestellt hatte, übergab er mir die Strickliesel mit den Worten: »Also, Mulchen, jetzt isch mir's ehrlich z'blöd!«

Schlonz, Fußball und Aggressionsabfuhr

Wie auf dem Dorf, so saß ich auch in der Stadt abends allein zu Hause. Manfred war unterwegs. Auf dem Dorf hatten ihn Besuche, Kreise und Bibelstunden ferngehalten, hier in der Stadt waren es Sitzungen und Mitarbeiterbesprechungen. Sie dauerten sehr viel länger als die Bibelstunden, und sie versetzten ihn in eine so schlechte Laune, daß er knurrend und murrend bei mir erschien. Ich lag meistens schlafend auf dem Sofa und strahlte auch nicht gerade, wenn er mich weckte, um über lahme Sitzungsführung und unerträgliche Dauerredner zu schelten.

»Was schimpfst du hier bei mir? Ich kann doch nichts dafür! Hättest du's lieber denen gesagt!«

»Dann wär's ja noch länger gegangen. Malchen, irgendwo muß der Mensch sein Herz erleichtern, und du hast schließlich einen schönen, ruhigen Abend gehabt.«

»Einen schönen, ruhigen Abend, genau das wünsche ich mir! Da hocke ich stundenlang da, und wenn du endlich kommst, dann tät ich auch gern mein Herz erleichtern oder ein freundliches Wort hören, aber nein! Was tust du, du schimpfst über Dinge, für die ich überhaupt nichts kann!«

»Wozu hat man eine Frau, wenn sie einem nicht zuhört?«

»Wozu hat man einen Mann, wenn er die halbe Nacht unterwegs ist?«

Der Rest des Abends verlief meist unharmonisch.

»Sonntags Lehrer und werktags Pfarrer, das wär' ein Leben!« So pflegt Bruder Christoph zu sprechen, nachdem er uns erschöpfend darüber aufgeklärt, in welchem Streß er sich gerade befindet, wie ungeheuer hoch sein Blutdruck ist, wie schwer geschädigt sein Herz und was alles ein leitender Kopf in der Industrie heutigentags zu leisten habe.

»So gut wie du möcht' ich's auch haben!« Er klopft Manfred herablassend auf die Schulter. »Dann würde es mir gleich besser gehen.«

»Wenn du weniger rauchen würdest, auch!« bemerkt Manfred und fügt hinzu: »Als Pfarrerssohn solltest du eigentlich wissen, was Pfarrer zu tun haben. Hat dein Vater nichts gearbeitet?«

»Der schon!« antwortet Christoph.

»Manche Brüder kann man wirklich nur mit Gottes Hilfe ertragen!« sage ich.

»Manche Schwestern auch!« sagt er.

»Soll ich dir aufzählen, was Manfred alles zu tun hat?«

»Wenn es dir Freude macht, gern. Sehr lange wird es wohl nicht dauern.«

»Er hält Kasualien.«

»Hoffentlich bricht er nicht unter dieser Belastung zusammen! Wie viele Beerdigungen fallen denn an pro Tag und wie viele Hochzeiten und Taufen?«

»Er macht Besuche.«

»Der Arme! Da bekommt er Kaffee und Kuchen und wird hochgeehrt.«

»Von wegen«, mischt sich Manfred ins Gespräch, »gestern hat mir ein Herr die Tür geöffnet. Ich habe mich vorgestellt und gesagt, daß ich der Pfarrer der Gemeinde bin und einen Besuch machen will, worauf er sich nach hinten wendet und die Treppe hinaufruft: ›Oma, für dich!‹ «

»Peinlich«, Christoph lacht, »sonst noch irgendwelche Verpflichtungen?«

»Ja, Sitzungen und Mitarbeiterbesprechungen noch und noch.«

»Mehr als ich wird er wohl kaum haben«, Christoph seufzt gelangweilt.

»Zwei Nachmittage in der Woche hält er Konfirmandenunterricht von vier bis sieben.«

»Den Unterrichtsstoff kennt er doch auswendig, nachdem er acht Jahre Pfarrer ist.«

»Aber es strengt ihn trotzdem an mit den vielen Kindern in diesem schwierigen Alter. Was meinst du, wie du untergehen würdest!«

»Ah, meine Liebe«, wieder hat er den arroganten Ton in der Stimme, »ah, meine Liebe, da habe ich es wohl mit schwierigeren Leuten zu tun in meiner Fabrik. Vierzehnjährige Kinder, ich bitte dich! Natürlich muß man etwas von Menschenführung verstehen . . ., aber Kinder sind ja so leicht zu begeistern!«

»Das mußt gerade du sagen, wo du gar keine Kinder hast! Ich möchte mal miterleben, wie du Religionsunterricht hältst! Das gäbe vielleicht ein Affentheater! Denk an Vati!«

Für meinen Vater war der Religionsunterricht eine rechte Plage. Er hatte keine Ahnung von Pädagogik. Die vielen lärmenden Kinder machten ihm Angst. Völlig erschöpft kehrte er von der Schule zurück, ging sofort in sein Zimmer und war eine Zeitlang nicht ansprechbar, nicht für meine Mutter und erst recht nicht für uns Kinder. Mich packte der Zorn, wenn ich ihn so traurig sah, und ich verwünschte die Schüler, die ihn ärgerten. Freilich übersah ich dabei, daß wir in der Schule auch einen Pfarrer als Religionslehrer hatten und daß wir ihn reizten, wann immer dies möglich war, und ihm unmißverständlich klarmachten, wie wenig uns das interessierte, was er zu bieten hatte.

Eines Tages bat mich mein Vater, ihm die Nachmittagsschule abzunehmen. »Im Kindergottesdienst erzählst du doch auch so gerne biblische Geschichten. Die von David und Goliath kennst du ja, sie ist heute dran. Ich habe so viel zu tun. Meinst du, du schaffst es?«

»Aber ja! Klar! Gerne!«

Mit geschwellter Brust marschierte ich zur Schule, völlig gebrochen kroch ich nach Hause.

»Hamse dich fertig gemacht?« fragte der kleine Christoph.

»Ach, laß mich in Ruhe!« knurrte ich und warf die Zimmertür hinter mir zu. Ich hatte schmählich Schiffbruch erlitten. Die zwölfjährigen Rangen waren an allem interessiert, nur nicht an David und Goliath, das hatten sie mir deutlich gezeigt. Seitdem ging ich barmherziger mit meinen Religionslehrern um, lernte Psalmen und Gesangbuchverse, meldete mich und sagte sie willig her.

»Früher warst du ein rechtes Kreuz«, so sprach der Religionslehrer zu mir, »jetzt bist du ein wahrer Lichtblick. Was hat diese Wandlung bewirkt?«

»David und Goliath«, sagte ich, und als er mich verständnislos ansah, »das Studium der Bibel.«

Manfred hielt an zwei Vormittagen in der Woche Religionsunterricht im Gymnasium. Er seufzte sehr unter dieser Last und versuchte mehrmals, sie abzuschütteln, doch war seinen Bemühungen kein Erfolg beschieden. Eine andere Bürde aber nahm er gar nicht erst auf, er ließ sie liegen, er machte einen Bogen um sie herum, und das war die Erbschaft des Vorgängers Theophil Heisterwang.

Dieser Vorgänger hatte bei der Jugend der Nikodemusgemeinde im Segen gewirkt, hatte einen großen Kreis junger Leute um sich geschart, und da standen sie nun und konnten mit dem neuen Jugendpfarrer nicht recht warm werden. Er war so enttäuschend anders, wollte sich nicht umkrempeln lassen und nicht in die Stiefel des Vorgängers steigen und war überhaupt schrecklich halsstarrig.

»Theo hat das aber anders gemacht!« riefen sie ärgerlich.

»Und ich mache es so!« sagte Manfred.

»Theo hat immer Zeit für uns gehabt! Wir sind den ganzen Sonntag zusammen gewandert.«

»Ich wandere gerne, aber nicht so oft, denn ich habe eine Familie!«

»Theo hat auch eine Familie!«

»Ich bin nicht Theo!«

Manfred ertrug es mit erstaunlicher Gelassenheit, daß die jungen Leute sich enttäuscht von ihm abwandten. Ich aber murrte und konnte es nur schwer ertragen, wenn sie Ausflüge zum Vorgänger machten, sich von ihm trauen ließen und zu ihm zur Kirche fuhren.

»Laß sie doch, Malchen. Es ist ihr gutes Recht, sie sind mit ihm verbunden. Ich kann's dafür mit anderen.«

Und wirklich, es scharten sich andere um ihn und waren mit seiner Art zufrieden.

Aber nicht nur der Vorgänger warf seinen Schatten über uns, wir mußten uns auch mit den höchst lebendigen und gegenwärtigen Kollegen an der Nikodemuskirche auseinandersetzen: Pfarrer Julius Fink, klein, rund, kurzbeinig, mit goldener Uhrkette über der Weste, mit glänzender Glatze und einer mächtigen Baßstimme. Er war der erste von vieren, der »Chef«, wie er von den anderen genannt wurde.

Bei Konzerten in der Gemeinde pflegte er die Baßpartie zu singen. Dies kam dem Besuch der Kirchenmusiken sehr zugute, eilten doch viele ältere Gemeindeglieder, besonders Damen, zu solchen Veranstaltungen, sobald sie von seinem Mitwirken hörten. Auch wenn sie Musik aufs tiefste verabscheuten, die Programmauswahl mißbilligten oder gerade Kopfschmerzen hatten, sie hörten ergeben Orgelfugen und Instrumentalwerke, bis die Reihe an ihn kam, bis er an die Brüstung der Empore trat, sich räusperte und seine Arie schmetterte. Dann blühten sie auf, lauschten verzückt und drängten sich nach überstandenem Konzert zu ihm, um seine Hand zu ergreifen und zu flüstern: »Herr Pfarrer, 's war wieder amol schö!«

Dies taten sie aber auch nach seinen Predigten, die er, auf einem Hocker stehend, mit rollenden »Rs« und samtenem Baß, mit langen Gedichteinlagen und gedrechselten Sätzen, mit runden Armbewegungen und mildem Lächeln zelebrierte. Er verstand, mit seinen Hörern umzugehen, und sie liebten ihn. Da kam zum Beispiel Frau Eisig, ein kleines, graues Weiblein, zur Bibelstunde. Er rollte auf sie zu, die Hände weit ausgestreckt, mit strahlendem Gesicht. »Meine liebe Frau Eisig! Welche Freude, Sie zu sehen!« Er schüttelte ihr die Hand, er freute sich ehrlich und sie blühte auf, war nicht mehr klein und grau.

Auch mir ging seine Sonne auf. »Meine liebe Frau Müller! Welche Freude, Sie hier in unserem Kreise zu sehen! Sie müssen bald einen Besuch bei uns machen!«

»Ein wundervoller Mensch!« schwärmte ich Manfred vor. »Wirklich, man fühlt sich wohl in seiner Nähe!«

Dort saßen wir denn bald, nämlich auf dem Sofa in seinem Wohnzimmer und »machten Besuch«. Es war Kaffeezeit, und ich freute mich auf irgend etwas Gutes, das wir sicher bekommen würden, denn wir hatten uns angemeldet.

Frau Maria Fink erschien mit blütenweißer Schürze überm weinroten Trachtenkleid. Sie überragte ihren Julius an Haupteslänge, er dagegen übertraf sie an Leibesdicke, doch beide blickten sie gleich wohlwollend und zufrieden in die Welt. Maria Fink brachte ein Tablett herein mit einem blauen Milchtopf und blauen Bechern und Keksen, wie ich sie noch nie gesehen hatte. Ein seltsames Angebot für die Kaffeezeit, dachte ich.

»Mögen Sie Kleiekekse?« fragte sie. »Zum Trinken habe ich einen überaus köstlichen, selbst angesetzten Kefir.«

»Was ist Kefir?«

»Sie kennen keinen Kefir! Das ist ja unglaublich. Julius, sie weiß nicht, was Kefir ist! Die Karpatenbewohner trinken ihn täglich, und was meinen Sie, wie alt die werden?«

Ich sagte, daß ich es nicht wüßte.

»Hundert!« rief sie. »Hundert Jahre oder noch viel mehr, und sie erfreuen sich bester Gesundheit, haben keine Tuberkulose und keinen Krebs und warum! Weil sie Kefir trinken! Es ist das reinste Zaubermittel und der Stoffwechsel eines Pilzes.«

»Der Stoffwechsel eines Pilzes?«

Ich blickte ohne große Begeisterung auf den Becher, der vor mir stand.

»Ja, kommen Sie mit in die Küche! Schauen Sie den Pilz einmal an! Er sieht großartig aus!«

Manfred ging auch mit. Wir sahen ihn in einem Weckglas schwimmen, den Pilz. Er sah aus wie Blumenkohl. Sie hob ihn heraus. Er zog Fäden. Sie ließ uns riechen. Er roch sauer.

»Na, was sagen Sie dazu? Ist er nicht faszinierend? Er lebt und wächst und bekommt Ableger. Es gibt nichts besseres für die Darmflora als Kefir! Blase, Niere, Leber, Galle – alles wird gesund. Allerdings muß man jeden Tag mindestens einen Liter trinken.«

»Einen Liter?« rief ich entsetzt.

»Oh, das läppert sich schnell zusammen! Wenn wir jetzt beisammen sitzen, trinkt jeder so einen dreiviertel Liter, man merkt es gar nicht, denn er schmeckt einfach köstlich. Wissen Sie, wir leben gesund. Kaffee, Tee und andere Gifte gibt es bei uns nicht. Aber falls Sie Kefir etwa nicht mögen sollten, was mir völlig unverständlich wäre, dann könnte ich Ihnen noch Schlonz anbieten. Es ist auch sehr gesund und vitaminreich.«

»Was ist Schlonz?«

»Julius, sie kennt kein Schlonz!« Maria Fink schlug vor Erstaunen die Hände zusammen. »Ja, was trinken Sie denn eigentlich, liebe Frau Müller? Schlonz ist das Wasser, in dem ich die Kartoffeln gekocht habe. Alle Vitamine der Kartoffel befinden sich darin, zur Anreicherung habe ich noch etwas Schrotmehl hineingegeben.«

»Ich nehme einfach bloß ein Kekschen, weil ich nämlich vorhin Kirschen gegessen habe, und da sollte man nicht so viel trinken.«

»Schlonz und Kefir können Sie literweise trinken, auch wenn Sie vorher noch soviel Kirschen gegessen haben.«

Also entschied ich mich für Kefir, weil mir bei Schlonz schon der Name ungeheuer zuwider war.

Wir erlebten einen beglückenden Nachmittag, wenn man vom Essen absieht. Die Finks waren eine musikalische Familie, und sie verwöhnten uns mit Musik. Alle drei Kinder spielten ein Instrument, der achtzehnjährige Ludwig Cello, die Zwillinge Cosima und Tamina Geige und Flöte. Mutter Maria begleitete auf dem Flügel und Vater Julius sang. Ich hätte mich wahrhaftig wie im Himmel gefühlt, wäre da nicht dieser Kefir gewesen, der mich mit jedem sauren Schluck wieder hinunter auf die Erde zog.

Als mein Becher endlich leer war, beugte ich mich zu Manfred hinüber.

»Komm, wir gehen«, flüsterte ich in ein Adagio hinein. Er legte den Finger an den Mund, um keinen Ton der herrlichen Musik zu versäumen. Doch als sie endlich ausgeklungen und Frau Fink Anstalten machte, unsere Becher erneut zu füllen, erhoben wir uns eilends.

»Es war herrlich, aber jetzt müssen wir wirklich gehen.«

Maria Fink eilte in die Küche und kehrte zurück mit einem Glas, worin sich ein Kefirpilz befand.

»Nehmen Sie ihn, und verbrauchen Sie ihn gesund!«

»Aber nein, wir können Ihnen doch diesen wertvollen Pilz nicht rauben!«

»Es ist nur ein Ableger, und Sie dürfen ihn mit gutem Gewissen nehmen! Es macht mir Freude, wenn Sie auch ein Pilzlein hecken, seien Sie gut zu ihm. Hier ist eine Gebrauchsanweisung und hier eine Packung Kleiekekse für die beiden Kleinen! Besuchen Sie uns recht bald wieder!«

Der Kefirpilz fristete bei uns ein kurzes, ungeliebtes Dasein. Andreas und Mathias sahen ihn mit Grausen im Glas liegen.

»Ii, wie ekelig!« riefen sie und schüttelten sich. »Gell, Mulchen, mir müsset ihn net esse?«

Sie mußten nicht, aber Manfred und ich fühlten uns genötigt, Kefir zu trinken. So sehr wir uns auch mühten, der Pilz produzierte schneller, als wir trinken konnten, wir wurden saurer von Tag zu Tag, bis schließlich der Säuregrad eine solche Höhe erreichte, daß wir den Anblick des stoffwechselnden Pilzes nicht länger ertragen konnten. Es traf sich günstig, daß Schwester Gitti gerade an diesem Tag auf Besuch kam. Sie sah den Pilz und liebte ihn, denn sie hatte einen Artikel in der Zeitung gelesen, daß man sich Kefir auch ins Gesicht schmieren könne und dadurch zu noch größerer Schönheit erblühe.

»Ihr Glücklichen!« rief sie. »Ihr habt ihn, den ich so lange suche! O hätte ich doch auch einen!«

»Nimm ihn, Gitti!« Ich drückte ihr das Glas in die Hand. »Du bist meine kleine Schwester, und ich bin froh, wenn ich dir eine Freude machen kann! Sei gut zu ihm, und verbrauche ihn gesund!«

»Aber das kann ich doch nicht annehmen! Wirklich, Amei, manchmal bist du richtig nett!«

Strahlend zog sie von dannen, und strahlend ließ ich sie ziehen – uns beiden war geholfen.

Hugo Pratzel war der zweite Renner im Vierergespann der Nikodemuspfarrer. Lang, hager, etwas nach vorne geneigt, Brille auf der Nase, kurze Haare, sauber gescheitelt – ein sportlicher Typ, der die Arbeit in der Gemeinde mächtig vorantrieb, die Kollegen anfeuerte, mehr Einsatz zu wagen, nicht so »lasch« zu sein, das ging an Manfreds Adresse, nicht nur schöne Worte zu machen, damit meinte er Julius Fink, und seine Kinder gefälligst besser zu erziehen, der Pfeil zielte auf Kollege Sigmund Säusele, von dem noch die Rede sein wird.

Auch die Gemeindeglieder hatten einiges zu ertragen, sobald Pfarrer Pratzel die Kanzel betrat. Er brauchte keinen Schemel, sein Oberkörper hing drohend über der Brüstung, seine Hände ballten sich zu Fäusten, seine Stirn stand in grimmen Falten.

»Ihr Sünder!« rief er, »Ihr eitlen Pharisäer!« Er nannte sie faul und falsch, vollgefressen und geizig ..., aber die Kirchgänger nahmen ihm das keineswegs übel, im Gegenteil, sie hörten es gern und waren ihm dankbar. Endlich einmal wagte ein Pfarrer, den Mund aufzutun und dem lieben Nachbarn die Wahrheit zu sagen! Hoffentlich merkte der auch, daß er gemeint war, schlug sich reuevoll an die Brust und versuchte, ein neuer Mensch zu werden!

Dem Schöngeist Julius Fink bot Hugo Pratzel mancherlei Anlaß, den Kopf zu schütteln. In jeder Sitzung kreuzten die beiden Kollegen die Klingen, der eine tat's mit geistreichen Redewendungen und spitzer Ironie, der andere schlug drein mit kräftigem Manneswort und deftiger Deutlichkeit.

Hugo Pratzel verstand sich besonders gut mit dem mittelalterlichen Teil der Gemeinde. Junge Ehepaare und Eltern fanden bei ihm Verständnis und ein offenes Ohr. Er hielt Seminare über Umweltprobleme und Schulschwierigkeiten und fuhr demonstrativ mit dem Fahrrad durch den Gemeindebezirk, denn er war seiner Zeit weit voraus. Seine kleine Schwäche und große Liebe aber galt dem Fußballsport. Gemeindeglieder, die während der Sportschau oder einem Länderspiel bei ihm anrückten, fanden nur unwilliges Gehör. Er warf sie zwar nicht hinaus, er ließ sich auch nicht verleugnen, aber er seufzte vernehmlich, horchte hinüber zu den Torrufen im Wohnzimmer und griff schließlich in höchster Not zu der Frage, ob der Besucher vielleicht an der Sportschau interessiert sei? Man könne sie zusammen anschauen, sich dabei ein wenig entspannen und hinterher in aller Ruhe miteinander sprechen. Er schaute dabei den Besucher so beschwörend an, daß dieser fast nie ablehnte.

Hugo Pratzel tat viel für den Fußballsport. Nicht, daß er auf dem Spielfeld besonders geglänzt hätte, er spielte nur manchmal auf dem Hof oder bei Gemeindefesten zur Erbauung der Nikodemusleute, aber er hatte unter Mithilfe seiner Frau Eva fast eine ganze Fußballmannschaft ins Leben gerufen. Vier Kinder fehlten ihm noch dazu, doch ertrug er dies mit Fassung und erzog seine sieben in strammer Zucht und sportlicher Gesinnung.

Er aß gern und deftig, und also mußte Julius Fink beim Verzehr von Kefir und Kleiekeksen den durchdringenden Geruch von Sauerkraut und Schweinebraten ertragen und sich fragen, warum er bei seiner schmalen Kost so dick, und Hugo Pratzel bei seinen fetten Mahlzeiten so dünn sein konnte. Er nahm es hin in christlicher Demut und haderte nur selten mit seinem Geschick, indem er sprach: »Entweder es geht nicht mit rechten Dingen zu, oder mein Hormonhaushalt ist nicht in Ordnung.«

Der dritte im Bunde, Pfarrer Sigmund Säusele, war weder sportlich noch musikalisch, doch spielte er gern auf der Gitarre, und seine vier Kinder bliesen Blockflöte dazu oder sangen. Es war kein schöner Gesang, aber es bereitete ihnen Freude. Sigmund Säusele zeigte in Haltung und Gewand eine gepflegte Lässigkeit. Er trug großkarierte, bunte Hemden oder weite, grobgestrickte Pullover und Cordhosen. Krawatten hielt er sich vom Hals, dafür hingen ihm die braunlockigen Haare bis zum Hemdkragen hinunter. Was vom Gesicht nicht durch den Bart verdeckt war, strahlte Freundlichkeit aus.

Sigmund Säusele und seine Frau Agathe waren Muster an Toleranz. Sie erzogen ihre Kinder nach den neuesten psychologischen Erkenntnissen und schimpften nie. Warf der vierjährige Oswald die teure Kristallvase hinunter, so daß sie zerbrach, dann sprach Mutter Agathe mit nur wenig erhobener Stimme: »Aber Oswald!« und schloß ihn gleich hinterher liebevoll in die Arme, damit er keinen Schock erleide.

Manfred traf Sigmund Säusele, als dieser mit seinen vier Kindern und einem Korb voll Porzellan in den Hof ging.

»Was habt ihr vor, Sigmund? Wollt ihr in eurem Hof picknicken?«

»Nein«, sagte Vater Säusele, »sie brauchen kein Picknick, aber Gelegenheit zur Aggressionsabfuhr.«

»Zu was, bitte?«

»Zur Aggressionsabfuhr! Hier im Korb ist unnötiges und kaputtes Geschirr, das dürfen sie jetzt im Hof an die Wand werfen, um ihre Aggressionen loszuwerden.«

Die viere strahlten: »Ja, das dürfen wir!«

Bald darauf hörte man es scheppern.

Manfred nahm Aufstellung am Flurfenster, um das Schauspiel mitzuerleben. Hugo Pratzels sieben standen bereits im Hof.

»Wollt ihr wohl machen, daß ihr hochkommt!« schrie Vater Pratzel zum Fenster hinaus. Nein, sie wollten eigentlich nicht, sie kamen nur ungern. »Gefällt euch das etwa?« fragte er fassungslos. »Wollt ihr euch auch zum Narren machen und Porzellan zerschlagen? Bitte, das könnt ihr haben! Eva!!«, jetzt brüllte er, »Eva, gib ihnen das Sonntagsgeschirr, damit sie ihre Aggressionen abladen können!«

»Das wollen wir gar nicht!« grinste Uwe, der Älteste. »Wir wollen bloß zugucken ...«

»Ja«, bestätigte Gerd, der Zweite, »weil's witzig ist ...«

»Und«, meinte Franz, der Dritte, hoffnungsfroh, »vielleicht passiert was.«

»Na, dann geht halt«, brummte Vater Pratzel, »aber wartet, ich komm' mit!«

Und es passierte tatsächlich was! Als die letzte Schüssel zerschlagen war, hatte Tobias, der jüngste Säusele, noch immer nicht alle Aggressionen abgefahren. Er versuchte, seiner Schwester Priszilla, auch Prilli genannt, einen Scherben aus der Hand zu reißen. Sie wollte ihn nicht hergeben, also bekam sie von ihrem Bruder einen derben Nasenstüber, worauf sie zu brüllen und ihre Nase zu bluten anhub. Auch Tobias blutete, denn er hatte sich mit dem Scherben in den Finger geschnitten. Vater Säusele verlor die Nerven.

»Geh nach oben!« schrie er Tobias an.

Dem fuhr der ungewohnte Ton in die Beine, er rannte der

rettenden Wohnung zu. Sigmund Säusele aber schlug entsetzt die Hände vors Gesicht, dann wandte er sich an Hugo Pratzel, der im Kreis seiner Lieben das Schauspiel sichtlich genoß.

»Warum habe ich das getan?« klagte er. »Oh, warum mußte ich das Kind so erschrecken?«

Dann zog er völlig gebrochen mit seinen Sprößlingen von dannen, unfähig, die Scherben einzusammeln. Das taten Pratzels sieben. Hinterher spielten sie Fußball, und Vater stand im Tor.

Manfred kam nach Hause und erzählte mir die Geschichte.

Vermutlich hätten sie ihre Aggressionen besser abfahren können, wenn sie das Porzellan auf ihren Vater hätten werfen dürfen und nicht auf die Mauer«, so sagte er, aber ich warnte ihn und sprach: »Sag das ja nicht zu Sigmund, sonst erlaubt er es das nächste Mal, und wer muß ihn vertreten, wenn er verwundet ist? Du!«

Sigmund Säusele also hatte ein Herz für Kinder. Er hielt Kindergottesdienst, betreute die Kindergärten, arrangierte Kinderfeste und wurde heiß geliebt von den Kleinsten der Gemeinde.

Er predigte mit leiser Stimme, sanft und einschläfernd und verwöhnte die Kirchgänger mit langen Pausen, damit sie Gelegenheit hatten, das Gehörte zu meditieren. Die Gemeinde allerdings fühlte sich eher verunsichert durch diese befremdlichen Bräuche. Doch weil Pfarrer Säusele so freundlich durch seinen Bart hindurch lächelte, nahm man seine Anregung zu meditieren gehorsam auf und versuchte, irgend etwas dergleichen zu tun. Gelang das Meditieren nicht, so reichte es doch hie und da zu einem kleinen, erfrischenden Nickerchen.

Aber nicht nur die Kinder liebten Sigmund Säusele. Ein Herz in der Gemeinde schlug besonders innig für ihn, und das war das Herz des vielgeprüften Mesners Lasewatsch.

»Dieser Pfarrer sieht aus wie ein Räuber«, so sprach er, aber er ist ein leibhaftiger Engel! Er hat mir den zweitschönsten Augenblick meines Lebens geschenkt!«

Ich brauchte nicht lange zu bitten. Mesner Lasewatsch erzählte gerne von diesem erhebenden Erlebnis. Sie wären zusammen in der Kirche gestanden, Pfarrer Säusele und er, denn sie hätten Amtliches besprechen müssen. Da wäre ein fremder Mensch aufgetaucht, hätte einen kurzen Blick auf Herrn Säusele geworfen, sich aber sofort abgewandt und mit Ehrerbietung in der Stimme zu ihm, Lasewatsch, gesagt: »Bitte, Herr Pfarrer, darf ich die Kirche besichtigen!«

»Das war also der zweitschönste Augenblick, und wann war der allerschönste?«

»Der allerschönste«, Mesner Lasewatschs Gesicht floß über vor Glückseligkeit, »der war, als mich einer mit dem Dekan verwechselt hat.«

Fisch muß schwimmen

»Seid ihr an Silvester schon ausgebucht?« fragte Evelyn, eine neugewonnene Freundin.

»Ausgebucht? Nein, wieso?«

»Ihr wollt doch nicht etwa allein zu Hause bleiben?«

»Wir haben es immer so gemacht, und es war eigentlich ganz gemütlich.«

»Gemütlich! An Silvester!« Sie drehte die Augen gen Himmel und schlug in fassungslosem Staunen die Hände zusammen. »Das gibt's doch nicht! Also, ihr kommt zu uns! Wir machen eine tolle Silvesterparty in ganz kleinem Rahmen. Höchstens zwanzig Leute ...«

»Evelyn, es geht nicht, so leid mir's tut. Manfred hat um Mitternacht einen Gottesdienst zu halten.«

»Pah, was macht das aus. Wir feiern ab acht Uhr. Er kann dazwischen den Gottesdienst halten, und dann kommt er wieder. Das ist doch kein Hinderungsgrund. Also abgemacht! Ihr kommt! Ich rechne fest mit euch!«

So besprach sie es mit mir und ich mit Manfred, und es ward festgelegt, daß wir zum ersten Mal in unserem Leben Silvester auswärts feiern würden.

Silvester in meinem Elternhaus. Lange, bedrückende Stunden vor Mitternacht. Wir saßen alle im Wohnzimmer, nur Vater bereitete die Neujahrspredigt vor, ging über uns im Studierzimmer auf und ab. Mutti »zog Losungen«. Nacheinander schlug sie für jeden von uns das Losungsbüchlein auf, sie tat es ganz wahllos, so behauptete sie jedenfalls, und die Stelle, die sie fand, schrieb sie ab und überreichte sie dem Betroffenen. Diese Losung sollte ihn durch das ganze Jahr begleiten und eine besondere Mahnung und Hilfe für ihn sein. Seltsamerweise paßten die Bibelsprüche und Gesangbuchverse immer haargenau zu der Person, für die sie gezogen waren. Deshalb hatte ich meine Mutter stark im Verdacht, daß sie ein wenig nachhalf und so lange suchte, bis sie das richtige gefunden hatte. Aber was machte das aus? Es war ihr wichtig, und wir freuten uns darüber, dankten ihr und versprachen, daß wir diese Losung nicht vergessen wollten.

Ich brachte meine Buchhaltung in Ordnung und zog Bilanz über das vergangene Jahr. In einem Taschenkalender hatte ich aufgeschrieben, was mir an jedem Tag wichtig und wertvoll erschien, welche Bücher ich gelesen, welche Filme ich gesehen, welche männlichen Wesen ich geliebt, was für Geschenke und Briefe ich bekommen, wie viele Freudentage ich erlebt, wie viele Schreckenstage durchlitten. Dies alles zählte ich zusammen, bekam 96 Bücher heraus, 13 Freudentage, 24 Schreckenstage, hatte neun Filme gesehen und vier Männer geliebt – wenn auch nur aus der Ferne und ohne daß sie etwas von ihrem Glück ahnten. Diese Abrechnung beschloß ich mit mehreren dicken, schwarzen Strichen, blätterte dann um und begann ein neues Blatt und ein neues Jahr mit einer langen Liste aller Laster, welche ich hinfort abzulegen gedächte, und aller Tugenden, welche ich annehmen wollte, und nachdem ich dies alles geschrieben und bedacht, stützte ich das Haupt in beide Hände und seufzte schwer.

Um Mitternacht läuteten die Glocken, und der Posaunenchor spielte vom Kirchturm herunter: ›Nun laßt uns gehn und treten ...‹

Vater kam zu uns. Jeder umarmte jeden, wünschte ein gesegnetes neues Jahr, und die Eltern fügten noch Ermahnungen hinzu.

»Gelt, Amei, im neuen Jahr bist du nicht mehr so schnippisch und hältst deine Zunge besser im Zaum!«

»Ja, ganz bestimmt, ich hab's schon aufgeschrieben!«

»Stefan, im neuen Jahr, da wollen wir ganz fleißig sein in der Schule, gelt?«

»Unsere Gitti geht nie mehr in die Speisekammer, um zu naschen!«

»Nie mehr!«

Else brachte aus der Küche die Weincreme herbei.

»Ich hab's mit solcher Liebe gemacht«, hatte Mutti am Nachmittag geklagt, »und jetzt, schau sie dir an, sie ist wieder nicht steif geworden. Es ist mir unverständlich!«

»Weißt du, Mutti, wenn du sie vielleicht mal mit 'nem Rezept machen würdest und nicht immer bloß mit Liebe, dann ...«

»Ach, Kind, ich hoffe ja immer noch, daß sie fester wird, wenn wir sie jetzt im Kalten stehen lassen ...«

Die Hoffnung trog. Wir löffelten diese Creme zierlich aus Schüsselchen, obwohl sie sich leichter hätte trinken lassen.

Von so viel Alkohol und dem langen Aufbleiben berauscht, stolperten wir schließlich die Treppe hinauf in unsere Schlafzimmer und schlummerten sanft und selig dem Neujahrsgottesdienst entgegen.

Auch im eigenen Hausstand war der Silvesterabend bisher in stiller Beschaulichkeit verlaufen. Manfred hatte einen Punsch gebraut, ich einen Heringssalat hergestellt, den wir dann aber nicht so mochten, weil er stark nach Fisch schmeckte. Wir saßen gemütlich, jeder in seiner Sofaecke, lasen, schauten nachdenklich in die Luft, hörten Musik und schimpften über die Rowdies, die draußen Knallfrösche losließen und uns aus unserer Ruhe aufschreckten.

»Wie kann man nur für so etwas Geld ausgeben!« sagte Manfred.

»Was hätte man alles dafür kaufen können!« Ich seufzte. »Diese Menschen sollten sich schämen!«

»Ja«, sagte Manfred, »zumal es ein heidnischer Brauch ist und den Haustieren einen Schock fürs Leben einjagt.«

Dann fielen wir wieder in Schweigen, lasen, gähnten verstohlen und fanden insgeheim, daß es noch eine lange Zeit bis Mitternacht sei.

»Gehn wir ins Bett, Malchen. Der Schlaf vor Mitternacht ist der beste. Wenn die Glocken läuten, dann wachen wir sicher auf.«

Also gingen wir ins Bett, verschliefen die Jahreswende oder wachten auch auf, schlossen uns gerührt in die Arme und sanken mit vielen guten Wünschen wieder zurück in die Kissen.

Zum Frühstück am nächsten Morgen gab es Neujahrsbrezeln. Ausgeruht und munter blickten wir dem neuen Jahr entgegen.

Das sollte diesmal anders werden. Arm in Arm stiegen wir die Stäffele zu Evelyns Haus hinunter. Schon von draußen hörten wir Tanzmusik, Lachen und Stimmengewirr. Kaum hatte sich die Haustür geöffnet, so stürzte Raskolnikow auf uns zu, seine langen Ohren flogen, er sprang an mir hoch, leckte meine Hände und tat stürmisch kund, wie sehr er sich freute, uns zu sehen.

»Raskolnikow, willst du wohl!«

Evelyn und Karl-Otto erschienen, verscheuchten ihren Dackel und empfingen uns dann mit lärmender Freude.

»Schön, daß ihr da seid! Hübsch siehst du aus, Amei, richtig nett! Kommt mit, ihr kriegt was zu trinken. Kennt ihr ›blaue lady‹? Nein? Ihr müßt sie kennenlernen!« Karl-Otto reichte uns ein Gläslein, gefüllt mit seltsam blauer Flüssigkeit. »Das ist die ›blaue lady‹! Na, schmeckt sie euch?«

Ich nuckelte erst vorsichtig, dann immer freudiger.

»Wunderbar! So erfrischend. Sind da Zitronen drin?«

»Ja, auch Zitronen!« sagte Karl-Otto und lachte.

Als Anfängerin im Umgang mit alkoholischen Getränken ahnte ich freilich nicht, daß diese blausaure Flüssigkeit neben sehr wenig Zitronensaft sehr viel Alkohol enthielt und daß sie bestens geeignet war, aus einer ahnungslosen Pfarrfrau eine ›blaue lady‹ zu machen. Vorerst machte sie mich heiter und gelöst. Freundlichen Blickes betrachtete ich die bunte Gesellschaft.

Männlein und Weiblein standen angeregt plaudernd im Zimmer. Sie rauchten, nippten am Aperitif, balancierten Appetithäppchen zum Mund, und fiel etwas auf den Boden, so lag es nicht lange dort, denn Raskolnikow, der gefräßige, kleine Dackel, war sofort zur Stelle. Er schnappte nach allem Eßbaren, sprang von einer Menschengruppe zur anderen, ließ seine Ohren fliegen, kläffte und fühlte sich als der Held des Tages, zu dessen Ehre und Vergnügen dies alles veranstaltet war.

»Kommt, ihr beiden! Ich stelle euch vor, damit ihr die Leutchen kennenlernt.«

Evelyn schubste uns dem nächststehenden Pärchen zu. Ein Hüne mit Bürstenhaarschnitt beugte sich hinunter zu einer üppigen Blondine.

»Hört auf zu flirten«, sagte Evelyn, »und werft einen Blick auf meine Pfarrers!«

Sie schauten uns an, wir schauten sie an. Mir wurde schwindlig. Der Ausschnitt der Dame bot derart großzügigen Einflick in freundliche Gefilde, daß mich Angst erfaßte, ich könnte darin versinken. Manfred schien der Gefahr bereits erlegen. Mit einem zarten Fußtritt rief ich seine Gedanken in die rauhe Wirklichkeit und seinen Blick in die rechte Höhe zurück und stopfte mir das Eierbrötchen in den Mund, um eine Hand freizubekommen. Die Blonde warf mir einen Blick zu, kurz, scharf, kritisch, dann lächelte sie huldvoll. Keine Konkurrenz für mich, hieß dieses Lächeln, mit diesem Kleid und diesem Make-up! Dann tauchte sie einen verheißungsvollen tiefen Blick in Manfreds Brillengläser, doch konnte ich mich nur kurz darüber ärgern, denn die Pranke des Hünen schoß vor, ergriff meine Hand und riß daran. Hoffentlich macht er's bei Manfred ebenso, dachte ich, damit der wieder zur Besinnung kommt!

»Ihr seid also diese sagenhaften Pfarrers?« hub der Mensch zu sprechen an und ließ seine Augen über uns wandern, von oben nach unten und von unten nach oben mit unverhohlenem, tiefem Interesse, so als wären wir das letzte Pärchen einer zum Aussterben verurteilten Tierrasse. »Wahrhaftig, Evelyn, du hast recht, man sieht es ihnen nicht an!«

Über Manfreds Gesicht ging ein verklärtes Leuchten, das hörte er gerne, das tat ihm wohl.

»Aber ohne Berufskluft geht's wohl nicht? Mann, hier braucht man doch nicht im schwarzen Anzug aufzukreuzen!«

Manfred beteuerte, daß er diesen schwarzen Anzug keineswegs immer trage, sondern nur, weil er um Mitternacht noch einen Gottesdienst halten müsse ...

»Macht doch nichts, Mann!« rief der andere. »Ich bin ja froh, wenn die Pfarrer wenigstens etwas schaffen. Für meine Kirchensteuer könnte ich mir 'nen eignen Pfarrer halten!«

Er schlug Manfred herzhaft auf die Schulter, worauf dessen Cocktailglas »blaue lady« um sich spritzte und zu meiner Freude das Kleid der blonden Dame freigiebig damit bedachte.

»Ach, wie peinlich!« rief Manfred und angelte nach seinem Taschentuch, wobei das Cocktailglas erneut in heftige Bewegung geriet. »Entschuldigen Sie, bitte!«

»Macht nichts«, erwiderte sie etwas verkrampft und zog sich eilig aus seiner Spritzweite zurück.

Uns aber schob Evelyn zum nächsten Gast, einem schlacksigen und etwas ungepflegt wirkenden Menschen.

»Das ist Egon«, sagte sie, »unser ewiger Student. Er ist so ungeheuer klug, daß er gar nicht aufhören will zu studieren.«

Egon warf den Kopf zurück, daß ihm die Haarsträhnen aus der Stirn flogen, und lächelte bescheiden.

»Man sieht sofort, daß Sie Pfarrer sind. Wissen Sie, ich bin Menschenkenner.«

Das Leuchten in Manfreds Augen erlosch, er sah also doch

aus wie ein Pfarrer. »Den schwarzen Anzug habe ich nur an, weil ich von hier aus zu einem Gottesdienst gehe.«

»Da können Sie anhaben, was Sie wollen, ich merke es gleich. Wissen Sie, ich bin Menschenkenner.«

»Sie sagten es schon«, bemerkte ich, »und was studieren Sie, wenn man fragen darf?«

»Meinen Sie, was ich schon alles studiert habe oder was ich jetzt gerade studiere?«

Es versprach, ein langes Gespräch zu werden. Er öffnete den Mund, Evelyn stopfte ihm ein Leberwurstbrötchen hinein, worauf er heftig zu kauen anhub und außer Schmatzgeräuschen nichts anderes von sich geben konnte.

»Ein Problemfall«, flüsterte Evelyn mir zu und zog uns von Gruppe zu Gruppe. Die Damen und Herren beteuerten immer wieder und mit einer fast übertrieben wirkenden Dringlichkeit, daß sie persönlich gegen Pfarrer nichts hätten und daß Pfarrer auch Menschen seien. Ein Herr wußte sogar von einem Freund zu berichten, der einen Pfarrer persönlich kenne und glaubhaft versichert habe, daß dieser Pfarrer ein ganz normaler Mensch sei.

Hingestreckt in einen Sessel sahen wir zum Schluß ein exotisches Geschöpf im roten Kimono mit blaß geschminktem Gesicht, hochtoupiertem, schwarzem Haar und strahlenden, dunklen Augen.

Ich knickte zusammen vor soviel überirdischer Schönheit.

»Rosel Reibele, agnehm«, sagte sie in breitestem Schwäbisch und winkte müde mit der weißen Hand, »i han scho viel von Ehne ghert.«

Es ergab sich die interessante Konstellation, daß diese schwarzweiße Schönheit die geschiedene Frau des lärmenden Hünen war, der nun jene Blondine am Arm führte. Wie sich im Laufe des Abends zeigte, konnten Schwarz und Blond einander nur schwer ertragen. Evelyn hatte sie deshalb bei Tisch so weit entfernt gesetzt wie möglich. Dies hinderte die beiden jedoch nicht, scharfe Pfeile in Richtung der verhaßten Konkurrentin zu schießen, so daß die anderen Tischgenossen erschreckt die Köpfe einzogen.

»Ich mußte sie zusammen einladen, die Rosel und ihren Exehemann!« klagte Evelyn später in der Küche. »Was meinst du, was passiert wäre, wenn ich einen von den beiden nicht eingeladen hätte? Krach hätt's gegeben, und was für einen!«

Nun, den Krach gab's trotzdem, und wir alle durften ihn miterleben. Vorerst aber wurden wir zu Tisch gebeten.

Ich trank noch schnell mein zweites Gläschen »blaue lady« aus, dieweil es mir so köstlich mundete und ich in meiner Einfalt dachte, dieses Getränk bestehe aus blaugefärbtem, stark gesüßtem und mit Alkohol leicht gespritztem Zitronensaft.

Hinter Manfred her zog ich ins Eßzimmer ein und suchte lange Zeit vergeblich nach meiner Tischkarte. Die Buchstaben verschwammen mir vor den Augen. Also ging ich um den Tisch herum, bis alle saßen und ich mich auf dem freibleibenden Platz niederlassen konnte. Mein Tischherr war schon etwas älter und besaß einen empfindlichen Magen. Diese Tatsache hatte er mir bereits bei der Begrüßung mitgeteilt, als ich mich darüber wunderte, daß er keine »blaue lady« trinken wollte.

»Die lehnt mein Magen ab«, hatte er geantwortet.

Bei Tisch erwies es sich, daß alle Speisen, welche andere Menschen auch nicht besonders schätzen, von seinem Magen abgelehnt wurden. Nun hatte Evelyn, eine großartige und unerschrockene Köchin, diesen Silvesterabend mit Hilfe eines Karpfens verschönern wollen. Das tat der Fisch auch, denn er war vortrefflich zubereitet, leuchtete blau wie die »blaue lady«, balancierte eine Zitronenscheibe samt Petersilienstrauß im aufgesperrten Mäulchen und sah gar appetitlich aus. Doch war er leider nur von mittlerer Größe und für diese Tischrunde ein wenig zu klein geraten.

Mein Tischherr hatte weder Appetithäppchen noch Nüsse, noch Cracker zu sich genommen, auf die Suppe hatte er auch verzichtet, die Kartoffeln an sich vorübergehen lassen, und nun hatte er Hunger. Er saß traurig vor seinem kleinen Stücklein Karpfen, hatte es gar bald verzehrt und schaute sehnsüchtig auf meinen Teller, wo ich überaus sparsam wirtschaftete, um noch recht lange etwas Gutes zu haben. Seine hungrigen Blicke schnitten mir ins Herz, und also bot ich ihm zögernd ein Stückchen Fisch an. Er griff mit solchem Eifer zu, daß mein Teller sich schneller leerte, als mir lieb war.

So klein der Fisch auch war, er sorgte doch dafür, daß wir ihn die Nacht durch nicht vergaßen. Den armen Gastgebern stieß er noch am nächsten Morgen auf.

Wir Damen halfen beim Abräumen. In der Küche riet die

üppige Blondine, den Karpfenkopf einfach ins Klo zu werfen, da könnte er Raskolnikow nicht in die Pfoten fallen und wäre außerdem für alle Zeiten aus der Welt geschafft. Hierin freilich irrte die Blondine, doch nahm Evelyn den Rat dankbar auf, und also verschwanden die Reste des Karpfens an, wie es schien, geeigneter Stelle.

Im Lauf der Nacht machte sich Unzufriedenheit unter den Gästen bemerkbar. Die Damen flüsterten die traurige Nachricht in Evelyns Ohr, die Herren in das von Karl-Otto. Auch ich mußte es mit Bedauern bemerken: das Klo war verstopft.

Als wir am nächsten Tag bei unseren Freunden anriefen, um uns zu bedanken, war der Hausherr nicht zu sprechen. Evelyn aber erzählte in bewegten Worten, was alles er durchgemacht hatte, bis der Karpfenkopf wieder zum Vorschein kam.

Zurück zur bewegten Silvestergesellschaft. Zum Fisch gab es Wein, nach Tisch gab es Bowle.

»Fisch muß schwimmen«, sagte Karl-Otto wohlgemut und schenkte ein. Nun hätte ich eigentlich nicht viel Flüssigkeit für die zwei Bissen Fisch benötigt, schon die »blaue Lady« hätte sie zum Schwimmen gebracht, doch schmeckten mir Wein und Bowle gar köstlich. Ich trank tapfer mein Glas leer und ließ es herzlich gerne nachfüllen. Manfred saß derweil unten in der Diele, trank Mineralwasser, las die Predigt noch einmal und merkte nicht, daß seine Frau entscheidende Fehler machte und den Rat eines nüchternen Ehemannes schmerzlich entbehrte.

Mittlerweile hatte Egon, der etwas schmuddelige, ewige Student, die kalten Bereiche des Verstandes verlassen und war in die gefährlich heißen Gefilde der Gefühle geraten. Ihm nämlich war von Evelyn der Platz neben jener schwäbisch-ätherischen Rosel zugewiesen worden. Sein Herz entflammte für sie und ihre rührende Zartheit, zumal sie beim Essen nicht reden konnte. Er bedachte sie mit glühenden Blicken und legte den Arm schützend um ihre Schultern. Dies nun wieder sah der frühere Ehemann gar nicht gerne. Er bedeutete dem Studenten, seinen Arm zu sich zu nehmen, widrigenfalls er sich gezwungen sähe, einzugreifen, was dem Studenten bei seiner schmächtigen Beschaffenheit keinesfalls zustatten käme. Auch mischte sich die Blonde ein und tat den umsitzenden Herren kund, wie viele Männer diese schwarzhaarige Hexe schon ins Verderben gestürzt, wie viele Ehepaare entzweit und Familien zerrissen hätte.

An dieser äußerst interessanten Stelle mußten Manfred und ich aufbrechen, da die Stunde des Mitternachtsgottesdienstes nahte. Evelyn gab uns das Geleit bis zur Haustür. Sie stöhnte.

»Ihr werdet einen Eindruck von uns haben! Das ist ja das reinste Panoptikum!«

»Nein, ehrlich, Evelyn, mir gefällt's. Ich hab' mich schon lange nicht mehr so amüsiert!«

Und wirklich, ich schied nur ungern von dem Schauplatz des Geschehens, denn bei Evelyn und Karl-Otto passierten inzwischen womöglich die tollsten Sachen. Blond und Schwarz könnten sich in die Haare geraten, der Bulle den ewigen Studenten ohrfeigen, mein Tischherr bemerken, daß er seine Brille ins Goldfischglas gelegt hatte. All dies und noch viel mehr konnte geschehen, und ich war nicht dabei. Ich seufzte. Manfred drückte meinen Arm.

»Ja, Malchen, es ist wahr. Zu Hause hätten wir es gemütlicher gehabt.«

Wir stiegen die Stäffele zur Kirche hinauf, und je höher wir stiegen, desto klarer mußte ich erkennen, daß Karpfen und »blaue Lady« sich offenbar nicht mochten. Sie fochten in meinem Magen heftige Kämpfe aus.

Die Besucher des Mitternachtsgottesdienstes saßen still und andächtig auf ihren Plätzen, als ich zur Kirchentür hereinkam. Ich setzte mich auf die letzte Bank, dicht neben den Ausgang, und ich tat gut daran. Schon bei der ersten Strophe von ›Nun laßt uns gehn und treten ...‹ bekam ich den Schluckauf, und als ich meine Augen zu Manfred emporhob, da begannen die Bänke sich zu drehen. Manfred erschien in doppelter Gestalt auf der Kanzel, und die sechs Kerzen auf dem Altar wurden zum tanzenden Lichtermeer. Ich schloß die Augen und schickte ein Stoßgebet gen Himmel.

Der Kopf des Mesners Lasewatsch erschien vor meinen Augen, riesengroß und bedrohlich. Er sprach aus drei Mündern zugleich.

»Ist was, Frau Pfarrer?«

Ich stöhnte nur. Da schob er mich sanft zur Tür hinaus und drückte mich im Mesnerzimmer auf einen Sessel.

»Die Grippe«, sagte er, »es ist die Grippe, genau wie bei meiner Frau. Augenblick, ich hab' was dagegen!« Er kramte in seinem Wandschrank und brachte ein Fläschchen zum Vorschein. »Ein Klarer hilft immer! Mund auf, und dann einen tüchtigen Schluck!« Er hielt mir die Flasche unter die Nase. Ich roch den Schnaps und stieß ihn von mir.

»Bloß nichts Alkoholisches, das bringt mich vollends um!«

»O weia!« sagte Mesner Lasewatsch, »o weia, Frau Pfarrer, Ihnen geht's wirklich schlecht. Bleiben Sie ganz still sitzen. Ich muß läuten, sie beten drinnen schon das Vaterunser. Gleich bin ich wieder da!«

Ich aber blieb nicht sitzen, sondern wankte die Treppen hinunter zu den unteren Räumlichkeiten, fand die Tür mit der Aufschrift »Damen« und gab die Karpfenbisse wieder von mir.

Hierauf fühlte ich mich besser, und als die Leute aus der Kirche strömten und Manfred mit dem Talarköfferchen kam, da sah ihm eine gefaßte und geläuterte Ehefrau entgegen.

Fassung war allerdings auch vonnöten bei diesem Heimweg. Jetzt nämlich schlug es zwölf, und ringsumher begann es zu krachen, zu pfeifen und zu zischen, dazu läuteten die Glocken – ein infernalischer Lärm. Die Kirchgänger stoben auseinander und suchten so schnell wie möglich, ihr Heim zu erreichen; auch wir strebten eilig den Stäffele zu.

»Ich wünsche dir ein schönes und gesegnetes neues Jahr!« sagte ich zu Manfred und drückte seinen Arm.

»Was hast du gesagt?« brüllte er zurück.

»Ein schönes neues Jahr!« rief ich nun auch sehr laut.

»Das findest du schön? Dieser Krach ist ja entsetzlich. Wieviel Geld die Leute in die Luft jagen. Wie kann man sich nur so kindisch benehmen. Paß auf, da kommt wieder ein Heuler!«

Wir faßten uns an der Hand, rannten die Stäffele hinunter und hielten erst an, als wir wieder vor dem Haus unserer Freunde standen.

Evelyn empfing uns mit zwei gefüllten Sektgläsern und hektisch gerötetem Gesicht.

»Prost Neujahr!« rief sie, und ihre Stimme klang dabei etwas schrill. »Gut, daß ihr da seid! Manfred, komm mit, du mußt ihm zureden, sonst passiert noch was. Himmel, ich werd' noch verrückt!«

Sie drängte Manfred die Treppe hinauf. Ich leerte meinen

Sekt in den Schirmständer, was Raskolnikow mit Befremden bemerkte, und folgte den beiden in den ersten Stock.

Hier hatten sich während der Zeit des Mitternachtsgottesdienstes die zwischenmenschlichen Beziehungen der Partygäste auf interessante Weise entwickelt. Im Eßzimmer saßen Rosel und ihr bulliger Exgatte engumschlungen am Tisch und gossen Zinn. Sie hatten ihre Liebe zueinander neu entdeckt und planten eine zweite gemeinsame Zukunft.

Im Wohnzimmer lehnte der ewige Student bleich, aber gefaßt am offenen Fenster und hielt eine letzte Rede an das Volk. Er sei des Lebens müde, so sprach er, denn Rosel habe seine Liebesschwüre mit rohen Worten abgewiesen, und deshalb werde er sich nunmehr aus diesem Fenster stürzen.

Zwei Gäste hielten ihn am Rockzipfel fest. Evelyn hängte sich an seinen Hals. So viele ernsthafte Bemühungen um seine Person linderten den Liebesschmerz des ewigen Studenten, gossen Öl in seine Wunde und brachten ihn endlich dazu, seine selbstmörderischen Absichten aufzugeben. Er wurde zu einem Sessel geleitet, dort saß er still bis zum Morgengrauen und fixierte die Anwesenden mit finsteren Blicken. Ab und an entwich ein tiefer Seufzer seiner Brust.

Die übrige Gesellschaft warf aus den Fenstern des Schlafzimmers Frösche und Heuler in den Garten hinaus. Manfred ging hinüber. Ich folgte ihm, nahm ich doch an, daß er mahnende Worte an die Krachmacher richten würde, und wollte ihn zurückhalten, damit er ihnen nicht alle Freude verderbe.

Er trat ans Fenster. Ich traute meinen Augen nicht. Er hielt einen Knallfrosch in der Hand, er holte aus, er warf. Nun hatte auch er schon einige geistige Getränke zu sich genommen, der Gottesdienst hatte ihm Kraft abverlangt, das schlechte Gewissen schien ihn zu bedrängen, jedenfalls ging der Schlag nach hinten los. Der Frosch, eigentlich nach draußen geworfen, sprang zurück ins Zimmer, hüpfte über das Bett, surrte von Wand zu Wand und verglühte schließlich auf Evelyns teurem Bettvorleger.

»Auch das noch!« schrie diese. »Mein Teppich! Ein echter Kelim! Ein Loch! Aber Manfred, warum wirfst du ihn denn ins Zimmer und nicht auf die Straße?«

»Ich hab' ihn ja rausgeworfen. Ich weiß nicht, wie es passieren konnte, er muß sich gedreht haben!«

Manfred stand da mit hängenden Schultern. Er schüttelte verwirrt den Kopf und hatte den ersten und letzten Frosch seines Lebens geworfen.

Im Eßzimmer dagegen herrschte eitel Freude. Dort hatten die geschiedenen, aber nun wieder in Liebe vereinten Ehegatten ein zinnernes Gebilde gegossen, welches, wie sie meinten, einem Ehering glich. Also beschlossen sie, demnächst wieder zu heiraten.

Raskolnikow lag zu Füßen des ewigen Studenten und zernagte das schwarze Abendtäschchen der schwarzen Rosel. Der ewige Student sah das Zerstörungswerk, und ein Lächeln glitt über seine Züge.

Die enttäuschte Blondine lehnte schluchzend an der Brust des Hausherrn, was Evelyn zu Recht empörte, blockierte es doch denselben derart, daß Evelyn alle Schwierigkeiten allein tragen mußte.

»Du bist zauberhaft!« flüsterte er ihr ins Ohr.

Ich hörte es und war verstimmt, denn mit eben diesen Worten hatte er mich vor der Jahreswende beglückt, und ich dummes Huhn hatte es ihm geglaubt und während der schlimmsten Phasen dieser Nacht Kraft daraus gesogen. Der Herr mit dem empfindlichen Magen irrte durch die Räume.

»Meine Brille! Wo ist meine Brille?« murmelte er. Jetzt strebte er auf mich zu.

»Haben Sie vielleicht meine Brille gesehen?«

»Sie liegt im Goldfischglas.«

»Lächerlich!« knurrte er, ging zum Goldfischglas und durchbohrte es mit seinen Augen. Nach langer Betrachtung zog er die Jacke aus und krempelte den Hemdärmel hoch.

»Bitte nicht! Laß es bleiben, Paul!« Evelyn rang die Hände. »Keine Prügelei heute nacht mehr! Ich kann es nicht ertragen, meine Nerven reißen!«

Raskolnikow ließ die Trümmer der Abendtasche fallen, eilte seiner Herrin zu Hilfe, knurrte drohend und fuhr dem Herrn an die Beine. Der angelte bereits im Goldfischglas.

»Pfeif deinen Dackel zurück, Evelyn!« rief er. »Die Bestie zerreißt mir die Hosen!«

»Nimm erst deine Hand aus meinem Goldfischglas!« fauchte Evelyn. »Was kann der arme Fisch dafür, daß du verrückt geworden bist?«

Der Herr zog ein paar Algen heraus, dann den Goldfisch und dann die Brille. Raskolnikow schnappte schier über vor

Jagdeifer und Begeisterung. Er sprang, so hoch er konnte, und suchte, den Fisch zu erlangen. Paul aber sortierte seine Schätze, setzte die Brille auf die Nase, den Fisch ins Glas, warf Raskolnikow die Algen in den Rachen und wandte sich mir zu.

»Wie kommt sie in das Goldfischglas?« fragte er und schaute mich hinter tropfenden Gläsern streng an.

»Sie haben sie selber hineingelegt. Wirklich! Ich habe es mit eigenen Augen gesehen.«

Rosel kniete wehklagend zu Füßen des ewigen Studenten und sammelte die Reste ihrer Abendtasche zusammen.

»Des hat des Dierle net von alloi do«, sie schoß einen zornsprühenden Blick hinauf zum Studenten. »Sie, Sie hent ihm des Däschle naglegt! Pfui! Sie gemeiner Mensch!«

»Komm, Malchen, es ist Zeit, wir gehen!« sagte Manfred.

Aus dem Schirmständer in der Diele lief ein Bächlein.

»Raskolnikow!« schrie Eveleyn, »ja schämst du dich denn nicht, du böser Hund!«

Raskolnikow und ich schauten uns an. Dann senkte ich den Blick und schlich zur Tür.

Wir gingen die Straße hinauf und die Stäffele, vorbei an ausgebrannten Knallfröschen, Heulern und Raketen. Ich lehnte meinen Kopf an Manfreds Schulter.

»Ach, Manfred, hätt' ich bloß Schlonz getrunken statt dieser ›blauen Lady‹! Dann wär's mir jetzt wohler.«

»Da magst du recht haben. Ich frage mich, wie der Frosch in meine Hand kam und warum ich ihn geworfen habe? Es ist mir wirklich unerklärlich.« Er blieb stehen und zupfte ein Stückchen Papierschlangen aus meinem Haar. »Ich sage dir, Malchen, solch eine Silvesternacht will ich lieber nicht mehr erleben!«

»Ich auch nicht, Manfred!«

Es war einer der wenigen Neujahrsvorsätze, die wir gehalten haben. Fortan verlebten wir Silvester im Kreis von Freunden, die im anderen Stil feierten. Nicht so gedämpft wie in meinem Elternhaus, nicht so hektisch wie bei Evelyn, nein, grad so mittendrin.

Nach drei Wochen kam Andreas mit einem Heft daher.

»Ihr sollet's lese und unterschreibe, hat d' Frau Birzele gsagt.«

»Warum denn?«

»D' Frau Birzele hat gsagt, es tät euch sicher interessiere.«

In dem Heft stand ein Schulaufsatz mit dem Titel: ›*Wie ich das neue Jahr begann.*‹

»*Wir sind frü aufgewacht und der Mathias hat Strikliesel geschafft und ich hab aus dem Räuber Hotzenplotz forgelesen. Endlich ist der Vati gekommen und hat gesagt: Ein schönes neues Jahr, und wir sollen leise sein, das Mulchen hat eine Migrene. Dann hat der Mathias gefragt wann es Früstück gibt, er hat Hunger, und der Vati hat gesagt, wir sollen uns was feines machen aber keinen Krach in der Küche, sie wollen nichts essen, weil ihr Magen ist nicht ganz in Ordnung nur vielleicht einen sauren Hering, wenn wir einen haben. Aber wir hatten keinen. Dann hat er gesagt, es ist ein Jammer und er legt sich noch ein bißchen hin. Da waren wir fro und machten uns alles was im Eisschrank war und Rühreier und Puding. So haben wir ein schönes neues Jahr angefangen.*«

Frau Birzele hatte mit roter Tinte darunter geschrieben: »So, so!«

Pfarrhäusliche Spezialitäten oder: Die Geschmäcker sind verschieden

Wohnten wir auch weit entfernt von den anderen Nikodemuspfarrern, so waren wir doch alle herzlich bestrebt, Kontakte zu pflegen und die Verbindung zu halten.

»Am Montagabend sind wir bei Pratzels eingeladen«, verkündete Manfred, »freust du dich?«

»Ja, eigentlich schon, es sind nette Leute!«

»Aber Hugo will seine Urlaubsfilme vorführen.«

»Um alles in der Welt! Manfred, hast du nicht absagen können?«

»Wie denn? Was hätte ich sagen sollen? Hugo, deine Filme sind eine Zumutung?«

Hugos Filme waren von der Art, daß nur Menschen mit eisernen Nerven sie überstanden, Kunstflieger oder Bergführer oder sturmerprobte Seebären. Ich gehörte zu keiner dieser Gattungen, und also würde ich wieder einmal hoffnungslos seekrank werden.

»Im übrigen«, meinte Manfred mit zwingender Logik, »im übrigen würde es gar nichts nutzen. Dann würde er uns die Filme beim nächsten Besuch vorführen. Wir kommen nicht drum herum. Reiß dich zusammen! Wir werden's überleben!«

Der Montagabend sah uns gefaßt dem Nikodemuspfarrhaus zuwandeln. Manfred trug einen Blumenstrauß, ich sieben Tafeln Schokolade für die Kinder. Ich atmete tief die unreine Stadtluft.

»Ach, tut das gut, was meinst du, wie schlecht mir auf dem Rückweg sein wird!«

»Du darfst nicht hingucken«, riet Manfred, »mach einfach die Augen zu und denk an was Schönes!«

Es tröstete mich wenig. Ich wußte, irgendwann würde es mich erwischen. Diesen Filmen war ich nicht gewachsen.

Als wir das Pfarrhaus betraten, tönte aus Säuseles Wohnung Gitarrenspiel und Kinderlachen.

»Aha, sie sind beim Abendlied.« Der Gesang ging über in Schreien und Lärmen. »Jetzt kommt der Insbettgeh-Kampf. Vor einer Stunden werden sie nicht aufkreuzen.«

Vor Pratzels Wohnungstür gesellten sich Finks zu uns. Sie

brauchten nur ein Stockwerk herunterzukommen. Er trug einen Blumenstrauß, sie sieben Packungen Kleiekekse. Pratzels sieben aßen alles. Auch Finks wirkten nicht eben froh erregt. Wir drückten uns schweigend die Hände und blickten uns ernst, aber gefaßt ins Auge. So etwa mögen sich wackere Krieger ins Auge blicken, wenn sie in die Schlacht marschieren. Zu irgendwelchen Äußerungen blieb uns keine Zeit. Die Wohnungstür wurde aufgerissen, und im Kreis der Seinen begrüßte uns Hugo Pratzel laut und herzlich: »Kommt herein! Die Suppe steht schon auf dem Tisch. Auf Säuseles warten wir nicht! Wir fangen an!«

Besuch wurde bei Pratzels mit Suppe verwöhnt, und zwar mit immer derselben. Diese Suppe, so hatte mir Frau Eva bei der ersten Einladung errötend gestanden, hätten sie auf ihrer Hochzeitsreise in Südtirol kennengelernt. Es sei eine unerhörte Delikatesse und eine Spezialität dazu. Sie wäre damals unbeschreiblich köstlich gewesen, und darum habe sie sich das Rezept geben lassen und beschlossen, all ihre Gäste fortan ebenfalls in diesen Genuß zu bringen.

Nun mag eine Suppe, die man auf der Hochzeitsreise genießt, im Lauf der Zeit eine gewisse Verklärung erlangen, für gänzlich unbeteiligte Menschen hingegen war sie wenig erfreulich. Von trüb braunlila Färbung schmeckte sie seltsam säuerlich und hinterließ einen bitter-süßen Nachgeschmack auf der Zunge. Sie schien zahllose Ingredienzen zu enthalten, die nur schlecht zusammenpassen wollten, ja, sich eher abstießen und den mutigen Esser immer wieder durch ihre gewagte Kombination erschütterten. Da fanden sich auf demselben Löffel Rosinen und Pilze oder Speck und Pflaumen, saure Gurken und süße Ananas oder gar Oliven und Nüsse. Gewürzt war diese Kreation mit Zimt und Pfeffer, Vanille und Paprika und anderen Spezereien, deren Herkunft im Dunkel blieb. Ich konnte mich schon beim Kampf mit dem ersten Teller des Verdachts nicht erwehren, daß der Koch seinerzeit alle Reste verwendet hatte, deren er habhaft werden konnte, vermeinend, ein jungverheiratetes Paar werde alles mühelos verkraften. Die Suppe, so schien mir, sprach weniger für die Kochkunst jenes Südtirolers als vielmehr für dessen Welt- und Menschenkenntnis. Tatsächlich hatten die Gaumen der Jungvermählten, betäubt von Liebe und Leidenschaft, die verwegene Spezialität für die köstlichste aller Suppen gehalten. Später hatten sie sich daran gewöhnt, und die Kinder waren damit aufgewachsen. Uns hingegen fehlten die entsprechenden Voraussetzungen. Dennoch mochten wir unsere Gastgeber nicht kränken und blickten dankbar drein, als uns die vollen Teller entgegenschwappten. Es schienen übrigens auch Grießklößchen drin zu sein. Das war mir früher entgangen.

Als Säuseles endlich erschienen, wurden sie von Hugo Pratzel kühl und mit vielsagendem Blick auf die Uhr begrüßt. Sigmund japste vor Anstrengung.

»Ja, ich weiß, wir sind spät dran, aber wir konnten die Kinder doch nicht einfach so lieblos ins Bett drängen!«

»Nein, das konntet ihr natürlich nicht«, knurrte Hugo Pratzel, »aber die Suppe ist inzwischen kalt geworden.« Säuseles seufzten und nahmen gottergeben Platz. Ich glaubte zu ahnen, was sie in diesem Augenblick dachten. Aber sie sagten es nicht, und das sprach für ihr gutes Herz.

Als das Mahl überstanden war, zogen wir ins Wohnzimmer, wo Weingläser und große Teller mit Kuchen bereitstanden. Sessel und Stühle luden zum Sitzen ein, und es wäre ein recht behaglicher Anblick gewesen, hätte nicht mitten im Zimmer drohend der Projektor gestanden und uns aus seiner Linse tückisch angeblinzelt. Die drei Knaben stürzten sich auf die Weinflaschen und begannen, deren Inhalt in alle vier Himmelsrichtungen zu verspritzen. Die kleinen Mädchen trabten mit dem Kuchen daher, und nachdem wir alle von oben bis unten mit Wein und Kuchen versorgt waren, befahl Hugo: »Licht aus!«

Jetzt, nun wußte ich es gewiß, jetzt würde nichts mehr das Martyrium aufhalten. Meine schwache Hoffnung, der Projektor könne vielleicht entzwei sein, die Birne verglüht, der Film gerissen, erwies sich als trügerisch. Noch bevor ich solche Illusionen recht hätte nähren können, begann es zu surren, und Beethovens Neunte brauste auf – als Begleitmusik, denn Hugo Pratzel liebte Heroisches.

Er filmte seit zehn Jahren, und weil er ein beständiger Mensch war, heute noch so wie damals.

Seine Filmtechnik aber war diese: Hoch mit der Kamera auf Turmspitzen und Baumwipfeln, sodann mit affenartiger Geschwindigkeit an denselben wieder herunter, dann ganz nahe heran ans Objekt, dann ganz weit fort. Dies alles tat er auch fahrend aus Auto oder Zug, so daß wir vermeinten, auf unseren Sesseln rückwärts zu gleiten. Ich schloß die Augen und versuchte, an Schönes zu denken, neben mir stöhnte Julius Fink. Beethoven dröhnte im Fortissimo, aber Hugo Pratzels Stimme übertönte ihn

»Schaut es euch an! Das macht mir so leicht keiner nach. Seht ihr das Motorboot über den Titisee rasen? Ich habe es vom fahrenden Bus aus gefilmt ...«

Wir schauten, und mir wurde so schlecht wie noch nie in meinem Leben. Die Übelkeit nach der Silvesterparty war nichts dagegen, ein Klacks, ein leichter Anflug von Unwohlsein.

Die Kinder schauten fröhlich drein und knabberten Kuchen. Sie waren dergleichen Veranstaltungen gewöhnt und durch und durch abgehärtet.

Ich versuchte, mich aus meinem Sessel hochzustemmen.

»Halt!« kommandierte Hugo Pratzel, »jetzt kommt das Beste! Ich lasse das Ganze rückwärts laufen. Es ist einfach umwerfend!«

Es war umwerfend. Ich kroch aus Pratzels Wohnzimmer, und hinterher krochen die Finks und die Säuseles, stöhnend, grünbleichen Antlitzes.

»Was ist los? Wo wollt ihr hin ...«

Aber Hugos Stimme erreichte uns nicht mehr. Wir hockten im Flur auf dem Boden. Julius zog ein Fläschchen aus der Tasche, hob es zum Mund und nahm einen kräftigen Schluck.

»Kefir hilft immer«, keuchte sein Weib mit verzerrtem Lächeln.

Das Fläschchen machte die Runde. Der Rest blieb für Maria. Sie trank ihn aus in einem Zug. »Aber Julius!« so sprach sie dann und schaute ihren Mann strafend an.

Als wir uns verabschiedeten, nahm Manfred seinen Kollegen beiseite.

»Hugo«, sagte er, »wir müssen einmal über deine Filme sprechen. Schau, du bist ein so netter Mensch, und wir alle mögen dich, aber ...«

»Schon gut«, unterbrach ihn Hugo, »du brauchst nichts zu sagen. Jeder hat seine besonderen Gaben. Ich kann nun einmal filmen. Sei nicht traurig. Du kannst dafür etwas anderes.«

»Ja«, meinte Manfred, »wenn du es so siehst ...«

Zehn Tage später rief Agathe Säusele an.

»Habt ihr morgen abend frei?« fragte sie. »Kommt zu uns. Wir wollen ein bißchen diskutieren. Und wir könnten gruppendynamische Spiele machen. Paß auf, es wird nett, wir freuen uns!«

»Wir freuen uns auch«, sagte ich, aber es klang vermutlich nicht sehr überzeugend.

»Was sind eigentlich gruppendynamische Spiele?« fragte ich Manfred.

»Oh«, meinte der, »das ist etwas sehr Gutes. Sie dienen der Lockerung, sie lassen Komplexe deutlich werden, und sie bauen Aggressionen ab.«

»Ich habe keine Komplexe und Aggressionen!«

»Ach, weißt du, man täuscht sich da manchmal über sich selbst.«

Also gingen wir zu den gruppendynamischen Spielen der Familie Säusele. An der Wohnungstür stießen wir auf Finks und Pratzels. Auf unser Läuten erhob sich drinnen ein gewaltiges Geschrei:

»Sie sind da! Sie kommen! Mammi, ich will noch aufbleiben! Pappi, ich will von dem Guten essen! Laß mich aufmachen! Nein, mich ...«

Hugo Pratzel neben mir knirschte mit den Zähnen. »Das sollten meine sein!«

Die Wohnungstür sprang auf. Vier kleine Säuseles, mehr oder weniger angezogen, wuselten in der Diele umher. Pappi kam, die Gitarre in der Hand.

»Kommt herein! Wir wollen gerade das Abendlied singen!«

»Auch das noch!« Julius Fink, der musikalische, seufzte tief auf. Pappi Säusele setzte sich auf den Teppich. Oswald, Prilli, Esther und Tobias gruppierten sich um ihn herum, wobei sie sich balgten, stießen, kniffen und bissen. Mammi lehnte sich an Pappi – es war ein schönes Bild.

Wir Gäste ließen uns so weit entfernt wie möglich auf Couch und Sessel nieder. Sigmund Säusele stimmte die Gitarre nach unerfindlichen Gesetzen, klimperte erst ein wenig, nickte dann seinen Sprößlingen aufmunternd zu, und dann sangen sie: ›Ein Vogel wollte Hochzeit machen‹.

Es war ein Kunsterlebnis eigener Art. Jedes Familienmitglied schien eine andere Tonart zu bevorzugen. Auch sangen sie nur die erste Strophe, diese aber fünfmal hintereinander, und immer, wenn der Refrain kam »... Fidiralala, fidiralala, fidiralalalala«, winkte uns Sigmund vergnügt zu und lud ein mitzusingen.

Ich senkte die Augen tief auf meine Handtasche, Manfred brummte unfroh vor sich hin, aber Finks preßten die Lippen aufeinander und ließen keine Zweifel daran aufkommen, daß sie solche Art von Musik zutiefst verabscheuten.

Als die Familie Anstalten machte, die Strophe zum sechsten Mal zu wiederholen, stand Hugo Pratzel auf und sagte laut und vernehmlich: »Sigmund, wir haben Durst!«, worauf Vater Säusele erschrocken aufsprang und sich entschuldigte: »Beim Musizieren vergesse ich einfach alles!«

Agathe Säusele erschien mit einer großen Platte belegter Brote, Sigmund trug zwei Flaschen Wein herbei und erläuterte beim Einschenken, der eine sei süß, der andere sauer, nur habe er leider vergessen, welcher der süße und welcher der saure sei, aber wir würden es sicher herausfinden. Derweil tapste Klein-Prilli hinter dem Pappi her und wischte die Tropfen, die beim Einschenken daneben gegangen waren, fein säuberlich mit dem Nachthemd auf. Oswald hingegen grabschte sich die Tomatenscheiben von den belegten Broten. Die beiden anderen hatten sich der Gitarre bemächtigt und entlockten ihr gräßliche Klänge. Dann riß sich Esther von dem Instrument los und begann, die Kommode zu erklettern.

Hugo Pratzel sah dies alles, und seine Stirn umwölkte sich. Er hielt die Hände fest gefaltet. Offensichtlich juckte es ihn, diesen Kindern an den Kragen zu fahren.

»Nimm den Finger aus der Nase!« knurrte er den kleinen Tobias an. Der schaute ihn ganz verdutzt an und verdrückte sich dann zur Mutter in die Küche.

»Sehen die Brötchen nicht hübsch aus?« fragte Vater Säusele. »Die Kinder haben sie alle selbst beschmiert. Es hat ihnen große Freude gemacht. Sie sind richtige kleine Künstler!«

»Ich mache es lieber selbst«, bemerkte Eva Pratzel, »das ist ..., ich meine, es geht schneller.«

»Natürlich geht es schneller«, sagte Sigmund Säusele belehrend, »aber irgendwann müssen sie es ja lernen. Es macht ihnen auch große Freude, wenn sie kreativ werden können. Es stärkt ihr Selbstbewußtsein!«

»Man hat eigentlich nicht den Eindruck, daß eure Kinder an Minderwertigkeitskomplexen leiden!«

Was mußte Maria Fink schon alles erlitten haben, daß sie sich zu einer solchen Bemerkung hinreißen ließ.

Der Brötchenteller ging herum, und wir bedienten uns zurückhaltend. Insbesondere war jedermann bestrebt, ein Brötchen zu erhaschen, das noch nicht von Tobias abgedeckt worden war. Nach und nach verschwanden die Kinder, aber beileibe nicht endgültig. Von Zeit zu Zeit erschienen sie wieder, allein oder in Gruppen, im Nachthemd oder auch ohne, und jedesmal wußten sie die Eltern an liebgewordene Bräuche und Pflichten zu erinnern.

»Mammi, du hast mir meine Geschichte noch nicht vorgelesen!«

»Pappi, du hast mir gesagt, du malst mir ein Haus!«

»Mammi, mir tut der Hals weh!«

Diesmal war es Oswald, und ich kramte aus meiner Tasche ein Hustenbonbon hervor. Er nahm es huldvoll entgegen, verstaute es in seiner Backe und erklärte: »Und jetzt will ich noch'n Tee!«

Im weiteren Verlauf des Abends verlangten Tobias nach einem Säftle, Oswald nach einem Keks und Priszilla zunächst nach einem Märchen und sodann nach einem Bauchwickel. Manchmal steckten sie auch nur den Kopf durch die Tür, um sich in Erinnerung zu bringen, was nun wirklich nicht nötig war. Die Eltern waren pausenlos unterwegs, liefen hierhin und dorthin, um die Wünsche der lieben Kleinen zu erfüllen, und so wollte keine rechte Gemütlichkeit aufkommen.

Hugo Pratzel zumal, der gänzlich andere Vorstellungen von Erziehung hatte, schien sich nur mühsam zu beherrschen. Als Oswald schließlich zum vierten Mal auftauchte und nun wollte, daß man ihm Fieber messe, weil er heiße Ohren habe, nahm ihn Hugo entschlossen beiseite und flüsterte ihm etwas in sein angeblich zu heißes Ohr. Der Knabe erstarrte, dann machte er auf dem Absatz kehrt, verschwand im Kinderzimmer und ließ sich fortan nicht mehr blicken. Auch seine Geschwister blieben unsichtbar. Bei den Eltern rief das zuerst Besorgnis hervor, und sie gingen des öfteren hinaus, um an der Tür zum Kinderzimmer zu horchen. Eine solche Gelegenheit nutzte Julius Fink, um Hugo zu fragen, mit welchem pädagogischen Kniff er den Knaben besänftigt habe.

»Mit dem ältesten der Welt«, knurrte der voller Ingrimm,

»ich habe erklärt, wenn er noch ein einziges Mal auftaucht, dann versohle ich ihm den Hintern, und er solle das den Geschwistern ausrichten!«

Wir erschraken heftig, und Manfred sagte: »Um Himmels willen, wenn das die Eltern hören, werden sie einen Schock erleiden!«

Aber die Eltern waren weit davon entfernt, hinter dem plötzlichen Frieden eine so rüde Erziehungsmaßnahme Hugo Pratzels zu vermuten. Sie schrieben es vielmehr ihrem eigenen Einfluß zu und flüsterten selig: »Sie schlafen! Jetzt müssen wir ganz leise sein, damit sie nicht aufwachen. Sind es nicht liebe Kinder?« Dabei strahlten sie uns an, und wir waren charakterlos genug, dazu zu nicken.

»Ich glaube«, sagte Eva Pratzel, »eure Kinder werden es einmal leicht haben im Leben. Sie werden sich durchsetzen.«

Hugo warf einen befremdeten Blick auf seine Frau.

»Eva«, sprach er, »was redest du da?«

Aber sie ließ sich nicht beirren. »Ich meine, du bist eine starke Persönlichkeit. Und manchmal fürchte ich, du beherrschst die Kinder zu sehr. Sie können sich nicht entfalten.«

Hugo Pratzel blieb der Bissen im Hals stecken. Er schluckte, er hustete, er rang nach Fassung.

»Wieviel hast du getrunken, Eva?«

Sie blieb kühl. »Ich habe nicht darauf geachtet, aber ich trinke gern noch ein Gläschen. Sigmund, wenn du so freundlich sein willst ...«, und sie schob ihm ihr Glas zu.

Hugo sah es mit unverhohlener Erbitterung. Dann erhob er Kopf und Stimme und sagte: »Eltern haben auch Rechte, mindestens ebenso viele wie Kinder!«

»Natürlich, aber deshalb brauchst du noch lange nicht zu schreien!«

»Wer schreit? Ich schreie nicht, aber ich bin verwundert. Sehr verwundert! Schließlich wirfst du mir vor, daß ich unsere Kinder unterdrücke!«

Die sanfte Eva und der beherrschte Hugo sahen sich gar zornig in die Augen.

»Wir wollten doch gruppendynamische Spiele machen!« warf ich dazwischen, denn ich sorgte mich um den weiteren Fortgang des ehelichen Zwistes.

»Ja«, sprang mir Maria bei, »machen wir doch eins!«

»Aber«, Sigmund schaute erstaunt in die Runde, »wir sind doch schon mittendrin! Habt ihr denn das nicht bemerkt!

Ihr beginnt bereits, Aggressionen zu entwickeln. Es ist psychologisch hochinteressant ...«

»Bleib mir mit deiner dämlichen Psychologie vom Leibe«, knirschte Hugo Pratzel. »Sieh lieber, was du angerichtet hast! Eva und ich haben uns noch nie gestritten!«

»Das war ja der Sinn der Sache!« jubelte Agathe Säusele. »Wenn ihr euch noch nie gestritten habt, dann wird es jetzt allerhöchste Zeit«, und Sigmund nickte bestätigend, mit sich und seiner Methode rundherum zufrieden.

Auch Finks luden ein, und zwar zu einem musikalischen Abend.

»Paß auf«, sagte ich zu Manfred, »es gibt Kefir und Kleiekekse.«

»Ja«, meinte er düster, »wir sollten uns vorher satt essen. Immerhin hat Julius am Telefon gesagt, es gäbe nicht nur Musik, sondern auch etwas Gutes zu essen.«

»Das Gute« duftete uns schon im Treppenhaus entgegen. »Es riecht seltsam«, konstatierte Manfred, »aber jedenfalls nicht nach Kefir.«

Aus Säuseles Wohnung erschallte noch das Abendlied. Eine Treppe höher, bei Pratzels, herrschte merkwürdige Stille. Julius Fink empfing uns mit rollenden »Rs« und strahlendem Lächeln: »Trretet ein, meine Lieben!«

Die Küchentür öffnete sich. Maria eilte auf uns zu, eingehüllt in eine Duftwolke und gefolgt von Cosima und Tamina. Die Zwillinge trugen Körbe mit Brotbrocken, die Mutter hielt einen Glaskrug mit weißlicher Flüssigkeit in der Hand. Sie hat es doch nicht lassen können, dachte ich, schleppt wieder Kefir herbei. Aber warum dampft er? Maria Fink schien meine Gedanken zu lesen.

»Es ist Mandelmilch, kein Kefir!«

Es war eine echte Überraschung.

»Schenk uns ein Gläschen ein, Maria«, sagte Julius, »wir haben viel Zeit. Bei Säuseles läuft noch der abendliche Großeinsatz, und auf Pratzels werden wir auch noch ein Viertelstündchen verzichten müssen ...«

»Hugo ist der pünktlichste Mensch von der Welt«, bemerkte Manfred.

»Ja, wenn nicht Sonntag wäre und just sieben Uhr. Da kommt die Sportschau ...«, Julius lachte genüßlich. »Mal sehen, wie er sich aus der Affäre zieht.«

»Warum habt ihr dann auf sieben eingeladen?« wollte ich wissen.

»Weil's mir Spaß macht!« Julius rieb sich die Hände. »Außerdem hab' ich gern einen langen Abend vor mir.«

Die Mandelmilch dampfte in den Gläsern. Sie duftete mild nach Rosenwasser und schmeckte köstlich.

»Das ist vielleicht etwas Gutes«, lobte Manfred.

Unten schlug eine Tür. Eilige Schritte stürmten über die Treppe. Es klingelte Sturm. Julius erhob sich, schaute auf die Uhr und sagte behaglich: »Nun wollen wir einmal sehen, was sich unser guter Hugo für eine Entschuldigung ausgedacht hat«, und er ging strahlend zur Tür.

»Na endlich«, Hugo Pratzels Stimme klang markig wie eh und je. »Das dauert ja eine Ewigkeit, bis hier jemand aufmacht. Wir warten schon eine Viertelstunde!«

»Du irrst, mein Lieber«, das war Julius' Stimme, »wir sind es, die seit einer Viertelstunde warten!«

»Verzeiht, bitte«, mischte sich Eva ein, »er wollte wirklich pünktlich sein, und wir waren schon fix und fertig, aber dann ...«

»... dann kam der VfB«, ergänzte Hugo, und seine Stimme klang nicht mehr so markig. »Ich konnte halt nicht widerstehen. Ach, Julius, der Mensch ist schwach. Aber wir haben euch etwas Feines mitgebracht.«

Sie erschienen im Zimmer. Maria hielt einen Blumenstrauß im Arm, Julius ein Fläschchen. Maria warf einen traurigen Blick darauf und sagte: »Es war wirklich nicht nötig.«

»Und wie nötig! Ihr habt vermutlich wieder nur Säuglingsnahrung. Maria, nimm's mir nicht übel, nachher will ich all deine gesunden Tränklein schlürfen, aber jetzt brauche ich erst mal einen Klaren. Nach diesem Spiel! Meine Güte, haben die geholzt!«

»Ich dachte es mir«, entgegnete Julius, »daß du uns eine Flasche mitbringen würdest, um sie selbst auszutrinken.«

Es klingelte abermals, und Säuseles kamen. Sigmund zog schnüffelnd die Nase hoch.

»Leute, wie riecht's denn hier? Schon auf der Treppe ist es mir aufgefallen, aber ich dachte nicht, daß es von euch käme ...«

»Was willst du damit sagen?« Hugos Augen blitzten kampflustig.

»Gar nichts will ich sagen! Nur daß ich den Geruch mag.

Er erinnert mich an irgend etwas Schönes, Erfreuliches ... Pauli! Ja, an Pauli! Mein Freund aus Tübingen. In seiner Studentenbude, da roch es so. Das war eine Zeit damals! Dieser Duft ...« Er lächelte verklärt. »Agathe, weißt du noch?«

»Es riecht nach Käse!« sagte Agathe. »Seit wann reagierst du so spontan auf Käse?«

»Hier trinkt, ihr Lieben!« Julius hielt ihnen Mandelmilch unter die Nase. Sie tranken, Sigmund noch immer weit fort in goldener Vergangenheit.

Cosima und Tamina zogen die Schiebetüren zum Eßzimmer auf. Ein Topf mit Käsefondue blubberte auf kleiner Flamme vor sich hin. Er war es, der die Duftwolken durch das ganze Haus bis tief hinein in Sigmunds Herz sandte.

Auch Manfreds Gesicht begann zu leuchten.

»Julius, ich hätte nie gedacht, daß man bei euch so etwas Gutes ...«

»Mein lieber Manfred, daß euch der Kefir damals nicht geschmeckt hat, war schwer zu übersehen. Also habe ich Maria überreden können, das Milchprodukt zu wechseln. Ich muß dir verraten, ich bin selbst recht dankbar dafür, denn es kommt der Augenblick, wo auch der gesündeste Kefir zum Greuel wird.«

Wir nahmen Platz am runden Tisch, spießten Brotbrocken auf Gabeln, tauchten sie alle in denselben Käsetopf und zogen Fäden kreuz und quer über den Tisch.

Sigmund aber, noch immer entrückt, sog tief den geliebten Duft ein und merkte nicht, daß er zu wiederholten Malen eine leere Gabel zum Mund führte. Er erzählte von seiner Studentenzeit, von Pauli, dem besten aller Freunde, und wie er Agathe liebengelernt, er schwärmte.

»So kenne ich dich gar nicht, Sigmund!« sagte Julius. »Sonst sprichst du nur von deinen Kindern. Heute erzählst du zum ersten Mal von dir.«

»Das ist erfreulich«, Hugo räusperte sich, »aber wenn du deine Brotbrocken besser an der Gabel festspießen würdest, dann würden sie nicht alle in den Käse fallen, du bekämst ab und zu was in den Mund, und für uns wär's auch netter.«

So saßen wir und aßen und lauschten Agathe und Sigmund, die, vom Joch ihrer Kinder befreit, vom Käsegeruch beschwipst, mit leuchtenden Augen ihre Liebesgeschichte erzählten.

Endlich lehnte sich Hugo Pratzel zurück.

»Der Käse liegt mir wie ein Wackerstein im Magen, Julius, jetzt brauchen wir etwas zu trinken, und zwar keine Mandelmilch ...«

»Ja«, Julius nickte ergeben, »ich weiß schon.« Er holte unter Seufzen die Flasche herbei. Jeder bekam noch ein winziges Gläschen, dann war sie leer.

»Gut, daß das Teufelszeug aus dem Haus ist«, sagte Maria, »und jetzt wollen wir singen!«

Wir gingen hinüber ins Wohnzimmer. Cosima und Tamina brachten Liederbücher herbei. Die ›Gesellige Zeit‹, das ›Gesellige Chorbuch‹. Drei- und vierstimmige Sätze, Volkslieder und Madrigale. Manfred und ich kannten sie gut. Beim Singen dieser Lieder hatten wir uns dazumal kennengelernt.

Es war in Göttingen gewesen, in meinem ersten Semester. Er studierte Theologie, ich Jura, und wäre nicht die Studentengemeinde gewesen, wir wären glatt aneinander vorbeigelaufen. So aber sangen wir gemeinsam in der Kurrende, er Tenor und ich Sopran. Wir sangen: ›Lieblich hat sich gesellet ...‹ und ›Wie schön blüht uns der Maien ...‹. Hinterher brachte mich dieser Theologiestudent über den Wall nach Hause. In der Nacht träumte ich einen schweren Traum. Ich saß hinter einem Berg zerrissener Socken und stopfte und stopfte, und all diese Socken gehörten ihm.

Nach einem Semester Kurrendesingen und einem besonders ergreifenden Abschiedsgesang ›Innsbruck, ich muß dich lassen‹ beschlossen wir, uns hinfort nicht mehr zu lassen ...

Nun saßen wir in Finks Wohnzimmer, sangen die erinnerungsträchtigen Lieder und fühlten uns genauso entrückt wie vorher Agathe und Sigmund beim Schnuppern der Käsedämpfe.

»Du bist nicht richtig im Takt, Amei!« Maria warf mir einen strafenden Blick zu. »Du singst zu langsam!«

»Du auch, Manfred!« tadelte Julius.

»Oh, Leut, laßt uns einen Augenblick verschnaufen! Nach diesem Lied haben wir uns den ersten Kuß gegeben ...«

Und dann ging uns der Mund über, und wir schwärmten und schwatzten und schwelgten in Erinnerungen.

»Wir haben uns bei einem Konzert kennengelernt«, Julius legte den Arm um Maria.

»Eva und ich kannten uns schon von Kindesbeinen an«, sagte Hugo, »wir waren Nachbarn. Daß ich sie liebte, habe ich eigentlich erst gemerkt, als sie mir eine Ohrfeige gegeben hat...«

»Cosima und Tamina, ihr könnt jetzt ins Bett gehen«, sprach Vater Julius, »es ist höchste Zeit!«

»Wenn's mal interessant wird«, maulte Cosima.

Es klingelte.

»Wer kommt denn jetzt noch?«

Julius schaute ungnädig nach der Uhr. Tamina lief zur Wohnungstür.

Es erschien das Kind Priszilla, barfuß, im Nachthemd und mit verwuscheltem Haar.

»Prilli!« Beide Säuseles sprangen auf, das schlechte Gewissen brach ihnen aus jeder Pore. »Ja, schläfst du denn noch nicht?«

»Nein, wenn niemand kommt, dann kann ich nicht. Und überhaupt brauch' ich Zärtlichkeit!«

Sigmund nahm seine Tochter auf den Arm und trug sie nach unten.

»Den sehen wir heute nicht wieder!« bemerkte Hugo Pratzel.

Aber schon nach wenigen Minuten tauchte der geplagte Vater wieder bei uns auf.

»Ja, schläft sie denn schon?« fragte Agathe. »Das ist doch nicht möglich, Sigmund!«

»Nein, sie schläft noch nicht.«

»Was? Und da bist du einfach weggegangen?«

»Ja! Ich habe ihr gesagt, sie muß es respektieren, daß ich jetzt Ruhe brauche!«

»Oh, Sigmund, das kann schlimme Folgen haben! Wie hat sie es verkraftet?«

»Sie hat sich umgedreht und ›Gute Nacht‹ gesagt.«

Die Mandelmilch war lange ausgetrunken, als wir endlich aufbrachen.

»Das war ein schöner Abend!« sagte ich zu Maria.

»Und so harmonisch!« ergänzte Eva Pratzel.

»Wir haben uns vieles mitgeteilt!« fügte Agathe Säusele hinzu.

»So sollte es auch in unseren Sitzungen zugehen!«

Julius warf einen wehmütigen Blick auf seine Kollegen, besonders aber auf Hugo Pratzel.

»Überleg es dir, Julius«, meinte der, »auf die Dauer würde es langweilig. Und im Grunde, gib's ruhig zu, im Grunde macht dir das Gerangel doch Spaß!«

Wir luden auch ein, und zwar zu Pizza und belegten Broten, zum Singen und Spielen. Aber beim Essen meinte Julius, die viele Arbeit wäre nicht nötig gewesen, eine Butterbrezel hätte ihm auch gelangt, und zum Singen und Spielen hatten sie keine rechte Freudigkeit. Die Herren verkrochen sich hinter theologischen Gesprächen, und wir Damen landeten bei Kindern und Küche, Pfarrfrauentagungen und Gemeindekreisen.

Ich wollte schon an der Aufgabe verzweifeln, diesen Kollegen einen vergnüglichen Abend zu bereiten und ihnen zu beweisen, was für eine vollendete Gastgeberin ich sei, da lernte ich an jenem denkwürdigen Silvesterabend die »blaue lady« kennen.

Nachdem ich sie getrunken und ihre auflockernde Wirkung verspürt, nachdem das Brummen aus meinem Schädel gewichen, nistete sich dafür ein Gedanke in demselben ein und wollte nicht mehr weichen. Als ich ihn lange genug mit mir herumgetragen, ihn gedreht und gewendet hatte und von seiner Güte überzeugt war, beschloß ich, Manfred davon in Kenntnis zu setzen. Der saß in seinem Zimmer und schrieb gerade ein Sitzungsprotokoll.

»Manfred, ich habe eine Idee!«

»Um Himmels willen!«

»Erinnerst du dich an die ›blaue lady‹?«

»Wie könnte ich sie je vergessen!«

»Wir sind doch wieder dran mit einer Kollegeneinladung.«

Er nickte.

»Wir geben ihnen als Willkommenstrunk eine ›blaue lady‹! Die schmeckt doch so gesund nach Zitronensaft, und man merkt es gar nicht, wieviel Alkohol drin ist. Ich hab's ja auch nicht gemerkt.«

»Ja du ...«

»Meinst du, die Eva und die Maria und die Agathe kennen sich da besser aus? Daß ich nicht lache! Mit Mandelmilch und Suppe vielleicht, aber doch nicht mit Alkohol!«

Manfred wiegte den Kopf hin und her. Ein Zeichen, daß er überlegte und meine Idee nicht von vornherein ablehnte.

»Die blaue Farbe wirkt so giftig. Wir müssen farblosen

Alkohol nehmen, dann sieht es viel gesünder aus, wie reiner Zitronensaft.«

»Wenn jeder bloß zwei Gläschen trinkt, Manfred, dann ist der Abend gerettet. Was meinst du?«

»Man könnte es versuchen«, er senkte den Kopf wieder auf sein Sitzungsprotokoll, »ich meine, es wird ihnen gut tun, wenn sie ein wenig gelöst sind.«

»Ihnen tut's gut und uns auch, weil sie dann leichter zu nehmen sind!«

»Geb's Gott!«

Am Abend rief er bei Evelyn und Karl-Otto an, um das Rezept für die »blaue lady« zu erfragen. Evelyn diktierte, er schrieb. Sie redeten hin und her. Ich stand daneben und konnte trotz aller Mühe nur wenig verstehen. Dann sprach er, und ich dachte, mich rührt der Schlag.

»Ja, natürlich, das ist eine gute Idee! Ihr seid herzlich eingeladen!«

Er legte den Hörer auf die Gabel und schaute mich an.

»Du, ich hab' sie dazu eingeladen.«

»Ja, bist du noch zu retten? Evelyn, angemalt wie ein Indianerhäuptling auf dem Kriegspfad! Karl-Otto, der schon nach dem zweiten Gläschen zu jeder Frau sagt: ›Du bist zauberhaft‹?«

»Das tät ihnen vielleicht gut, Malchen. Meinst du, sie hören das oft von ihren Männern?«

»Vermutlich ebenso wenig wie ich! Manfred, wie konntest du nur?«

»Du hättest es genauso gemacht! Sie hat gefragt, wozu wir die ›blaue lady‹ brauchen, da hab' ich's ihr erzählt, und dann hat sie gesagt, sie würde irre gerne Pfarrer kennenlernen, und ich hab' gesagt, sie kennt doch uns, und sie könnte ja in die Kirche kommen, aber sie meinte, das wäre was ganz anderes. Malchen, sie hat's mir richtig in den Mund gelegt. Du hättest sie auch eingeladen, glaub mir's!«

»Was ich getan hätte, das wissen wir nicht, aber eines ist klar, Evelyn gegenüber wirst du leicht schwach!«

»Und du wirst es bei Karl-Otto!«

So stritten wir uns und beschlossen dann, das Beste daraus zu machen.

»Vielleicht ist es ganz gut, wenn zwei Weltkinder dabei sind«, sagte ich versöhnlich, »ihr Männer könnt dann nicht theologisch ausufern, denn dies wäre eine Unhöflichkeit gegenüber Karl-Otto. Und Evelyn lacht sich tot, wenn wir über Frauenkreise und Tagungen sprechen. Vielleicht wirken sie belebend und befruchtend.«

»Eben, deshalb habe ich sie eingeladen!«

Am nächsten Morgen rief Evelyn an.

»Was für eine Garderobe ist gewünscht?«

»Gar keine, Evelyn!«

»Wie bitte?«

»Ich meine, nichts Tolles. Zieh einfach etwas Liebes, Schlichtes an, so für alle Tage. Ausgeschnitten braucht es nicht zu sein. Du willst doch nicht sonderlich auffallen.«

»Deshalb ruf' ich ja an. Übrigens, wie ist das mit Raskolnikow? Er liebt Abwechslung, aber ich kann ihn natürlich auch zu Hause lassen.«

Mir fiel vor Schreck schier der Hörer aus der Hand. Auch das noch! Raskolnikow, Marias hygienische Hände leckend! Raskolnikow, Evas Handtasche fressend! Raskolnikow, der neurotische, kleine Dackel vor Agathes und Sigmunds psychologisch geschulten Blicken!

»Hallo, Amei, bist du noch in der Leitung?«

»Ja, also Evelyn, so gern ich Raskolnikow habe, aber Hugo ist, glaub' ich, nicht sehr tierliebend. Kürzlich hat er mal furchtbar über die Tauben geschimpft ...«

»In Ordnung, wir lassen ihn zu Hause. Er muß es einfach lernen, daß er nicht überall mitkann. Was gibt's zum Futtern? Hast du dir schon Gedanken gemacht?«

»Ja, viele Gedanken, aber es ist schwierig.«

»Wir waren gestern bei Freunden und haben Fleisch-Fondue gegessen. Du, das war irre! Man braucht nur Fleisch, Fett und Brot, ein paar Salate und Soßen, und schon ist alles fertig. Von mir kriegst du einen Rechaud und das Töpfchen dazu. Also abgemacht! Ich kann dir sagen, wenn das Fett spritzt, das gibt eine tolle Stimmung. Es ist kein Essen, es ist eine Gaudi!«

»Für eine Gaudi ist es doch recht teuer!« sagte Manfred, nachdem er das Fleisch eingekauft hatte. Ich stand in der Küche und rührte Soßen, und zwar nach Evelyns Rezepten.

»Du brauchst mindestens fünf Soßen«, hatte sie mit Bestimmtheit erklärt, »eine Remouladen-, eine Vinaigrette-, eine Curry-, eine Teufels-, eine Knoblauch- und eine Senfsoße! Die Teufelssoße übernehme ich, und sie wird so geraten, daß den Pfarrern das Feuer aus den Augen springt. Auch die

Knoblauchsoße kannst du mir übergeben, denn wie ich dich kenne, bist du zu zimperlich für eine richtige. Wenn du dich bei den anderen genau an meine Rezepte hältst, kannst du eigentlich nichts verderben.«

Ich tat alles, was sie wollte, und wußte bald nicht mehr richtig, wer nun eigentlich diese Einladung gab, denn Evelyn nahm es furchtbar ernst damit und sagte, sie habe schon schlaflose Nächte und dieser Abend solle für die Pfarrer unvergeßlich werden.

Am Morgen vor der Einladung sagte ich zu Manfred: »Ich werde Karl-Otto übernehmen. Paß du bitte auf Evelyn auf, daß sie uns unsere Lieben nicht verschreckt!«

»Das will ich gerne tun«, erklärte er bereitwillig.

Schon nach kurzer Zeit aber schien mir diese Einteilung nicht mehr so günstig, darum verkündete ich Manfred, daß er doch besser Karl-Otto im Auge behalten solle, weil es unauffälliger wäre, ich würde dann Evelyn übernehmen. Er stimmte wieder zu, wenn auch nicht mehr ganz so freudig.

Unsere Lieben im Nikodemuspfarrhaus ahnten nicht, was da alles zu ihrem Vergnügen vorbereitet wurde und was wir im Schilde führten. Sie wanderten abends friedlich die Stäffele zu uns hinauf. Erst Finks, zehn Minuten später Pratzels und nach einem kleinen halben Stündchen Säuseles.

Evelyn und Karl-Otto dagegen trafen schon eine Stunde vorher bei uns ein. Evelyn wollte die Soßen probieren und die Tischordnung ins Auge fassen. Karl-Otto fühlte sich verantwortlich für die »weiße lady«. Er goß all ihre Einzelbestandteile in einen Mixer, schüttelte ihn gewandt und probierte viele Male.

»Eine ›lady‹, egal ob blau oder weiß, muß genau die richtige Mischung haben«, so belehrte er Manfred, der neben ihm Zitronenscheiben auf die Gläserränder klemmte. »Sie darf nicht zu stark sein und nicht zu schwach, nicht zu süß und nicht zu sauer! Ihr Feuer soll erst brennen, wenn man sie bereits in sich hat!«

»Dir wird das Feuer bald aus den Augen schlagen, wenn du dauernd probierst!« bemerkte Evelyn.

»Es sind nur winzige Schlückchen, und jemand muß sie ja abschmecken. Ich opfere mich auf.«

»Bitte, mein Lieber, trink soviel du willst! Aber wenn du beim Heimweg wieder mitten auf der Kreuzung anhältst und aussteigst, um zu prüfen, ob deine Scheinwerfer in Ordnung sind, dann, Karl-Otto, steige ich auch aus und gehe zu Fuß nach Hause!«

»Das ist allerdings eine fürchterliche Drohung«, bemerkte Karl-Otto und schüttelte die »weiße lady« in die vorbereiteten Gläschen.

Es klingelte. Evelyn riß sich die Schürze vom Leib.

»Sehe ich ordentlich aus?«

»Ordentlich ist vielleicht nicht der richtige Ausdruck«, meinte Manfred, »aber du fällst ins Auge, Evelyn.«

»Ist es nicht zu schlicht?«

Das »schlichte« Kleid war ein schwarzes Schleiergewand, verziert mit roten und goldenen Blumen, vorne bis zum Hals geschlossen, doch hinten sehr viel weiter ausgeschnitten als nötig.

Maria und Julius standen vor der Wohnungstür, sie keuchten. »Wenn wir nicht so gesund leben würden, hätten wir diese Treppe nie bezwungen. Das ist ja eine fürchterliche Anstrengung.«

»Kommt herein! Ihr könnt euch gleich hinsetzen und ausschnaufen!« Wir schoben sie durch den engen Gang der Diele zu. »Gleich gibt es etwas zu trinken.«

Julius' Augen strahlten, als er Evelyn erblickte. Er sah gerne hübsche Frauen, und er machte kein Hehl daraus.

»Was für eine freudige Überraschung«, sang er mit samtenem Baß, »ja, wen haben wir denn hier?«

Evelyn bedachte ihn mit einem schmelzenden Blick und einer »weißen lady«. Er nahm das Gläschen entgegen und trank es aus in einem Zug.

»Was für ein überaus köstliches Getränk! Maria, es wird dir schmecken. Ich spüre, es ist gesund und vitaminreich!«

Karl-Otto servierte ihr ein Gläschen. Wir behielten ihn zu dritt im Auge, aber er ließ nichts von »Maria, du bist zauberhaft« hören, sondern wandte sich an Manfred mit den Worten: »Du hättest mich darauf vorbereiten sollen, daß ihr eine so bezaubernde Pfarrfrau erwartet!«

Er trank Maria zu. Sie nippte ein wenig.

»Oh, wie köstlich, es ist doch hoffentlich kein Alkohol drin?«

»Ein kleiner Spritzer, gnädige Frau«, Karl-Otto schenkte ihr einen verschwörerischen Blick, »er dient dazu, daß man das Essen besser verträgt.«

Als Pratzels an der Wohnungstür erschienen, hatte Maria ihr Gläschen bereits ausgenippt.

»Eure Treppen sind noch mein Tod!« schimpfte Hugo. »Wie gut, daß ihr uns so selten einladet!«

Sein Blick fiel auf die »weißen ladies« und wanderte weiter zu Evelyn, wo er fürs erste hängenblieb.

»Was sehen meine entzückten Augen? Da gibt es was zu trinken. Ein winziges Gläslein, aber serviert von hübschen Händen! Sollten Sie etwa zu unserer Zunft gehören, meine Liebe?«

Evelyn schüttelte lächelnd den Kopf.

»Ich hatte es auch nicht angenommen. Interessieren Sie sich für Sport?«

Evelyn beteuerte, daß sie dieses tue, denn wenn jemand so offensichtlich wollte, daß sie sich für etwas interessierte, dann tat sie es, auch wenn sie nicht das mindeste davon verstand.

»Wundervoll! Eine verwandte Seele!« Hugo Pratzel leerte das Glas, dann drehte er sich blitzschnell um zu seiner Frau. »Vorsicht, Eva! Tu langsam mit dem Trinken! Das ist ein wahres Teufelsgebräu!«

Eva hatte noch nicht ausgetrunken, aber als sein Warnruf ertönte, schüttete sie entschlossen den letzten Schluck in sich hinein und hielt Karl-Otto ihr Gläschen zum erneuten Füllen entgegen.

Ihre Augen glänzten. Karl-Otto erzählte gerade von dem herrlichen Gefühl, welches einen Mann beim Fallschirmspringen überkommt.

»Ich würde auch gerne mal fallschirmspringen«, sagte sie, »aber was würden meine sieben dazu sagen?«

»Habe ich Sie recht verstanden, gnädige Frau? Sieben Kinder?« Karl-Otto betrachtete sie mit bewundernden Blicken. »Und dann eine solche Figur! Wie ein junges Mädchen ...«

Die Säuseles keuchten an mit sorgenvollen Gesichtern.

»Die Kinder schlafen noch nicht!« japsten sie und blickten erst in die Runde, als wollten sie fragen, was wir mit dieser fürchterlichen Nachricht zu tun gedächten.

»Warum sollen sie denn schlafen?« fragte Evelyn, die von Kindererziehung rein gar nichts verstand.

»Warum sie schlafen sollen?« Sigmund Säusele schnappte nach Luft. »Weil wir nicht zu Hause sind! Weil wir nicht auf sie achten können und ihnen bringen, was sie brauchen!«

»Ach so, es sind Babys!« sagte Evelyn erleichtert. »Dann kann ich es verstehen. Sie schreien und strampeln sich los. Ich habe davon gelesen.«

»Es sind beileibe keine Babys mehr!« mischte sich Hugo Pratzel ein. »Es sind vier kleine Strolche zwischen drei und acht Jahren.«

»Aber warum müssen sie dann schlafen zu so früher Stunde? Jetzt können sie doch Radau machen, und keiner merkt es!«

»Eben, eben!« stöhnte Agathe Säusele. »Wir haben ihnen auf jeden Fall eure Telefonnummer gegeben!«

»Na, dann macht euch darauf gefaßt, daß euer Telefon heißläuft«, sagte Hugo Pratzel, »die lieben Kleinen telefonieren nämlich gerne.«

Er hatte kaum ausgesprochen, da klingelte es. Evelyn hielt mich zurück.

»Laß mich mal gehen, ja?«

Sie kehrte wieder mit wiegenden Hüften und fröhlichem Gesicht.

»Was ist?« fragte Sigmund Säusele angstvoll.

»Was soll sein? Es war ein Kind namens Prilli, und wenn ich es richtig verstanden habe, hatte es Bauchschmerzen und wollte einen Wickel haben.«

»Wer geht, du oder ich?« fragte Agathe ihren Mann.

»Niemand braucht zu gehen, sie will keinen Wickel mehr!«

»Was?« Sigmund schaute sie ungläubig an. »Sprechen Sie auch die Wahrheit?«

»Ja, wirklich und wahrhaftig. Ich habe ihr gesagt, ich schicke gleich einen Doktor mit einer großen, scharfen Schere, der wird den Bauch aufschneiden und sehen, was los ist.«

»Um Himmels willen! Was für eine Methode, dem Kind angst zu machen!«

»Wieso, was ist daran so fürchterlich? Das Bauchweh ist vergangen. Sie hat gesagt, sie hätte keins mehr und will jetzt schlafen.«

»Das kann mir aber gar nicht gefallen«, Sigmund trank unter Kopfschütteln sein Gläschen leer. Agathe tat es ihm nach, denn sie war bestürzt über eine psychologisch so verwerfliche Erziehungsmethode.

»Ich möchte Sie nicht verletzen«, sagte Sigmund zu Evelyn, »aber es ist mir nicht recht klar geworden, nach welcher Methode und welchem Buch sie erziehen ...«

»Wen soll ich bitte erziehen? Meinen Mann? Ach, da kennen Sie Karl-Otto schlecht, der tut doch, was er will! Wissen Sie, er ist einfach aus dem Alter raus.«

»Nein, nicht doch«, Sigmund kam ins Stottern, »ich meine nicht Ihren lieben Mann, ich dachte eigentlich mehr an Kinder ...«

»Mit Kindern kann ich nicht dienen. Aber da ist Raskolnikow. Oh, Pfarrer Säusele, wenn Sie ahnten, was ich mit ihm durchzumachen habe! Ein wahres Martyrium! Wissen Sie, er ist krankhaft eifersüchtig, richtig neurotisch, manchmal bin ich mit den Nerven völlig fertig. Den ganzen Tag läuft er hinter mir her! Ja, Sie können es ruhig glauben, und wenn ich ohne ihn weggehe, dann ist er nachher unausstehlich!«

»Das ist ja außerordentlich schwierig«, murmelte Sigmund. »Ich weiß nun natürlich nicht, welche Stellung dieser Raskolnikow in Ihrer Familie einnimmt, ich meine, in welcher Beziehung Sie zu ihm stehen ... In gewisser Weise maßt er sich ja Rechte an ...«

»Genau das sage ich auch immer. Karl-Otto, sage ich, wir können uns doch nicht von ihm kujonieren lassen. Jetzt ist er schon so alt ...«

»Ja, ist er schon älter oder ...«

»Im besten Alter würde ich meinen. Bei uns lebt er seit etwa fünf Jahren.«

Sigmund rang nach Worten, räusperte sich.

»Da sollte man schon etwas unternehmen, ich meine, einiges muß falsch gelaufen sein ...«

»Hah, das können Sie mir glauben, daß da was falsch gelaufen ist!«

»Und Ihr Mann, wie steht der zu ihm?«

»Der mag ihn eigentlich, aber manchmal wird's ihm natürlich auch zuviel. Gestern hat er ihn in den Finger gebissen!«

»Was? Das ist ja entsetzlich! Ihr Mann hat Raskolnikow ...?«

»Nein, um Himmels willen! Karl-Otto beißt doch keinen Dackel! Pfarrer Säusele, vielleicht gibt es ein Buch über Hundeerziehung. Ich wäre Ihnen außerordentlich dankbar ... Was haben sie denn, Pfarrer Säusele?«

»Sigmund, was ist denn?« Agathe betrachtete ihren Mann, als hätte sie ihn noch nie gesehen. »Ist dir nicht gut?«

Er stand da, beide Hände auf dem Bauch, quietschte und prustete aus seinem Bartgestrüpp heraus und schüttelte sich vor Lachen.

»Evelyn, was hat er denn?«

»Weiß ich doch nicht! Ich hab' ihm von Raskolnikow erzählt, und auf einmal brüllt er los. Du solltest jetzt endlich zu Tisch bitten, Amei!«

Da stand sie, faszinierte meine Gäste, erzählte ihnen Witze, und ich mußte die niederen Dienste tun und das heiße Öl aus der Küche holen. Manfred öffnete die Tür zum Eßzimmer, und ein dorart durchdringender Geruch schlug uns entgegen, daß mir vor Schreck fast der Öltopf entglitten wäre. Die Gäste hoben ihre Nasen aus den Gläschen und schnupperten besorgt.

»Habt ihr da drinnen eine Leiche?« fragte Eva.

Die »weiße lady« schien zu wirken, denn im allgemeinen machte Eva keine witzigen Bemerkungen.

Evelyn kicherte. »Nein, keine Leiche, das ist meine Knoblauchsoße, duftet sie nicht allerliebst?«

Sie wandte sich an Maria Fink. »Wissen Sie, Knoblauch ist sehr gesund. In den Karpaten gibt es Menschen, die werden hundert Jahre alt und warum? Weil sie Knoblauch essen!«

»Nein!« Maria Fink schüttelte entschieden den Kopf. »Nein, meine Liebe, weil sie Kefir trinken! Kennen Sie Kefir?«

»Nein, was ist denn das Fürchterliches?«

»Überhaupt nichts Fürchterliches, sondern der Stoffwechsel eines Pilzes ...«

Jetzt war Maria bei ihrem Lieblingsthema angelangt, aber ich stoppte ihren Redefluß und dirigierte sie zwischen Sigmund und Hugo an den Eßtisch. Diese beiden wußten bereits alles über Kefir, hatten auch selbst schon ein Pilzchen in ihrer Küche geheckt und schließlich elend umkommen lassen. Evelyn saß zwischen Hugo und Julius, und über Hugo hinweg Kefirneuigkeiten weiterzugeben, das war ein Ding der Unmöglichkeit. Karl-Otto thronte zwischen Eva und Agathe, und nach ihren strahlenden Gesichtern zu urteilen, hatte er ihnen bereits mehrfach gesagt, daß sie zauberhaft seien. Sie glauben es ihm auch noch, dachte ich ärgerlich, man sollte sie aufklären, diese Unschuldslämmer!

Ich saß zwischen Julius und Manfred. Julius war nach

der anderen Seite hin orientiert, nämlich zu Evelyn, und Manfred schenkte Wein ein und drehte das Feuer unter dem Rechaud kleiner; an mir und meinem Witz war niemandem gelegen. Sie hatten Hunger und steckten deshalb ihre Gabeln alle gleichzeitig in den Öltopf, der lief über, es gab eine Stichflamme, gellendes Geschrei und einen häßlichen Fleck auf der Tischdecke.

Evelyn reichte ihre Teufelssoße herum. Wir nahmen uns arglos, tunkten das Fleisch hinein, steckten es in den Mund, rissen ihn wieder auf, starrten glasig ins Leere, schnappten nach Luft und stürzten Wein hinunter, um Kühlung zu erlangen.

»Sie heißt Teufelssoße«, erklärte Evelyn, »ist sie scharf?«

Wir nickten mit Tränen in den Augen. »Dann bin ich froh, dann ist sie gelungen!«

Auch der Knoblauchsoße wurde kräftig zugesprochen.

»Wenn alle essen, macht es nichts«, sagte Hugo Pratzel, »denn dann stinken wir gemeinsam und gehen uns nicht auf die Nerven.«

Sie putzten das Fleisch von den Platten, daß mir angst und bange wurde. Ich wußte zwar, daß Pfarrer gern essen, aber daß sie so futtern würden, hatte ich nicht gedacht.

»Wo bleibt der Nachschub, verehrte Gastgeberin?«

Das fragte ausgerechnet Julius, der sonst immer sagte, es wäre nicht nötig gewesen und eine Butterbrezel hätte ihm auch gelangt.

»Hast du etwa nichts mehr?«

So direkt pflegte nur Hugo Pratzel zu sein.

»Natürlich hat sie«, rief Evelyn, »wir bitten um eine kleine Pause, komm, Amei!«

Ich trottete hinter ihr her der Küche zu und überlegte, wo Evelyn noch irgendwelches Fleisch entdeckt haben könne.

»Evelyn, ich sage dir, es ist nichts mehr da!«

»Nur keine Panik! Ich habe da eine Wurst im Eisschrank gesehen. Die schneiden wir in appetitliche Happen und tun so, als ob das die größte Delikatesse wäre. Sie sind sowieso schon satt. Sie essen nur noch zum Spaß. Sie merken es gar nicht.«

Sie merkten es aber doch, auch wenn Evelyn verkündete: »Jetzt kommt noch etwas für Feinschmecker.«

»Du hättest uns vorher sagen sollen, daß du knapp kalkuliert hast und daß wir sparen müssen!«

Das nun wieder kam aus Karl-Ottos Mund, uneingedenk des mickrigen Silvesterkarpfens!

Die anderen Gäste sprachen mir Trost zu, ich solle es mir nicht zu Herzen nehmen, so etwas könne jeder Gastgeberin passieren, es sei natürlich peinlich, aber andererseits solle man auch nicht so viel essen, das sei ungesund, und deshalb seien sie mir direkt dankbar... Solcherart verspotteten sie mich, und während sie dieses taten, aßen sie auch noch die Wurst auf.

»Wir möchten gerne ein bißchen spielen«, sagte Manfred, »habt ihr Lust dazu?«

»Nein!« antwortete Hugo Pratzel. »Aber wenn's unbedingt nötig und nicht gruppendynamisch ist, spiele ich mit!«

»Überhaupt nicht gruppendynamisch«, versicherte ich, »nur sportlich! Watteblasen und Tischboccia und so. Aber wir brauchen den Tisch dazu.«

»Dann räumen wir ab!« Maria erhob und setzte sich wieder. »Hoppla«, sprach sie dann, »mir ist die Teufelssoße in die Beine gefahren!«

»Mir geht es ähnlich«, meinte Agathe, und Eva stand gar nicht erst auf.

Evelyn, die Tüchtige, legte Sigmund ein Tablett in den Arm, Julius bekam den Brotkorb, Hugo einen Stapel Teller. »Schön vorsichtig in die Küche tragen!« kommandierte sie, und die drei Herren trabten gehorsam hinter ihr her, liefen geschäftig den Gang auf und ab und schienen ganz zufrieden.

»Julius verrichtet sonst keine Arbeit im Haushalt, jedenfalls nicht freiwillig!« bemerkte Maria.

»Sigmund tut alles, was anfällt!« sprach Agathe.

»Es macht mordsmäßig Spaß, ihnen zuzusehen!« sagte Eva.

Wir saßen gemütlich in der Diele.

»Agathe!« Sigmund eilte von der Küche her durch den Gang, seine Wangen waren rosig überhaucht, seine Bartspitzen bebten. »Evelyn liebt Gitarrenmusik! Ich lauf' schnell nach Hause, schau' nach den Kindern und bringe meine Gitarre mit!«

»Nein!«

Wir sprachen es vierstimmig, Agathe, Eva, Maria und ich. Seine Bartspitzen senkten sich, das Rot auf seinen Wangen erlosch.

»Warum denn nicht? Wenn sie es doch hören will! Himmel noch mal, jetzt bin ich aber frustriert!«

In der Küche klirrte es und schepperte. Ich blieb sitzen. Laß fahren dahin, dachte ich, 's ist eh kaputt, und ich sehe es noch früh genug. Die übrigen Arbeiter kehrten aus der Küche zurück.

»Vier Teller brauchst du schon nicht mehr zu spülen«, tröstete Evelyn. »Pfarrer Pratzel hat mir erklärt, wann ein Elfmeter eintritt, und da ist es halt passiert, aber Scherben bringen Glück, und du solltest mal sehen, was Raskolnikow im Lauf eines Tages kaputt macht.«

Beim Klang des Namens »Raskolnikow« hob Sigmund Säusele das Haupt aus finsterem Brüten.

»Wie kann man einen Dackel Raskolnikow nennen? Er schaute Evelyn vorwurfsvoll an. »Dies ist ein Menschenname! Kein Wunder, daß sich der Dackel dagegen auflehnt und neurotisch wird!«

»Nein, Pfarrer Säusele, das glaube ich nicht, schauen Sie, er kennt sich doch nicht aus. Er weiß doch nicht, daß dieser Raskolnikow ein russischer Pfarrer war, der den Zaren ermorden wollte ...«

»Evelyn, ich bitte dich!« Karl-Otto seufzte gequält. »Du schmeißt die Russen alle durcheinander. Jetzt gerade meinst du Rasputin, und er war kein Pfarrer und hat den Zaren nicht ermordet, sondern ...«

»Sei doch nicht immer so kleinlich, Karl-Otto!«

»Als Büblein klein an der Mutterbrust ...«, sang Julius Fink; er saß am Klavier und begleitete sich selbst.

Evelyn drehte verzückt die Augen an die Decke. »Was für ein begnadeter Tenor!«

»Baß!« verbesserte Maria. »Es ist eine Baßarie, meine Liebe!«

»Raskolnikow kommt bei Dostojewski vor«, belehrte Manfred.

»Eben, das sage ich ja, in Rußland! Und wir haben ihn so genannt, weil der Freund, der ihn uns geschenkt hat, einen Samowar hat ...«

»Ich hab' noch immer keinen Durchblick«, beharrte Sigmund, »wieso nennen Sie Ihren Dackel Raskolnikow, wenn Ihr Freund einen Samowar hat?«

»Aber das ist doch sonnenklar, Pfarrer Säusele, beides ist russisch, oder wissen Sie nicht, was ein Samowar ist?«

»Natürlich weiß er das!« Agathes Stimme klang leicht gereizt. »Er wird nur immer etwas streitsüchtig, wenn er frustriert ist. Komm, Sigmund, es ist doch völlig egal, wie dieser Dackel heißt!«

Karl-Otto setzte sich neben meinem Sessel auf den Boden und schaute schmachtend zu mir auf.

»Mir brauchst du nichts zu sagen, Karl-Otto, ich kenn' dich schon!«

»Ja, leider«, seufzte er, »es hätte jetzt so wunderbar gepaßt. Aber eines muß ich dir sagen, diese Pfarrer sind eine echte Überraschung für mich. Wirklich, Pfarrer sind auch Menschen, und gar keine schlechten!«

»Jetzt kommt endlich zum Spielen!«

Manfred hatte sich das Spielen in den Kopf gesetzt. Und also wollte er es auch durchführen. Er schob und drückte die Spielunwilligen ins Eßzimmer, und als sie endlich alle um den Tisch saßen, legte er einen Wattebausch in die Mitte.

»Ihr müßt die Watte von euch wegpusten, denn bei wem sie vom Tisch fällt, der muß ein Pfand zahlen.«

»Ein blödes Spiel!« sagte Karl-Otto.

»Und unhygienisch dazu!« meine Evelyn.

»Ich mag keine Spiele, bei denen man unter Erfolgszwang steht!« So sprach Agathe, und Sigmund nickte dazu.

»Und ich hasse psychologische Spiele!« Das war natürlich Hugo. Dann bliesen wir Watte. Es ging so turbulent dabei zu, daß Agathe vom Stuhl fiel. Maria mußte sich einen Augenblick zurücklehnen und verschnaufen, weil ihr alles wehtat vor Lachen. Karl-Otto bat Evelyn, nicht so zu spucken beim Blasen. Und pustete Julius mit seiner trainierten Lunge, dann flog die Watte hoch über alle Köpfe hinweg und war nicht mehr zu erreichen. Wir spielten auch noch ›Kommando Bimberle‹ und ›Meine Oma hat ein Räppelchen‹ und das ›Häschenspiel‹, welches aber niemand richtig kannte.

»Bitte, bitte, reißt euch zusammen! Seid leise auf der Treppe, denkt an Frau Prälat!« So beschwor sie Manfred, als sie endlich aufbruchbereit im Flur standen.

»Keine Sorge, wir ziehen die Schuhe aus!« trompetete Hugo Pratzel, und er tat es sogleich.

Julius trug Schnürstiefel, aber er ließ sich nicht davon abhalten, auch diese auszuziehen. Ungehört verhallte Marias

Klage: »Du wirst dir den Tod holen, Julius!« Er setzte sich auf die oberste Treppenstufe und zog die Schnürsenkel aus den Schuhen. »Oh, tu doch, was du willst!« sagte Maria.

Da hub er einen Gesang an: ›Mich juckt's in meinen Wanderschuhn . . .‹ Im Haus sang er noch verhalten, aber als Manfred und ich ihnen von der Terrasse aus nachsahen, da ließ er seinen Baß voll erklingen, alle anderen stimmten ein, und so wanderten sie strümpfig die Stäffele hinab. Evelyn und Karl-Otto zogen mit ihnen. Sie hatten das Auto vor dem Haus stehen lassen, da Evelyn befürchtete, Karl-Otto könnte wieder auf der Kreuzung anhalten und die Beleuchtung kontrollieren. Sie wollten ihre neugewonnenen Pfarrersfreunde sicher nach Hause geleiten. Zwar stand das Pfarrhaus in einer völlig anderen Gegend, aber sie beteuerten, es läge auf ihrem Weg.

»Ich gehöre gerne zu ihnen, Manfred, sie sind wirklich nett!«

»Ja«, er schloß die Terrassentür hinter uns, »sogar wenn sie etwas getrunken haben.«

Am nächsten Morgen mußten wir früh aufstehen. Eine Besprechung sämtlicher Mitarbeiter der Nikodemusgemeinde stand auf dem Plan.

»Es wird mindestens den ganzen Vormittag dauern«, sagte Manfred, »wir haben viel zu besprechen, und du weißt ja, wie gerne sie diskutieren.«

Nach einer Stunde stand er wieder bei mir in der Küche.

»Was ist jetzt los, Manfred?«

»Ich versteh's auch nicht, Malchen! Erst saß das ganze Konferenzzimmer voll, sämtliche Mitarbeiter waren versammelt, aber schließlich blieben nur noch wir vier übrig.«

»Ja, haben sie denn nicht diskutiert?«

»Nein, überhaupt nicht! Sie haben einfach allem zugestimmt, und dann sind sie nacheinander verschwunden. Komisch!«

Später riefen Maria an und Eva und Agathe. Alle wollten sie für den schönen Abend danken, und alle wollten sie dasselbe wissen, nämlich: »Wieviel Zehen waren in deiner Knoblauchsoße?«

»Das weiß ich nicht, Evelyn hat sie gemacht.«

»Ach so«, sprachen sie, »dann ist es kein Wunder.«

Am Nachmittag traf ich Frau Prälat auf der Treppe.

»Gestern ging es ja lustig zu bei Ihnen«, bemerkte sie spitz, »hatten Sie Ihre Konfirmanden eingeladen?«

Ich neigte meinen Mund ihrem Ohr entgegen, um das Mißverständnis aufzuklären, aber da tat sie einen Satz zu ihrer Wohnungstür, steckte den Kopf noch durch den Spalt und rief: »Es ist ja schön, wenn man es mit der Jugend versteht. Leben Sie wohl, Frau Müller!«

Bums, schlug die Tür hinter ihr zu.

Die Lösung des Jugendproblems

In Weiden hatte ich bis über beide Ohren in der Gemeindearbeit gesteckt. Die weibliche Jugend des Dorfes versammelte sich in meinem Mädchenkreis, die Verheirateten kamen im Winter zum Frauenkreis, und im letzten Jahr meines Wirkens dirigierte ich sogar den Kirchenchor. Ich hatte oft und beweglich Klage geführt über all die vielen Lasten, die auf meinen schwachen Schultern ruhten, und im stillen selbstzufrieden festgestellt, ohne dich läuft nichts, du bist eine wichtige Persönlichkeit.

Nun saß ich in der Stadt, lebte geruhsam im Kreis der Familie, und in der Gemeinde lief alles ohne mich. Das nun wiederum wollte mir auch nicht gefallen.

Zwar hatte mir Frau Windekusch, die Leiterin des Frauenkreises, angeboten, ihren Kreis in meine sicher viel geschickteren Hände zu legen, aber da sie diese Arbeit zum allgemeinen Wohlgefallen betrieb, sah ich mich nicht genötigt, gerade einen Frauenkreis auf mich zu laden. Ich sagte ihr dieses und fügte noch hinzu, daß ich der Meinung sei, sie könne es viel besser als ich, worauf sie heftig widersprach, dann aber zufrieden ihres Weges zog.

»Wenn man mich irgendwo brauchen würde, dann täte ich gerne mitarbeiten«, so äußerte ich mich Manfred gegenüber, »aber man braucht mich ja nicht!«

»Wie wär's mit einem Mädchenkreis?«

»Nein, auf keinen Fall! So schön wie in Weiden kann's nie mehr werden, außerdem bin ich zu alt dazu.«

Das mit dem Alter hatte ich eigentlich nicht ernst gemeint, sondern nur gesagt, um ihn zum Widerspruch zu reizen. Er aber sagte nichts dergleichen, sondern gab dem Gespräch eine unerfreuliche Wendung, indem er äußerte, er verstünde nicht, warum ich jetzt unbedingt mitarbeiten wollte, wo ich doch früher so herzzerreißend gejammert hätte, daß ich überfordert wäre. Ich solle froh und dankbar sein, meinen Interessen nachgehen und der Familie ein schönes Leben bereiten. Er an meiner Stelle würde Gott danken, wenn er nicht so viel um die Ohren hätte.

»Ja, ja, ja!« rief ich und verschwand aus seinem Zimmer. Was sollte ich auch sagen? Daß es ein Unterschied sei, ob man zuviel um die Ohren habe oder gar nichts, und daß ich gerne meine Finger irgendwo mit drin hätte und außerdem fände, es sei ein rechter Jammer, wenn meine vielfachen Gaben bloß so in der Familie verkümmerten? Nein, nie würde ich aussprechen, was zu denken mir schon peinlich genug war!

Also begab ich mich in mein Wirkungsfeld, riß zornig die Gardinen von den Fenstern, stopfte sie in die Waschmaschine, wischte den Straßenbalkon auf, um Platz für neuen Staub zu schaffen, und ging mit den Buben spazieren.

Die beiden hatten auch Schwierigkeiten und fanden sich nicht zurecht in der neuen Umgebung. Es gab keinen Garten hier, nur einen kleinen Hof mit einer Teppichstange darin, an der man nicht turnen durfte, und einem Mieter im Nachbarhaus, der lärmende Kinder nicht ausstehen konnte. Sobald die beiden im Hof erschienen, um Ball zu spielen, zu schreien und zu toben, riß er das Fenster auf, beschimpfte sie und drohte, er werde die Polizei holen, falls er noch einen einzigen Mucks höre.

Nun war die Polizei für Andreas und Mathias noch eine unbekannte Größe. Da dieser Wüterich aber mit ihr drohte, vermuteten sie, daß es sich hier um etwas ganz Fürchterliches handeln müsse, und weil sie ohne Mucks nicht spielen konnten, erschienen sie wieder oben bei mir in der Wohnung, wo ich sie seufzend empfing.

»Warum kommt ihr denn schon wieder? Es ist doch so schönes Wetter!«

»Mir wäret au lieber drauße, Mulchen, aber 's geht net, weil sonscht d' Polizei kommt!« erklärte Andreas.

»Ja, und wenn du willsch, daß die uns einsperret, dann gehet mir halt wieder nunter!« sagte Mathias.

»Manfred, red doch mal mit dem Mann! Schließlich gehört er zu deiner Gemeinde. Er darf den Kindern keine solche Angst machen!«

Manfred ging und kam nach kurzer Zeit wieder.

»Er hat mich nicht mal in die Wohnung gelassen«, erzählte er mir, »die Türkette war eingehängt, wir haben nur durch den Spalt miteinander verhandelt, und sein alter, dicker Dackel hat dazu gebellt. Seit ich die Menschen kenne, liebe ich die Tiere, so hat er gesagt, ein armer, verbitterter, alter Mann. Schrecklich!«

»Kommt, gehen wir halt spazieren«, sagte ich zu Andreas

und Mathias. Wir stiegen erst viele Stäffele hinauf, gingen an Gärten vorbei und kamen schließlich in den Wald.

»Huch, isch des langweilig«, stöhnte Mathias, »Mulchen, erzähl was!«

Also erzählte ich alle Märchen, die ich kannte, und erfand neue dazu.

»Erzähl noch mal des von dem Bär, des was du uns geschtern erzählt hasch!«

Die Schwierigkeit bestand darin, daß sie ein besseres Gedächtnis hatten als ich und die Märchen wortgetreu hören wollten.

»Nei, Mulchen, so war des net! Geschtern hasch du's anders erzählt. Also, da isch dr Bär komme ...«

»Ja, da kam er und sagte ...«

»Nei, falsch! Erscht hat 'r doch brummt, daß se richtig Angscht kriegt habet und dann ...«

»Ja, dann hat er gesagt ...«

»Nei, Mulchen, dann hat 'r sei Maul aufgrisse ...«

Es waren anstrengende Spaziergänge.

Zu Hause in ihrem Zimmer spielten sie die Märchen nach. Ich sank aufseufzend an meinen Schreibtisch und gedachte, einen Brief zu schreiben.

»Mulchen, du musch komme!«

Da standen sie schon wieder, alle beide.

»Himmel, jetzt laßt mich mal in Frieden!«

»Mir brauchet en Bär! Niemand kann so gut brülle wie du. Und wenn du net kommsch, dann könnet mir net weiterschpiele und dann schtreitet mir!«

Wir spielten. Ich brüllte, und im gleichen Augenblick schoß mir die Idee durch den Kopf. Ich warf die Decke weg, in der ich als Bär gesteckt hatte, und lief in Manfreds Zimmer.

»Jetzt weiß ich, was ich machen kann!«

»Hoffentlich ein gutes Abendessen, und zwar bald, denn in einer halben Stunde muß ich weg!«

»Nein, in der Gemeinde, Manfred, was hältst du von einem Laienspielkreis?«

»Wenig! Malchen, ich hab' Hunger, ich muß weg, laß mich mit deinen Ideen in Frieden!«

Ich ging den ganzen Abend wie auf Wolken. Theaterspielen! Proben! Festliche Aufführungen! Begeisterter Applaus! Ich als Hauptdarstellerin oder Regisseuse – dies war mein

Traum seit Kindertagen! Nun konnte ich ihn verwirklichen. Und wenn ich es schlau anfing, dann brauchte ich nicht einmal Farbe zu bekennen, mußte nicht sagen: »Leute, ich will Theater spielen! Ich will Regie führen, weil mir das so großen Spaß macht!« Nein, ich konnte die ganze Sache als gute Tat ausgeben und etwa folgendermaßen sprechen: »Leute, man sollte etwas tun für die Jugend in der Gemeinde! Die jungen Menschen müssen eine Aufgabe bekommen und den Eindruck gewinnen, daß sie wichtig sind! Es taugt nicht, daß sie auf der Straße und in Diskotheken herumlungern, nein, Theater sollen sie spielen, und zwar unter meiner kundigen Hand! Ich opfere mich auf, ich gründe einen Laienspielkreis!«

Als Gutenachtgeschichte erwählte ich an diesem Abend Shakespeares ›Macbeth‹, denn die Rolle der »Lady« hatte ich schon einmal in der Schule mit großem Heiterkeitserfolg gespielt. Meine Klassenkameradinnen hatten geschrien vor Vergnügen, als ich eine Wahnsinnige mimte, in stummer Verzweiflung und mit rollenden Augen die Hände wusch und rieb und rieb. Es schmerzte mich damals tief, daß sie meine tragischen Versuche nicht ernst nehmen und die Größe meiner Schauspielkunst nicht erkennen wollten, aber ich tröstete mich mit dem Gedanken, daß sie alle Banausen seien, kleine Seelen, die dermal einst, wenn ich zu Weltruhm gelangt, weinend zu meinen Füßen liegen und ihren Irrtum beklagen würden. Nicht so mein eigen Fleisch und Blut.

Andreas und Mathias folgten mit aufgerissenen Augen meiner wahrhaftigen Darstellung und lauschten ergriffen.

»Mensch, Mulchen, isch des a ehrliche Gschicht? Isch die wirklich passiert? Und die Hexe au? Und die Ledi, wie die sich d' Händ wascht? Mein lieber Scholli, des isch a saumäßig schöne Gschicht.«

Tiefbewegt schliefen sie ein.

Ich saß am Schreibtisch und baute Luftschlösser, eines schöner als das andere, da hörte ich tappsende Schritte auf dem Flur. Die Tür ging auf, und beide Knaben drückten sich zu mir ins Zimmer. Andreas hielt seinen schlotternden kleinen Bruder an der Hand.

»Du, der Mathias hat en furchtbare Traum ghabt!«

»Ja!« schrie Mathias. »Furchtbar! Furchtbar!«

Ich zog ihn auf meinen Schoß. »Komm, erzähl mir, was hast du denn geträumt?«

»Hu, von de Hexe und dr Ledi, und wie du dir d' Händ gwasche hasch, Mulchen, und mir müsset's au mache, immer d' Händ wasche, furchtbar!«

Ich Rabenmutter! Ich dumme Person! Da hatte ich diesen Kleinen Angst gemacht, nur weil mir das Theaterspielen solchen Spaß machte und weil sie ein so dankbares Publikum waren!

»Heideblitz, jetzt fällt mir's ein, ich hab' euch die Geschichte ja ganz falsch erzählt, bin ich blöd!«

»Ehrlich, Mulchen? War's wirklich net so? Erzähl's!«

Und nun erzählte ich ›Macbeth‹ als Gutenachtgeschichte, ohne Blut und Leichen, mit freundlichen Menschen, die einander Gutes taten. Die Hexen verwandelten sich in Feen und erfüllten Wünsche. Die blutrünstige Lady entpuppte sich als liebes Mütterlein, tollte mit den Kindern durch die Burg, entdeckte eine Schatzkammer und kochte ihnen schließlich Linsen und Spätzle ...

»Des mag i au!« rief Mathias und hörte auf zu zittern. »Aber, Mulchen, warum hat se sich d' Händ gwasche?«

»Weil sie doch mit den Kindern die Burg angemalt hat, damit alles schön aussieht, wenn der Vater heimkommt. Was meinst du, wie schmutzig ihre Hände waren und wie sie reiben mußten, bis die Farbe weg war!«

»Ja, des schtimmt!« sagte Andreas. »Weisch nimmer, Mathias, wie mir die Farb net wegkriegt habet von dere Kriegsbemalung, und dei Gsicht war ganz rot und hitzig vom Reibe?«

Mathias nickte. Ich erzählte und erzählte. Die Abenteuer wurden immer langweiliger, die Kinder immer schläfriger. Schließlich fielen ihnen die Augen zu, und ich trug sie hinüber ins Bett.

Tief in der Nacht kam Manfred von der Sitzung nach Hause. Er war müde und ärgerlich und begann auch gleich zu schimpfen. Julius und Hugo seien sich wieder einmal in die Haare geraten. Er, Manfred, in seiner grundgütigen Art habe vermitteln wollen, aber dieser Sigmund habe nichts besseres zu tun gewußt, als ihm in den Rücken zu fallen und die beiden Kampfhähne zu bestärken, sie sollten ihre Aggressionen kommen lassen, denn nur so sei eine Konfliktbewältigung möglich. Hugo habe sich daraufhin von Julius abgewandt und seinen geballten Zorn über Sigmund und seine verhaßte Psychologie entladen, und auch der Kirchengemeinderat habe sich in zwei Fronten gespalten und mit in den wortreichen Kampf eingegriffen.

Ich ließ ihn schimpfen, hörte geduldig und verständnisvoll zu und streichelte ihm sanft die Stirn.

Am nächsten Morgen erwachte er heiter. Nach einem guten Frühstück ging ich zielstrebig ans Werk und überzeugte ihn von der Notwendigkeit eines Laienspielkreises. Als er schließlich den Eindruck gewonnen hatte, daß ein solcher Kreis die Lösung des Jugendproblems in der Nikodemusgemeinde bedeuten, ihm eine Menge Arbeit ersparen und mir zu einiger Befriedigung verhelfen würde, verließ ich hochbeglückt das Zimmer.

Ich bestellte eine Probesendung Laienspiele und beschränkte mich dabei weise auf Komödien, denn es war mir inzwischen klar geworden, daß mich beim Theaterspiel nur meine Kinder ernst nahmen.

Manfred unterrichtete die Kollegen von meinem Vorhaben. Sie stimmten freundlich abwartend zu. Julius Fink meinte, es würde sich ja doch kein Interessent finden. Hugo Pratzel hätte die Gründung einer sportlichen Damenriege lieber gesehen, und Sigmund Säusele hatte das Rollenspiel schon immer für einen wichtigen Weg zur Selbstfindung gehalten.

Also wurde per Anschlag an der Gemeindehaustür und durch Bekanntmachung von der Kanzel kundgetan, daß ein Laienspielkreis entstehen solle und spielfreudige Gemeindeglieder herzlich eingeladen seien, sich am Mittwochabend zu einer ersten Besprechung im Gemeindehaus einzufinden.

Meine Hochstimmung schwand dahin, je näher dieser Mittwochabend rückte. Julius Fink hatte recht, es würde sich kein Interessent finden und wenn, dann würde der nicht Theater spielen können oder mit meiner Stückauswahl unzufrieden sein oder alles besser wissen wollen ... Auf was hatte ich mich da bloß eingelassen? Es konnte nur mit einem gräßlichen Mißerfolg enden.

Vor Manfred mußte ich diese meine Befürchtungen auch noch verbergen und in meiner Betrübnis die freudig erregte Schauspieldirektorin mimen. Ein Wort der Klage vor seinen Ohren, und er würde den Finger erheben und sprechen: »Hab' ich dir's nicht gesagt! Es ist deine eigene Schuld! Du hast es ja so gewollt!«

Nein, den Triumph gönnte ich ihm nicht. Schweigend

würde ich tragen, was mir auferlegt. Nur Andreas und Mathias bekamen meine Ängste zu spüren.

»Seid doch nicht so laut«, bat ich mit schwacher Stimme und gerungenen Händen, »ich kann's nicht ertragen! Ich hab' solche Angst!«

»Vor wem hasch du Angscht? War der Vati wüscht zu dir? Erzähl, Mulchen!«

Also klagte ich ihnen mein Leid, erzählte vom Laienspielkreis und daß niemand kommen und nichts klappen und überhaupt alles schiefgehen würde.

»Sollet mir mitgehe?« fragte Mathias hoffnungsfroh. »Dann isch doch jemand da, wenn niemand da isch, und wenn se di ärgern, dann verhauet mir se. Und i kann au Theater schpiele. Soll i mal vormache, wie dr Uschi ihr Oma huschtet und sagt: I mach's nemme lang, magsch mer's glaube oder net?«

»Und i kann belle wie em Bruno sei Bella!« sagte Andreas.

»Also, mir gehet mit!«

»Kommt nicht in Frage!«

Sie merkten beide, daß mir ihr Vorschlag gefiel. Ein Abendspaziergang mit den Söhnen hinunter zur Kirche, ein kurzer Blick ins Gemeindehaus, rein zufällig und ohne jede Peinlichkeit, und ein Rückweg mit zwei fühlenden Seelen, mit Worten des Trostes und der Liebe.

So wanderten wir am Mittwochabend die Stäffele hinunter. Andreas und Mathias, dem Bett entronnen, sprangen vergnügt voraus. Ich schlich hinterher, den Kopf gesenkt, mit schwerem Herzen.

Schließlich standen wir vor dem Gemeindehaus, gingen hinein und fanden niemand.

»Scheiße!« sagte Andreas.

Ich wehrte ihm nicht, lag ich doch begraben unter den Trümmern meiner Luftschlösser.

»Gehet mir, Mulchen«, Mathias zog mich dem Ausgang zu, »wenn d' Leut blöd sin, dann kann mr halt nix mache.«

Ich ließ mich von ihnen ziehen, hinaus auf den Kirchplatz, über die Straße, bis meine beiden Zugpferdchen anhielten und nervös auf der Stelle traten. Wir standen vor der Eisdiele gegenüber der Kirche.

»So, da sin mir!« sagte Mathias und stieß mich sanft in die Seite, damit ich aus meiner Erstarrung erwachen und erkennen möge, welch großartige Gelegenheit sich hier bot, kleine Buben glücklich zu machen.

»Wollt ihr ein Eis?« fragte ich denn auch, und sie antworteten in seltener Einmütigkeit: »Ja, des wollet mir!«

Ich schaute noch einmal zurück und sah ein paar junge Leute am Kirchturm lehnen.

»Seht sie euch an!« sagte ich zu meinen Söhnen. »Da lungern sie herum und langweilen sich! Dabei könnten sie so schön mit mir Theater spielen!«

»Eisesse isch au schö!« meinte Andreas und öffnete die Tür zur Eisdiele.

Da saßen wir nun. Die beiden schaufelten beglückt ihr Eis in sich hinein, ich hatte keinen Appetit.

Die Eisdiele füllte sich. Herein kamen die jungen Leute vom Kirchplatz. Sie setzten sich an den Nebentisch, bestellten Eis und schimpften.

»Typisch Kirche! Saftladen! Versprechen und nicht halten!«

»Typisch Jugend! Herumlungern, aber nirgends mitmachen!«

»Ich hätte so gerne Theater gespielt!«

»Ich hätte so gerne eine Theatergruppe gehabt!«

Wir sprachen das Wort Theater etwa zur selben Zeit, dann saßen wir schweigend, um diese Tatsache samt ihren Folgerungen zu überdenken. Andreas fand das rettende Wort.

»Mensch, Mulchen«, zischte er so eindringlich in mein Ohr hinein, daß man es bis zum hintersten Winkel der Eisdiele hören konnte, »Mensch, Mulchen, da sin se ja, die Blödmänner!«

Und Mathias, der jetzt auch im Bild war, zeigte mit dem Löffel auf die jungen Leute am Nebentisch.

»Da hocket se, deine Leierspieler, die von dene mir dacht habet, se wäret z'blöd zum komme!«

Sie drehten sich langsam um, und wir schauten uns an.

»Na, so was!« sprach einer. Dann schoben wir die Tische zusammen und begannen, Mißverständnisse aufzuklären.

»Wir standen schon ewig vor der Kirche«, erklärte ein junges Mädchen.

»Aber dann hätten Sie mich doch sehen müssen!«

»Haben wir auch. Aber wie Sie da mit den Kindern anlatschten, also, das sah nach allem aus, bloß nicht nach Künstler oder Schauspieler oder so. Wir dachten, Sie seien die Frau vom Mesner ...«

Ich schluckte. »Wenn Sie ins Gemeindehaus gegangen wären, dann hätten wir uns getroffen.«

»Das schon, aber wir wollten erst mal sehen, wer da kommt. Drinnen wären wir in der Falle gesessen ...«

Einträchtig aßen wir unsere Eisbecher leer und gingen dann hinüber ins Gemeindehaus. Drei Mädchen, vier junge Männer, Andreas, Mathias und ich.

Aus der Riesenkollektion von lustigen Laienspielen hatte ich zwei Humoresken von Anton Tschechow ausgewählt, nämlich: ›Das Kunstwerk‹ und ›Der Bär‹.

Im ›Kunstwerk‹ rankte sich die Handlung um einen Bronzeleuchter, dessen Kerzen von nackten weiblichen Gestalten getragen werden. Ein dankbarer Patient verehrt dieses Kunstwerk seinem Arzt. Der betrachtet es erst mit Vergnügen, gerät dann aber in größte Verlegenheit, denn diesen Leuchter kann er nirgends aufstellen, ohne in den Verdacht zu geraten, ein unanständiger Mensch zu sein. Ein Rechtsanwalt erscheint, bekommt begeisterte Stielaugen und lobt »das reizende Ding«, worauf der Arzt es ihm freudig in den Arm drückt. Er gibt es weiter an einen Schauspieler, der an seinen Friseur, und schließlich landet »das Kunstwerk« wieder auf dem Schreibtisch des Arztes.

Das ist ein feines Stückchen! hatte ich beim Lesen gedacht, das dürfte manches Gemeindeglied zum Nachdenken anregen! Und also werden wir neben dem Spaß auch noch einen guten Zweck verfolgen.

Auch meine neue Truppe las ›Das Kunstwerk‹ mit sichtlichem Vergnügen. Dann bat ich die vier Herren, sich eine Rolle nach ihrem Wohlgefallen auszusuchen. Sie stürzten sich allesamt auf den Arzt, denn neben dem Leuchter stand er am häufigsten auf der Bühne.

»Wenn ich hätte wählen dürfen«, sagte ich so vor mich hin, »dann hätte ich mich nur für den Rechtsanwalt entschieden. Das ist eine interessante Rolle, die gibt was her! Da kann man was hineinlegen. Für den Schauspieler braucht man schon etwas Routine. Er ist schwierig darzustellen in seiner schillernden Persönlichkeit. Der Friseur hat zwar nicht viel zu sagen, aber was er sagt, ist ungeheuer wichtig für das Spiel. Ich habe den Eindruck, Tschechow hat ihn mit besonderer Liebe gezeichnet ...«

So etwa sprach ich, und daraufhin gab es keine Schwierigkeiten mehr mit der Besetzung.

Leider bot das Stück nur eine weibliche Rolle, und die war so unerfreulich und klein, daß sich keine meiner drei Damen dafür erwärmen konnte.

»Sie kommt nur dreimal dran«, klagte eine, »und dann benimmt sie sich auch so blöd!«

Anders verhielt es sich mit dem zweiten Stück, ›Der Bär‹. Hier lag die Hauptrolle in weiblichen Händen. Jelena Popowa, eine junge Witwe mit Grübchen in den Wangen, mit Charme und Feuer, gerät in Händel mit einem bärbeißigen Gutsbesitzer, entbrennt dabei in Liebe und sinkt schließlich überwältigt in seine Arme. Eine ansprechende Rolle, ein schönes Stück.

Jede der drei Damen meinte, die Rolle der Wittib sei ihr auf den Leib geschrieben. Ich geriet in größte Gewissenskonflikte und wählte schließlich die hübscheste von den dreien, denn, so sagte ich mir, wenn sie schlecht spielt, wird ihre Schönheit die Herzen rühren.

Andreas und Mathias maulten, es wäre ihnen langweilig. Beim Lesen der Spiele hatten sie einigermaßen interessiert zugehört. Lustig fanden sie offenbar nichts, und wenn wir lachten, schüttelten sie nur peinlich berührt den Kopf.

»Schaut euch ein bißchen um«, riet ich, »wir sind gleich fertig, nur noch ein paar Minuten.«

»Was gibt's denn hier scho zum sehe?« murrte Mathias, aber dann zogen sie doch ab und begaben sich, wie ich später hören sollte, in die unteren Gemeinderäume. Dort störten sie den Aussprachekreis in stiller Betrachtung, indem nämlich Mathias die Tür aufriß und fragte, ob der Schornsteinfeger schon dagewesen sei? Der Aussprachekreis verneinte und wunderte sich lange Zeit darüber, wieso der Schornsteinfeger so spät noch hier in den Gemeinderäumen erwartet würde.

Andreas und Mathias aber gingen weiter ins Mesnerstübchen, sahen sich um und bemerkten mit Interesse die vielen Knöpfe auf der Schalttafel. Sie knipsten nur einmal und erwischten mit sicherem Instinkt den Hauptschalter. Also versank das Gemeindehaus in Dunkel. Der Aussprachekreis vermeinte nun zu wissen, warum der Schornsteinfeger benötigt wurde, und begab sich vorsichtig nach draußen, um die Lage zu erkunden.

Auch wir Laienspieler tappten durch den Saal, suchten lange nach der Tür, fanden sie schließlich und stießen draußen im Foyer mit dem Aussprachekreis zusammen. Jede Gruppe glaubte, in der anderen eine Horde von Unruhestiftern und Einbrechern vor sich zu haben, so daß es zu herben Worten und viel Mißverständnissen kam, bis endlich Mesner Lasewatsch auftauchte, eine Kerze in der Hand und Groll im Herzen.

Er stürzte ins Mesnerzimmer, fiel dabei fast über die beiden kleinen Missetäter, die, ihrer Untat bewußt, ins Freie flüchten wollten, und drückte den Hauptschalter. Licht flammte auf. Laienspiel- und Aussprachekreis versicherten sich gegenseitig ihre Unschuld und schlichen beschämt auseinander.

Andreas und Mathias hatten sich derweil in der Garderobe verkrochen. Aber der ergrimmte Lasewatsch entdeckte ihre Haarschöpfe über dem Schirmständer, stürzte sich auf sie, packte zu und zerrte sie ans Licht. Er warf einen Blick auf Mathias, einen zweiten auf Andreas und einen dritten auf mich. Dann gab er den beiden einen Stoß in meine Richtung. »Pfarrerskinder!« sprach er im Ton tiefster Verachtung.

Schamrot fing ich meine Sprößlinge auf und zog mich zurück, gedeckt von den Laienspielern. Mesner Lasewatsch schloß die Gemeindehaustür hinter uns zu und murmelte dabei viele unfreundliche Worte.

Wir fanden uns draußen, schneller als wir gedacht, und so endete der erste Abend des Laienspielkreises dort, wo er begonnen, nämlich in der Eisdiele.

»Bin ich denn blöd?« Katja kletterte mit zornrotem Gesicht aus dem Souffleurkasten. »Wozu soll ich soufflieren, wenn er sich überhaupt nicht nach mir richtet?« Sie pflanzte sich vor Ferdinand auf, der lässig am Klavier lehnte. »Wenn du schon nichts gelernt hast, dann sprich wenigstens nach, was ich dir vorsage!«

Ferdinand war ein begnadeter Schauspieler, aber er richtete sich nach rein gar nichts, nicht nach dem Text, nicht nach seinen Mitspielern und schon gar nicht nach mir.

Mit herablassendem Lächeln nahm er meine Regieanweisungen entgegen und machte dann doch, was er für richtig und bühnenwirksam hielt. Tat ich irgendeine Meinung kund, dann konnte ich sicher sein, daß im nächsten Augenblick Ferdinand die seine dagegensetzte.

»Ich fände es gut«, erklärte ich, »wenn der Leuchter in der Mitte des Tisches steht. Hinter dem Tisch sitzt der Doktor, neben ihm seine Frau und ringt die Hände. Macht ihr das mal, Lore und Hansi?«

»Nein«, ließ sich Ferdinand vernehmen, »das ist nicht! Die Frau muß sitzen und der Mann stehen, so gehört es sich. Lore setz dich! Hansi, du mußt über ihre Schulter schauen. Das gibt ein gutes Bild.«

»Also, Lore und Hansi, dann sitzt keiner von euch, sondern ihr steht beide hinter dem Tisch und starrt ganz entsetzt auf den Leuchter...«

»Nein«, beharrte Ferdinand, »das ist nicht! Einer muß vor dem Tisch stehen, sonst wirkt es zu langweilig...«

So mußte ich bei den Proben um jede Kleinigkeit kämpfen und kehrte verunsichert und verärgert nach Hause zurück. Ferdinand und sein ewiges »Nein, das ist nicht!« verfolgte mich durch sämtliche Träume.

Auch die jungen Leute hatten Schwierigkeiten mit Ferdinand. Meine Regieanweisungen nahmen sie hin, hatte ich doch die Truppe zusammengetrommelt und war ihnen an Jahren weit voraus. Ferdinand aber gehörte zu ihresgleichen, und also ließen sie sich nur ungern von ihm herumkommandieren.

»Lern du lieber deinen Text, damit wir anständige Stichworte bekommen!« fauchte der dicke Hansi, nachdem Ferdinand ihm zu verstehen gegeben hatte, daß er vielleicht dieses und jenes, aber gewiß nicht schauspielern könne. Katja schlug sich zu Hansi und nannte Ferdinand einen Angeber. Lore und Magnus, die engumschlungen beieinander standen, fanden, daß Ferdinand ihnen allen nur die Schau stehlen wolle. Elfi, die mir zugetan war, denn ich hatte ihr die Rolle der Witwe gegeben, warf Ferdinand einen vorwurfsvollen Blick zu und sagte: »Du frustrierst Frau Pfarrer! Schließlich hat sie hier das Sagen!«

»Genau!« bestätigte Alexander. »Elfi hat recht!«

Bei Alexander hatte Elfi immer recht.

So hatten sich denn bei den Probearbeiten drei liebende Paare ergeben. Nur Ferdinand und ich standen allein, was uns irgendwie verband.

»Wenn's euch nicht paßt, dann kann ich ja gehen«, knurrte Ferdinand, »ich hab' besseres zu tun, als mich mit Kindereien abzugeben.« So sprach er und machte keinerlei Anstalten zu gehen, obwohl ihn niemand gehindert hätte.

»Schluß mit der Probe!« entschied ich.

»Gehen wir noch rüber in die Eisdiele?«

»Nein, das ist nicht.«

»Warum?«

»Das geht euch nichts an!«

»Gut«, Hansi marschierte der Tür zu, »dann werden wir halt auf dich verzichten. Kommt ihr?«

Wir hatten gerade bestellt, da kam Ferdinand herein. Er setzte sich zu uns, stumm wie ein Fisch. Als ihn die Bedienung fragend anschaute, schüttelte er nur den Kopf.

»Ich spendier' dir eines«, sagte Magnus, »weil du so ein Goldschatz bist!«

»Laß mich in Frieden, verdammt noch mal! Ich hab' Zahnschmerzen.«

Ferdinands chronische Zahnschmerzen halfen uns eine Zeitlang über seine Eigenheiten hinweg.

»Laßt ihn, denkt an seinen Zahn!« So flüsterten wir uns zu.

Just in der Probe, in der ich das dringende Bedürfnis verspürte, Ferdinand mitsamt seinem Zahn auf den Mond zu schießen, spazierte Ulla Lasewatsch zur Tür herein, Ulla, die Tochter des Mesners.

Nein, Theaterspielen könne und wolle sie nicht, aber sie

wäre gern dabei und ob wir nicht irgendeine Verwendung für sie hätten. Die Damen zeigten sich ablehnend, denn Ulla sah aus wie Gustav Adolfs Page höchstpersönlich. Die blonden Haare saßen wie eine Kappe auf dem Köpfchen, in den Augen drohte man zu versinken, so groß waren sie und so blau, und erst der Mund ...

»Natürlich haben wir eine Verwendung!« riefen Ferdinand und Magnus gleichzeitig, Alexander und Hansi nickten eifrig.

Mit Ulla hatten wir ein wahres Schatzkästlein gewonnen. Sie kannte sämtliche Lichtschalter im Haus. Sie schmeichelte dem Vater Sondergenehmigungen ab. Wir durften nun proben, so lange wir wollten, denn Ulla schloß hinter uns ab. Wir durften in der Teeküche Kaffee kochen, denn Ulla war dabei. Sie konnte frisieren, sie konnte nähen, und sie hatte zu Hause eine Großmutter mit Truhen voll altmodischer Kleider und Hüte.

So übernahm Ulla Lasewatsch den Kostümsektor, und ganz nebenbei heilte sie auch noch Ferdinands chronischen Seelen- und Zahnschmerz. Nun hatte auch er ein weibliches Wesen an seiner Seite. Er blühte auf, er wurde uns gegenüber direkt freundlich, manchmal befolgte er sogar meine Regieanweisungen, besonders wenn ich sie über Ulla laufen ließ.

»Meinst du nicht, Ulla, daß er sich mal setzen sollte?« So flüsterte ich ihr zu. »Ich find's nicht gut, wenn er dauernd hin- und herläuft ...«

»Ferdi«, rief sie, »mir tät's besser gefallen, wenn du sitzt!«

Bums, schon saß er.

Nach den Proben tranken wir Tee oder Kaffee. Die Mädchen brachten Kuchen und belegte Brote mit. So wuchsen wir zu einer Gemeinschaft zusammen, die zwar im Gemeindehaus erheblich störte durch Lärm und lautes Lachen, doch beschwichtigte Ullas Vater die erbosten Gemeindeglieder mit dem Hinweis, daß dies nur der Laienspielkreis sei, der zu späterer Erbauung ein Stück von unerhörter Schönheit probe, was, wie man sicher verstehe, nicht leise vor sich gehen könne.

Ich allerdings wurde mir meiner einsamen Stellung schmerzlich bewußt. Zwar stand ich nicht allein gegen alle. Sie duldeten mich freundlich als notwendiges Übel, aber im Grunde war ich nicht wichtig. Sie waren völlig mit sich selbst beschäftigt. Man wechselte den Partner, mal schwärmte Hansi Lore an, dann wieder die schwarze Elfi, die fühlte sich gerade von Magnus angezogen, und der fand Katja erstrebenswerter. Sie liebten und haßten, versöhnten und zerstritten sich, und ich stand daneben, fühlte mich uralt und war die Frau Pfarrer.

Wie anders hatte das damals im Sommersemester in Göttingen ausgesehen! Da hatte ich mit dazugehört, hatte auch gelacht und geflirtet und nebenher noch Theater gespielt.

Dieses Sommersemester, mein zweites an der Göttinger juristischen Fakultät, verbrachte ich allein, ohne Manfred. Er war zurückgekehrt in das Stift nach Tübingen. Traurig wandelte ich über die frühlingsgrünen Wälle und sehnte den Schnee herbei, durch den wir zu zweit gestapft waren, warm eingehüllt in unsere junge Liebe.

Nach mehreren Wochen stiller Trauer, erhellt nur durch den Briefträger, der Post aus Tübingen brachte, erhob ich eines Tages meinen Blick und siehe da, er fiel auf das Anschlagbrett der Universität. Dort hing ein Zettel, auf welchem für den Laienspielkreis der Studentengemeinde geworben wurde. Also ging ich am nächsten Abend über den Wall zum Haus der Studentengemeinde. Ich steckte den Kopf durch den Türspalt und schob mich vorsichtig hinterher. Ein Bursche lag auf dem Boden, ein anderer bärtiger kniete über ihm und lamentierte zum Herzerweichen:

»O Jammer, o Not!
Pyramus tot!
Dein Lilienmund,
Dein Augen rund,
Wie Schnittlauch frisch und grün.
Dein Kirschennaß,
Dein Wangen blaß,
Die wie ein Goldlack blühn.
Weiter kein Wort!
Nun Dolch fahr fort!
Zerreiß des Busens Schnee.
Lebt wohl ihr Herrn!
Ich scheide gern!
Ade! Ade! Ade!«

Er suchte nach dem Dolch und sprach mit natürlicher Stimme: »Wo ist denn das verflixte Käsemesser!« Ein anderer

Spieler drückte ihm einen Kinderdolch in die Hand, mit dem durchstach er mehrfach die Luft und sank dann röchelnd über den anderen Burschen. Im Niedersinken wurde er meiner gewahr.

»Wer ist denn das?« fragte er.

Da nahm ich flugs die Brille ab und steckte sie in die Tasche, denn ohne Brille, das wußte ich wohl, wirkte ich anziehender auf die Männer.

»Ich würde gern mitmachen, wenn Sie mich brauchen können.«

Sie konnten mich brauchen, vorerst nur als Souffleuse, doch schon beim Sommerfest der Studentengemeinde erschien ich als »Fromme Helene«. Es fiel mir nicht sonderlich schwer, diese Rolle zu verkörpern, kannte ich den Text doch schon von Kindesbeinen an. Denn war ich krank, dann lag das Wilhelm-Busch-Album stets bei mir im Bett, und mit seiner Hilfe lernte ich lesen.

»Lieber Bruder, können Sie es verantworten, dem Kind Wilhelm Busch ins Bett zu geben?« So fragte ein Missionar meinen Vater. Die beiden Herren standen am Fußende des Bettes, in dem ich mit pfeifendem Atem unter dem dicken Album lag.

»Ja, das kann ich verantworten!«

»Aber es gibt recht unschöne und unanständige Stellen darin!«

»Tatsächlich? Die sind mir bis jetzt entgangen. Wenn es sie wirklich geben sollte, dann ist das auch kein Unglück, denn das Kind versteht sie nicht! Was liest du gerade, Amei?«

»Von der frommen Helene, wie sie ...«, ich gluckste vor Lachen.

»Die fromme Helene ist außerordentlich lehrreich«, mein Vater faßte den Missionar fest ins Auge, »Sie sollten sich diese Geschichte wieder einmal zu Gemüte führen, lieber Bruder Putzer, denn die fromme Heuchelei treibt noch immer zahlreiche Blüten.«

»Ja«, antwortete Bruder Putzer und wandte sich mit angewidertem Gesicht vom Bett des kichernden Kindes, »Frauen sind besonders anfällig dafür!«

»Nicht nur Frauen, lieber Bruder, nicht nur Frauen!« sprach mein Vater, strich mir über den Kopf und geleitete den Bruder zur Tür hinaus.

Das Theaterspiel in der Studentengemeinde bereitete mir weit mehr Freude als das Studium des Bürgerlichen Gesetzbuches in der Universität. So spielte und tanzte ich mich durch die letzten Tage des Sommersemesters, beschloß dann, ein neuer Mensch zu werden und für das nächste Semester nach Tübingen zu gehen in Manfreds sichere Nähe. Ich tat's und hatte fortan Wichtigeres zu tun, als Theater zu spielen.

Nun aber saß ich jeden Abend mit meiner Truppe im Nikodemusgemeindehaus und übte, denn die Premiere nahte.

Die Proben hätte ich ja verkraftet, aber wir mußten uns noch mit anderen Problemen herumschlagen.

Da war zum Beispiel der Leuchter, ein überaus ernstes Problem, denn woher sollten wir ein solches »Kunstwerk« mit zwei weiblichen Nackedeis beschaffen? Geschmacklos sollte es sein und auch ein wenig frivol. »Seht doch mal daheim nach, vielleicht habt ihr etwas dergleichen«, sagte ich zu meinen Spielern, aber sie schüttelten ihre Köpfe.

»So was gibt's bei uns nicht«, erklärte Elfi, »da brauch' ich gar nicht erst zu suchen!«

»Meine Eltern haben einen erlesenen Geschmack«, Ferdinand erhob stolz den Kopf, »die würden sich niemals einen Kitsch aufstellen!«

»Jetzt schaut halt nach, im Speicher oder Keller!«

Gut, sie erklärten sich bereit, wenn auch jeder von der Sinnlosigkeit solcher Suche überzeugt war.

Zur nächsten Probe schnauften sie heran, bepackt wie die Maulesel. Ja doch, sie hatten etwas gefunden!

Der Tisch brach fast zusammen unter der Last der Scheußlichkeiten. Gußeiserne Nymphen, marmorne Göttinnen, gläserne Tänzerinnen, alle mit Kerzen versehen und höchst mangelhaft bekleidet.

»Das ist nicht«, Ferdinand lächelte verlegen, »das ist alles nichts gegen meines!«

Er packte einen Leuchter aus und stellte ihn auf den Tisch. Einen Leuchter aus rosa Porzellan mit rosa Kerzen. Zwei nackte, rosa Damen mit wehenden Haaren standen in rosa Muscheln und lächelten dümmlich vor sich hin.

Wir standen schweigend, in Betrachtung versunken. Ferdinand räusperte sich.

»Sie sind der Venus von Botticelli nachgebildet, ich hab'

das Ding hinten in einem Schrank gefunden. Meine Mutter hat gesagt, wir sollen ja vorsichtig damit umgehen, denn Onkel Justus hat es aus Florenz mitgebracht und wenn er uns besucht, müssen wir es aufstellen. Es war ihr richtig peinlich.«

Ferdinands Venusleuchter stach uns in die Augen, und wir beschlossen als besondere Attraktion seine Hinteransicht zur Schau zu stellen.

»Warum?« fragte Hansi. »Von vorne sind sie auch nett. Warum sollen sie von hinten eine besondere Attraktion sein?«

Ferdinand holte tief Luft, schluckte und sprach: »Oh, Hansi. Weil Botticelli diese Venus gemalt hat, und zwar von vorne. Ein Gemälde kannst du nicht umdrehen und von hinten betrachten ...«

»Wieso kann ich's nicht umdrehen?«

Ferdinand rollte die Augen gen Himmel.

»Du kannst es natürlich umdrehen, aber die Rückseite ist leer, nur die Vorderseite ist bemalt ...«

In Hansis Kopf arbeitete es, über sein Gesicht zuckte erstes Verstehen.

»Kein Mensch kennt die Botticelli-Venus von hinten. Deshalb ist es ein besonderer Kunstgenuß, wenn wir den Leuchter umdrehen. Hast du das kapiert, Hansi?«

»Klar! Aber so was muß man einem sagen.«

Damit war die Leuchterfrage geklärt. Die Kostüme bereiteten keine Schwierigkeit, denn die vier Herren öffneten die Kleiderschränke ihrer Väter und holten heraus, was ihnen gefiel.

Für die Dame im ›Bär‹ nähte Ulla ein Gewand, das jede russische Witwe des vorigen Jahrhunderts in Erstaunen versetzt haben würde, Elfi aber trefflich kleidete. Es war ein enges, schwarzes Gebilde mit silbrigem Stehkragen und langem Beinschlitz, das Kostüm einer fernöstlichen Tempeltänzerin.

Ferdinand, der den Liebhaber in diesem Stück mimte, hätte gerne seine geliebte Ulla in dieser Kleidung gesehen.

»Das ist nichts mit Elfi«, erklärte er immer wieder, »nicht, daß ich etwas gegen dich habe, Elfi, aber mit Ulla könnte ich viel natürlicher spielen!«

Nun war ich keineswegs darauf erpicht, stürmische Umarmungen in Szene zu setzen, also blieb ich bei der ursprünglichen Besetzung. Elfi, die hübsche, schwarzhaarige, aber warf ihren Groll auf Ferdinand, da er sie so deutlich ablehnte und sie dergleichen nicht gewohnt war. Sie spielte deshalb den anfänglichen Zorn auf den bärenhaft tolpatschigen Liebhaber äußerst lebensnah, zeigte sich hingegen bei der Liebesszene zum Schluß derart spröde, daß ihr kein Mensch die Wandlung von Haß in Liebe zu glauben vermochte.

»Schmeiß dich nicht so an mich ran!« schrie sie zornig. »Ich liebe das nicht! Außerdem zerdrückst du mir das Kleid!«

Ferdinand wurde ganz bleich und sagte, er spüre seinen Zahn, und mit dieser Person würde das Stück ein Reinfall, auch wenn er sich die Seele aus dem Leibe spiele.

Die beiden Stücke sollten im Rahmen eines Gemeindeabends aufgeführt werden. Anlaß zu diesem Gemeindeabend war die Verabschiedung eines altgedienten Missionars. Der Posaunenchor würde spielen, der Kirchenchor singen. Reden würden gehalten und Geschenke überreicht werden, und gegen Schluß dann sollte der neue Laienspielkreis in Erscheinung treten, um mit dem ›Kunstwerk‹ und dem ›Bär‹ die Gemeinde zu erbauen und den Missionar zu ehren.

Die Generalprobe wurde auf den Abend vor der Premiere festgesetzt.

»Bitte, Manfred, komm mit und sieh es dir an! Es wäre mir wirklich eine große Hilfe!«

»Und mir und mir!« schrien Andreas und Mathias. »Ware mir vielleicht kei Hilf, wo mir damals mit dir mitgange sin?«

»Eine feine Hilfe! Zu Tode habe ich mich geschämt!«

»Nun, du lebst ja noch«, bemerkte Manfred. Er war aufreizend heiter und gelassen.

»Du solltest etwas ruhiger werden!« fuhr ich ihn an. »Du bist ja heute schrecklich nervös! Keinen Augenblick kannst du still sitzen, und dauernd reibst du dir die Hände!«

»Wenn hier jemand gereizt und nervös ist, dann bist du es und nicht ich! Unser ganzes Familienleben leidet unter diesem be ...«, und er sagte ein häßliches Wort.

»Vati, mr sagt keine Ausdrück vor de Kinder!« tadelte Andreas. »Höret auf mit schtreite, dr Bisse bleibt eim im Hals schtecke.«

»Ja«, bestätigte Mathias, »und dabei hat se extra Bohne für di kocht, wo mir alle net möget, bloß du ...«

»Sag nicht immer ›wo‹«, fuhr Manfred ihm in die Rede, »es heißt: ›die‹, die wir nicht mögen! Du mußt endlich lernen, dich ordentlich auszudrücken!«

Mathias schwieg gekränkt.

»Em Bruno sei Mutter isch au immer furchtbar aufgregt, wenn se vorsinge muß«, berichtete Andreas, »se sagt, ihr zittert jedes Haar am Leib. Eimal hat se gsunge, als i da war, und 's war richtig peinlich, weil se dr Mund so aufgerisse und brüllt hat. Aber em Bruno sei Vater hat gsagt: ›du singst himmlisch, mein Engel‹.«

Wir lachten.

»Verzeihung, Manfred, ich war abscheulich!«

»Keine Angst, Malchen, wir schaffen das schon, wir vier! Wir stehen treulich an deiner Seite.«

»Vielleicht räumet mir heut nachmittag unser Zimmer auf, gell, Andreas! Dann isch abends alles schö, wenn mir zur Prob gehet.«

Mit dieser Erklärung tat Mathias sein Mitgefühl kund, denn Zimmeraufräumen war ihm von Herzen zuwider.

Als wir am Abend zu viert im Gemeindesaal anrückten, herrschte dort tiefste Verzweiflung. Elfi war heiser. Sie hockte zähneklappernd auf der Bühnenrampe.

»Was ist passiert, Elfi?«

»Gestern«, krächzte sie, »im Auto hat's gezogen, da muß ich mich erkältet haben.«

»Und du meinst nicht, daß du morgen wieder sprechen kannst und die Popowa spielen?«

»Glaub' nicht! Ferdi wird's grad recht sein!«

»Also, Ulla, dann mußt du ran!«

»Nein!« Ulla fuhr sich mit beiden Händen in die Haarkappe. »Ich mach mich doch nicht lächerlich!«

»Katja!«

»Ich kann das Zeug nicht auswendig, Frau Pfarrer!«

»Lore!«

»Wenn ich's früher gewußt hätte, liebend gern, aber nicht bis morgen!«

»Gut, dann müssen wir den ›Bär‹ ausfallen lassen, so weh mir's tut.«

»Nein«, rief Ferdinand, »nein, das ist nicht!«

Er hatte sich für seine Rolle eine neue Montur zugelegt, nämlich die Lederjacke seines beleibten Vaters, und er sah darin aus wie ein Chauffeur nach der Abmagerungskur. Er aber fand sich schön darin, kraftvoll und männlich. Leider bestärkte ihn Ulla noch in dieser Meinung.

Ich konnte den Text der Popowa im Schlaf hersagen. Ich wußte, wann sie weinen und lachen, toben und turteln mußte ... Diese Rolle war mir auf den Leib geschrieben. Wenn ich sie übernehmen würde, auf jung geschminkt, im kleidsamen Witwengewand, die Scheinwerfer sorgsam abgedunkelt, dann wäre allen geholfen und der Erfolg gesichert. Die Zuschauer würden vor Lachen bersten, Tschechow sich vor Entzücken im Grabe umdrehen. Ich hörte ihn seufzen: »Das ist sie, für die ich das Stück geschrieben! Meine Popowa!« Was für eine Gelegenheit warf mir der Himmel da in den Schoß! Es galt, sie zu ergreifen ohne Scheu und falschen Stolz!

»Ich kann die Rolle übernehmen!«

Stille herrschte im Raum. Dann sprach Elfi ohne jegliche Scham und Heiserkeit: »Ich spiel' sie! Es geht mir besser!«

Sie stand auf und stülpte sich das schwarze Gewand über die schwarzen Locken, indes ich ihre schwarze Seele verwünschte.

Aus der Traum.

»Laß fahren dahin, Malchen!« Manfred legte seinen Arm um meine Schulter. »Ein Regisseur darf nicht mitspielen, sonst geht alles drunter und drüber!«

Ich schluckte, dann schrie ich gellend nach dem Beleuchter, nach der Souffleuse, nach Aufstellung und Ruhe.

»Himmel noch mal, fangt endlich an! Sonst sitzen wir morgen früh noch hier!«

Sie schauten mich nicht an, flitzten auf ihre Plätze, und dann ging alles schief.

Ein Scheinwerfer fiel aus, die Sicherung flog heraus, wir saßen im Dunkel. Ferdinand blieb dauernd stecken und stotterte zum Steinerweichen.

»Was ist, Ferdi? Hast du Gedächtnisschwund?«

Jetzt war's aus mit Freundlichkeit und Verständnis, ich war sauer!

»Zu Hause hab' ich's noch können«, stammelte er, »aber die vielen fremden Menschen machen mich nervös!«

»Drei sind's im ganzen! Zwei Kinder und mein Mann! Morgen werden's hoffentlich mehr sein! Wenn du nicht vor Menschen spielen kannst, dann möcht' ich wissen, vor wem sonst. Im allgemeinen pflegt man vor Publikum zu spielen!«

Andreas zupfte mich am Ärmel. »Mensch, Mulchen, bisch du gemein!« flüsterte er mir zu.

»Ach, ist doch wahr! Himmel noch mal, jetzt langt mir's aber!« zischte ich zurück.

Dann schaute ich Ferdinand an. Er sah so bleich aus und erbarmungswürdig in der Lederjacke seines Vaters. Ich lief nach vorn, stieg auf die Bühne und streckte ihm die Hand hin.

»Ferdi, ich bin ein altes Aas! Verzeih mir noch mal. Du, ich bin auch schrecklich nervös!«

Er bekam etwas Farbe und verzog das Gesicht zu einem Grinsen.

»Laßt euch nicht verrückt machen«, rief Manfred aus dem Dunkel des Saales, »wenn in der Hauptprobe alles schiefgeht, dann wird's nachher bestens. Ich finde Ferdinand großartig, bloß sieht man zu wenig von ihm in dieser bombastischen Lederjacke.«

Ferdinand zog die Jacke aus und warf sie Ulla zu. Hemdsärmelig wirkte er burschikos und liebenswert.

Nun ging es besser. Elfi ließ sich zum Schluß sogar einen Kuß abringen. Mir konnte sie damit nicht mehr imponieren, aber Manfred pfiff anerkennend. Man sollte ihm die Vorgeschichte erzählen, dachte ich zornig, damit er merkt, wie wenig liebenswert diese Person ist und wie sie uns vorher schikaniert hat und jetzt bloß einen guten Eindruck auf ihn machen will! Laut sagte ich: »Los, Leute! Jetzt kommt ›Das Kunstwerk‹.«

Die vier Akteure standen auf der Bühne herum wie die Ölgötzen. Sie lauschten angestrengt zum Souffleurkasten hin, verstanden aber nicht, was wir bis zum letzten Winkel des Saales hören konnten. Versuchte einer ein paar täppische Schritte, dann stieß er unweigerlich mit einem anderen zusammen. Sie sprachen allesamt zur Wand hin und nicht zum Publikum, es war wie bei der allerersten Probe. Mein Bemühen durch viele Wochen hindurch war vergeblich gewesen, für die Katz!

»Na ja«, meinte Manfred von hinten her. Das war die einzige Reaktion des Publikums. Andreas lag schlafend auf seinem Stuhl, Mathias stopfte in der Teeküche Würfelzucker in sich hinein.

»Aus! Schluß! Fertig!« Ich ging zum Lichtschalter. »Jetzt ist es zu spät, jetzt müssen wir's laufen lassen!«

»Ich lade alle zum Eisessen ein!« sagte Manfred. Seine Söhne strahlten auf, sonst niemand.

Schweigend saßen wir in der Eisdiele und hatten keinen Appetit.

So erbarmten sich Andreas und Mathias der Eisbecher und futterten im Schweiße ihres Angesichts.

Ich ließ sie gewähren. Zu tief lag ich darnieder, um Einhalt zu gebieten. Manfred war vollauf beschäftigt, uns Worte des Trostes zu sagen.

»So schlimm war's ja nicht!«

Wir seufzten. »Sie sollten sich ab und an dem Publikum zuwenden, damit es auch etwas von ihnen hört und nicht nur von der Souffleuse. Etwas Bewegung auf der Bühne wäre erstrebenswert, sonst wirkt das Stück ein wenig langweilig ...«

»Mensch, Manfred, das wissen sie doch alles! Was meinst du wohl, was wir in den Proben gemacht haben?«

Er sagte nicht: »Das frage ich mich auch!«, obwohl es sich angeboten hätte, nein, er schluckte es hinunter.

Wir verbrachten eine unruhige Nacht.

Andreas und Mathias fühlten sich sehr schlecht. Es zerriß mir das Herz, als ich sie leiden sah.

»Nunterzus war's so süß«, klagte Mathias, »und jetzt!«

Als sie endlich erlöst und erschöpft einschliefen, sank auch ich in Schlaf und träumte mich durch so viele Möglichkeiten eines Theaterskandals hindurch, wie überhaupt in eine Nacht hineingehen.

Der Bär im Porzellanladen oder: Wechselbäder sind gesund!

Der Morgen graute, der neue Tag brach an. Es fiel mir noch schwerer als sonst, ihm gefaßt entgegenzutreten. Aber irgendwie ging auch dieser Tag vorüber, und ich befand mich inmitten bleicher und zähneklappernder Gestalten im Requisitenkämmerchen neben der Bühne. Es war noch eine Stunde Zeit bis zum Beginn des Festes, aber schon strömten Gemeindeglieder in großer Zahl herbei und füllten den Saal.

In einem der unteren Räume probten die Posaunen, im anderen der Kirchenchor. Wir probten nicht mehr, das hatten wir hinter uns. Wir studierten das Programm dieses Gemeindeabends. Mesner Lasewatsch teilte die Blätter an der Saaltür aus, und Ulla brachte uns einen Stoß davon ins Kämmerlein.

Ziemlich am Ende des Programms stand: »Anton Tschechow – zwei heiter-besinnliche Stücke.«

»Puh!« machte Elfi, »heiter-besinnlich! Die werden sich wundern!« Ihre Stimme war zurückgekehrt zu voller Lautstärke.

Es ist ein großes Glück und ein wahrer Segen, so dachte ich bei mir, daß Elfi und Ferdi sich nicht ausstehen können! Der Krach zwischen Witwe und Bär und das Gekeife am Anfang, das wird der Missionar und die Gemeinde besser verkraften als Liebe und Leidenschaft. Aber ich muß den beiden nachher noch sagen, daß sie auch den Krach ein wenig freundlicher und besinnlicher gestalten sollen!

Drinnen im Saal summte und brummte es, ganze Volksmassen schienen sich versammelt zu haben.

Jetzt rückte der Posaunenchor an und nahm auf der Bühne Platz. Man räusperte sich, man scharrte mit den Füßen, bis all dies ertrank in der Flut der Posaunenklänge.

›Lobet den Herren ...‹ spielten sie, und die Gemeinde stimmte ein.

»Spätestens bei unserem Auftauchen wird ihnen das Loben schon vergehen«, flüsterte Ferdi mit schiefem Lächeln, aber es verging ihnen schon viel früher. Dann nämlich, als die Redner über sie hereinbrachen, einer weitschweifiger und langweiliger als der andere. Bei Julius Fink lachten sie noch und klatschten begeistert Beifall.

»Aha«, sage Ulla, »'s sind viele Damen da!« Sie kannte sich aus in der Nikodemusgemeinde.

Der Kirchenchor sang: ›Wie groß ist des Allmächt'gen Güte‹.

Meine Zweifel wuchsen, ob ich mit den Tschechow-Humoresken eine glückliche Auswahl getroffen hätte. Auch Ferdi, der sensible, pfiff leise durch die Zähne und murmelte: »Au weia! Da paßt unser ›Bär‹ rein wie der Elefant in den Porzellanladen!«

Der Beifall im Saal wurde immer schwächer, die Unruhe immer größer. Über eine Stunde war seit Beginn der Veranstaltung vergangen. Nun bedankte sich der Missionar für alle ihm erwiesenen Ehrungen. Daß es ihm nicht gegeben war, sich kurz auszudrücken, wußten wir alle, wappneten uns deshalb mit Geduld und vermeinten, noch viel Zeit zu haben. Der nächste Programmpunkt war unser erstes »besinnliches Stücklein«, nämlich ›Der Bär‹. Aber horch, schon brandete dankbarer Applaus auf. All diese Reden hatten dem Hochgeehrten anscheinend die Sprache verschlagen, vielleicht wollte er auch in guter Erinnerung bleiben, jedenfalls war er früher fertig als gedacht. Wir stoben von unserem Ruheplatz auf und rannten in alle Ecken.

Die Mitglieder des Posaunenchores räumten die Bühne und trampelten hinunter in den Saal. Hansi, unser Muskelpaket, ließ den Vorhang zusammenrauschen. Wir stürzten auf die Bühne, stellten die Stühle hinaus und unsere Kulissen hinein: Gartenlaube und Baum, Tisch und Bank. Katja kroch in den Souffleurkasten.

»Alles in Ordnung?« Julius Fink hob den Vorhang und lugte hinter die Bühne. »Seid ihr soweit?« Kann ich ansagen?«

»Gleich! Sofort! Noch eine Minute!«

In dieser einen Minute passierte es. Elfi, verwirrt von Angst und Aufregung, vergaß allen Ärger, den Ferdi ihr bereitet, warf das Kriegsbeil über Bord und sich an Ferdis Brust.

»Wir beide, du und ich, wir müssen zusammenhalten!«

Jetzt drückte sie ihm auch noch einen Kuß auf die Wange. Ferdi fuhr es in die Glieder. Elfi, die ewige Widersacherin, die Schwarze, die Freche, sie klammerte sich an ihn, sie küßte ihn!

»Hab keine Angst! Wir schaffen es!«

Er blickte ihr in die Augen, sie blinkte zurück, da war es um ihn geschehn.

Das alles trug sich zu in dieser einen Minute; ich sah es und erschrak. Mit mir erschrak Ulla, die neben den beiden stand, denn sie hatte ihrem Ferdi gerade auch einen tröstlichen Kuß mitgeben wollen, und es erschrak Alexander, Diener der Popowa und bisheriger Herzensfreund der Elfi.

Draußen im Saal ertönte Julius Finks Baß. Bei Gemeindefesten pflegte er die Zuhörer mit Gedichten zu erfreuen, und auch den ›Bär‹ führte er durch ein solches ein.

»Du siehst nun liebe Festgemein
Von Tschechow gleich ein Stückelein.
Es ist besinnlich, heiter, schön,
Und eine Freude anzusehn.
Drum, wenn der ›Bär‹ jetzt zu uns kummt,
In unsrer Mitte freundlich brummt,
Dann dürft ihr herzlich lachen auch,
Bei Nikodemus ist dies Brauch.«

»Kennt er das Stück, Frau Pfarrer?«

Dies fragte Magnus hinter mir, aber mein Augenmerk war auf das Feuerwerk zwischen Elfi und Ferdi vor mir gerichtet.

»Raus mit euch!« fauchte ich sie an. »Es geht los! Reißt euch zusammen!«

Sie witschten an mir vorbei, es knisterte, die Funken stoben. Der Saal dagegen versank in Dunkel. Hansi zog den Vorhang. Die beiden spielten, wie sie noch nie gespielt hatten, gingen wie die Furien aufeinander los, schrien und tobten.

Ferdinand zappelte rettungslos in Elfis Netzen und schien von allen guten Geistern verlassen. Er mimte den bärbeißigen tolpatschigen Baron mit solcher Urgewalt, daß die entsetzten Gemeindeglieder sich tief in ihre Stühle verkrochen und mit hervorquellenden Augen auf die Bühne starrten. Er riß sich einen Stiefel vom Fuß und warf ihn – wie Russen zu tun pflegen – im Zorn von sich. Nie hatte ich ihm dergleichen Mätzchen beigebracht, aber die Liebe machte ihn erfinderisch, und von meinen Regieanweisungen hatte er noch nie etwas gehalten.

Dieser Stiefel nun flog zu uns in die Kulisse und landete

ausgerechnet in Alexanders Armen, der sowieso schon mit den Zähnen knirschte. Was sich da draußen auf der Bühne zutrug, das brachte den ruhigen und beherrschten Jüngling langsam zum Kochen. So packte er den Stiefel, zielte und schleuderte ihn zurück auf die Bühne, geradewegs an den Kopf des verhaßten Rivalen.

Ferdinand stand einen Augenblick benommen, schüttelte ungläubig das Haupt und sank auf die Gartenbank nieder. Die Witwe stieß einen Schrei aus, stürzte zu ihm, dem sichtbar eine Beule auf der Stirn wuchs, und drückte seinen gemarterten Kopf an ihren Busen.

Dies war von Tscheschow nicht vorgesehen und stand auch nicht im Rollenbuch, deshalb soufflierte Katja so laut und so schnell sie konnte, aber die beiden vernahmen nichts.

Dafür erwachte das Publikum aus seiner angstvollen Erstarrung, lachte und klatschte, denn eine solche Opferbereitschaft der Spieler rührte selbst das verstockteste Herz.

Der Haß hatte sich in Liebe verwandelt, anders als Tschechow gemeint, aber durchaus glaubwürdig.

Auf meiner einen Seite stand Ulla unter Dampf, auf der anderen Alexander. Ich trat ihm auf den Fuß, damit er erwache.

»Alex, du mußt jetzt den Wein auf die Bühne tragen!« Ich drückte ihm das Tablett mit Weinflasche und Gläsern in die Hand. Er hob es hoch über seinen Kopf und setzte sich in Bewegung.

»Du meine Güte! Hier ist der Wein, Gnädigste!« So sollte er sagen, und er sagte es auch.

Aber die beiden hörten ihn nicht, sie standen vereint in einem ersten Kuß. Da machte Alexander einen Schritt und setzte seinen Schuh mit Nachdruck auf Ferdinands strümpfigen Fuß. Der tat einen Schrei und einen Sprung und stieß mit dem Kopf an das Weintablett. Die Flasche neigte sich und leerte ihren Inhalt auf Elfis schwarze Locken. Rote Brühe rann über ihr Gesicht, den silbrigen Stehkragen, den weißen Hals und verteilte sich über das schwarze Gewand. Es war kein echter Wein, sondern nur Himbeersaft, trotzdem verlor Elfi an Schönheit. Neben ihr tanzte Ferdinand auf einem Bein herum, das Gesicht schmerzlich verzerrt. Alexander stellte das Tablett auf den Tisch und verließ diskret den Ort des Geschehens.

Nun verfiel das Publikum in ehrliche Begeisterung. Man

lachte herzlich, und des Klatschens wollte kein Ende werden.

Julius überreichte einen Strauß roter Rosen, der in der Farbe trefflich zum Himbeersaft paßte. Diesen Strauß hielt Elfi vor ihr Gesicht und knickste graziös. Hansi zog den Vorhang viele Male auf und zu, bis er schließlich »mir langt's« sagte und in der Kammer verschwand, um sich für ›Das Kunstwerk‹ umzuziehen.

Ferdi und Elfi glühten vor Wut und Himbeersaft, als sie hinten bei uns in den Kulissen anlangten. Beide wollten sich auf Alexander stürzen, aber Ferdi wurde von Ulla abgedrängt, Elfi von mir. Ulla, blond, zierlich, sanft, reckte sich in die Höhe und entlud ihre Aggressionen in einer schallenden Ohrfeige. Auf Ferdis Wange erblühte der Abdruck von fünf Fingern, auf seiner Stirn sproßte die Beule, er hinkte, doch nahm er dies alles gelassen hin, grinste verlegen und sagte nur: »Aber Ulla!«

Elfi und ich standen in der Kammer und versuchten mit Tempotaschentüchern und Kölnisch Wasser gegen den Himbeersaft anzugehen.

»Er hat's doch nicht mit Absicht gemacht, Elfi!«

»Doch! Natürlich! Lächerlich hat er mich machen wollen!«

»Du hast ihn auch furchtbar gereizt!«

Während wir uns hinter den Kulissen mit unseren Problemen herumschlugen, hatte Julius Fink vor dem Vorhang auch mit Schwierigkeiten zu kämpfen.

Er dankte den trefflichen Schauspielern für den Kunstgenuß und schien eisern gewillt, dem Bären, der da so erschröcklich gebrummt, einen Nasenring anzulegen, ihn als dressiert und possierlich hinzustellen, trefflich geeignet, vor Nikodemusleuten zu tanzen und ihnen den Abschied vom greisen Missionar zu erleichtern. So richtete er an diesen die schelmische Frage, ob er in seinen Sturm- und Drangjahren nicht vielleicht ähnliches erlebt habe.

»Nein!« Der Missionar schüttelte den weißen Kopf. Aber Julius Fink ließ sich nicht beirren und sprach von dem segensreichen Wirken des Missionars in China, welches, wie man wisse, ja an Rußland grenze, so daß die Sitten und Gebräuche sich möglicherweise glichen ...

»Nein!« sagte der Missionar wieder und erhob sich, dem müsse er entschieden widersprechen.

Aber Julius ließ ihn nicht zu Wort kommen, sondern sagte an, daß der Kirchenchor jetzt singen würde.

Der Kirchenchor versammelte sich in der hinteren Ecke des Saales und sang ›Sonne der Gerechtigkeit‹, das Lieblingslied des Missionars. Der setzte sich wieder auf seinen Platz und lauschte ergriffen. Während der sieben Strophen fragte ich mich unablässig, wie es hatte passieren können, daß ich dieses Programm nicht vorher in die Hände bekommen hatte.

»Wechselbäder sind gesund«, flüsterte Magnus, Sohn eines Arztes, »aber ob die Leute sie vertragen! Erst ›Sonne der Gerechtigkeit‹ und dann ›Das Kunstwerk‹! Möglicherweise kollabiert einer. Gut, daß mein Vater da ist zur ersten Hilfe!«

Hatte der Kirchenchorgesang als warme Dusche dem Publikum wohlgetan und es angenehm durchwärmt, so brauste ›Das Kunstwerk‹ als kalte Dusche hernieder, erschreckte und lähmte.

Unsere vier Herren spielten mit sichtlichem Vergnügen. Sie hatten nach all den Vorkommnissen einen gewissen Gleichmut erlangt, sprachen zum Publikum hin, so daß diesem kein Wort verlorenging, und stellten die verlogene Moral so recht deutlich vor aller Augen. Unter den Zuschauern machte sich Unzufriedenheit bemerkbar. Einige gewannen das Gefühl, daß man sich über sie lustig machen wolle, andere zeigten sich peinlich berührt von der Hinteransicht der Venus, und manche konnten einfach nicht mehr sitzen und waren des Spieles müde. Das ging nun auch dem Ende zu. Ferdi schloß den Kreis und brachte »das Kunstwerk« zurück zum Arzt.

War's Erschöpfung, war's Ungeschick oder Berechnung? Der Leuchter entglitt seinen Händen. Es klirrte, es schepperte! Zwei rosa Köpfchen rollten dem Publikum vor die Füße. Aber das Opfer wurde nicht angenommen. Der Schlußapplaus fiel mager aus.

Hugo Pratzel sprach ein abschließendes Wort. Ihm hatte das Spiel gefallen, und so rührte er denn fleißig in der Wunde. Er wies die Gemeinde darauf hin, daß dieses Stück auch noch heute aktuell sei, daß es zum Nachdenken anrege und daß man den jugendlichen Spielern herzlich dankbar sein müsse für diese äußerst wichtige Lektion.

Der Posaunenchor spielte ›Nun danket alle Gott‹, wobei

nicht alle Anwesenden dankbar einfielen. Auch wir Laienspieler sangen nicht, wir standen um Ferdi herum und rangen die Hände.

»Ferdi, um Himmels willen, warum hast du das gemacht?!«

Er grinste. »Weiß nicht, ist mir halt passiert!«

»Was wird deine Mutter sagen?«

»Sie wird's überleben!«

»Hier«, Ulla legte ihm ein rosa Köpfchen in die Hand, »das hab' ich noch gefunden.«

Das Fest war beendet, der Saal leerte sich. Wir blieben in unserer Kammer. Manfred erschien. Sein Gesicht strahlte in bemühter Begeisterung.

»Großartig! Sie haben sich selbst übertroffen!«

Julius Finks Baß dröhnte auf uns hernieder.

»Herrlich! Ausgezeichnet!« Dann wandte er sich zu mir. »Vielleicht können wir uns das nächste Mal etwas besser abstimmen. Ich hatte den Eindruck, es paßte nicht so recht zusammen...«

»Psychologisch gesehen«, sagte Sigmund Säusele, »taten sich interessante Aspekte auf!«

»Nur weiter so«, rief Hugo Pratzel und schlug Ferdi kräftig auf die Schulter, »laßt euch ja nicht unterkriegen!«

Wir räumten auf und feierten hinterher ein rauschendes Fest mit Cola und Kuchen und belegten Broten. Hansi hatte aus den heimatlichen Beständen eine Sektflasche mitgehen lassen. Er ließ den Pfropfen gegen die Decke knallen, die Hälfte des Sektes spritzte hinterher, trotzdem bekam jeder von uns noch einen Schluck.

Mesner Lasewatsch gesellte sich zu uns. »Also dieser Leuchter«, klagte er, »es ist ein Jammer, solch ein schönes Stück!«

»Vater«, mahnte Ulla, »mußt du nicht die Lichter im Saal ausmachen! Und überhaupt kannst du ruhig nach Hause gehen, ich schließ hinter uns ab.«

Er ging hinüber ins Mesnerstübchen und angelte in der Tiefe seiner Hosentasche. Dann zog er ein rosa Venusköpfchen heraus, betrachtete es liebevoll, öffnete seinen Schrank und bereitete ihm neben Gesangbüchern und Opferbüchsen ein trautes Plätzchen.

Wir ließen die Ereignisse des Abends noch einmal an uns vorüberziehen.

»Ich hätt's nicht gedacht, daß die Leute so sauer reagieren«, meinte Ferdi.

»Meine Mutter hat ›Das Kunstwerk‹ damals gelesen«, erinnerte sich Katja.

»Na und? Wie hat's ihr gefallen?«

»Sie hat die Hände über dem Kopf zusammengeschlagen und ›ach, du meine Güte‹ gesagt!«

Manfred legte seine Hand auf meine Schulter.

»Du hättest es eigentlich wissen müssen, Malchen! Denk doch an deinen ersten großen Theaterskandal!«

Wie hatte ich den nur vergessen können! Diese Blamage! Diese Wut! Diesen Schmerz! Ich war damals fünfzehn Jahre alt. Ein vergnüglicher Gemeindeabend sollte stattfinden, und als Pfarrerstochter machte ich selbstverständlich mit, übte lustige Stückchen ein und spielte auch selbst.

Ein Sketch war darunter, nicht geistreich, nicht witzig, aber voller Situationskomik. Ich mochte ihn nicht, weil ich ihn blöd fand, schauspielerisch uninteressant, dafür körperlich anstrengend und schweißtreibend, aber die anderen jungen Leute wußten wohl, wie ich zu fangen war: »Du bist irrsinnig ulkig! Zum Totlachen! Keiner kann das so gut wie du!« Da hing ich schon am Köder und gedachte, durch mein komisches Talent auch dieses dumme Stück zu einem kleinen Kunstwerk zu machen.

Der Inhalt ist schnell erzählt: Eine Bäuerin kommt ins Sprechzimmer eines Arztes und will Eier verkaufen. Er aber fragt sie nicht nach ihrem Begehr, sondern fordert sie auf: »Ziehen Sie sich aus!« Nun zieht sie sich unter Augenrollen und Grimassenschneiden ein Gewand nach dem anderen über den Kopf, ist vorher dick wie eine Tonne, wird immer schlanker und immer aufgeregter, weil sie nicht zu Wort kommt. Schließlich gelingt es ihr, herauszuschreien, warum sie gekommen. Sie kämpft sich durch den Kleiderberg, ergreift ihren Korb und flieht, natürlich immer noch aufs beste bekleidet.

Angetan mit unzählig vielen Kleidern, Röcken, Blusen, einen komischen Hut auf dem Kopf, den Eierkorb am Arm, so stand ich also auf der Bühne. Beim ersten »Ziehen Sie sich aus!« lachte noch einer. Beim zweiten wurde es still im Saal. Kein Lacher mehr, kein Laut. Ich kam mir vor wie allein auf der Welt. Beim dritten stand ein Kirchengemeinderat auf, zwängte sich durch die Reihe und ging mit hallenden Schritten über den Mittelgang nach draußen. Beim vierten schrie jemand aus den Reihen des CVJM: »Aufhören!« Meine gespielten Grimassen wurden echt, der Schweiß lief mir übers Gesicht. Unten im Saal pfiff jemand, andere scharrten mit den Füßen. Da raffte ich mich auf, schlug dem Doktor meinen Eierkorb um die Ohren, schrie heraus, warum ich gekommen, lief von der Bühne, fort, weg, nach Hause, in mein Zimmer, warf mich aufs Bett und meinte vergehen zu müssen vor Scham und Verzweiflung. Ich wollte keinem Menschen mehr unter die Augen treten, nicht länger leben, Harakiri begehen, wenn ich gewußt hätte, wie man das macht.

Da kam mein Vater. Er setzte sich auf den Bettrand, ließ mich weinen und sagte lange nichts. Dann drückte er mir sein Taschentuch in die Hand.

»Da, jetzt langt's! Ich weiß, daß du dir nichts dabei gedacht hast, aber so sind die Leute, und man muß es bedenken. Sie haben dich verletzt und mich mit dir. Du kannst sicher sein, sie tun es nicht noch einmal. Jetzt putz deine Nase und wasch dein Gesicht, denn du mußt mit mir hinübergehen und deine anderen Stücke spielen! Komm, Kind!«

Er trocknete meine Tränen ab und gab mir einen Kuß.

Der Kirchenchor sang gerade, als wir ins Gemeindehaus kamen und durch den Mittelgang zur Bühne gingen. Mein Vater hatte den Arm um meine Schulter gelegt.

Ich spielte die Sketche und wurde mit Beifall begrüßt und mit Beifall verabschiedet. Nach dem letzten Auftritt mußte ich mich hinter den Kulissen auf den Boden legen, weil ich nicht mehr stehen konnte.

Ein schlimmes Erlebnis – und trotzdem, mein Vater war mir selten so nah gewesen.

Manfred kannte die Geschichte. Ich hatte sie ihm erzählt, weil er schlecht mit seinem Schwiegervater zurechtkam und weil ich das gerne ändern wollte.

Nun erstand dieser »Theaterskandal« noch einmal vor meinen Laienspielern, und sie waren tief beeindruckt.

»Klasse!« rief Ferdinand. »Habt ihr übrigens bemerkt, wie mein Vater geklatscht hat?«

»Meinem hat das Stück auch gefallen«, Ulla lachte verlegen, »und auf den Leuchter war er ganz verrückt. Ich könnt' schwören, daß er irgendwelche Scherben davon aufbewahrt.«

»Ich bin gespannt, was mein Vater sagt«, meinte Hansi. Die anderen schwiegen still.

Wir feierten bis hinein in den Sonntag. Als uns das klar wurde, brachen wir eilig auf, denn Manfred hatte Gottesdienst zu halten und brauchte noch ein paar Stunden Schlaf.

»Aber wir machen doch weiter?« rief Magnus durchs Autofenster zu uns herein. »Am Donnerstag treffen wir uns wie immer oder ...«

Wir trafen uns schon viel früher, nämlich noch am selben Tag. Sehr verschlafen, sehr müde, langten Manfred und ich zum Gottesdienst vor der Kirche an. Wer stand da, eng zusammengeballt vor dem Haupteingang? Mein Laienspielkreis!

Da hatte ich immer gedacht, ich müßte einmal missionarisch wirken und ihnen sagen, daß ich mich freuen würde, wenn sie auch in die Kirche kämen, doch ich hatte mich nie getraut – und nun, nach dieser durchwachten Nacht, standen sie allesamt von ganz alleine da.

Ich gesellte mich zu ihnen. Ferdi empfing mich mit seinem schiefen Lächeln.

»Gell, do glotsch?« sagte er auf gut Schwäbisch, denn das beherrschte er auch. »Aber wir müssen das Publikum einfach besser kennenlernen und ihn«, er schlenkerte seine Hand lässig in Manfreds Richtung, »ihn will ich auch mal predigen hören, der Mann ist in Ordnung!«

Dann drückten wir uns alle in die letzte Kirchenbank, und ich kam mir vor wie Bonifatius oder sonst irgendein erfolgreicher Missionar.

»Lieber Gott, mach doch, daß er eine tolle Predigt hält und daß er das richtige Wort für sie findet!« So betete ich in meines Herzens Grund, und mein Gebet fand Erhörung.

Schon nach dem »Amen«, als die Gemeinde noch in stiller Andacht verharrte, taten sie ihre Begeisterung kund.

»Klasse!« flüsterte Ferdi. »Einfach gekonnt!«

»Und wie er mit den Händen redet!« seufzte Lore. »Hinreißend!«

Wir bereiteten der Nikodemusgemeinde noch viele Theatererlebnisse, geglückte und mißlungene, vergnügte und besinnliche. Wechselbäder aber gab es keine mehr. Wir studierten die Programme schon lange vorher und halfen mit bei der Gestaltung; »denn«, so sagte Ferdi, der sensible, »es muß alles zusammenpassen, sonst ist es kein wahres Kunstwerk!«

Die Hex

An unserer Wohnungstür hing das Schild »Kehrwoche«. Dies geschah nicht oft in einem Haus mit so vielen Mitbewohnern, doch wenn diese lästige Einrichtung über uns hereinbrach, dann brachte sie nichts als Arbeit und Verdruß, besonders im Winter.

»Ist es denn zu fassen! Muß es jetzt gerade schneien, wo wir Kehrwoche haben?«

Schneien bedeutete Schneeschippen über die ganze Breite des Gehsteiges, denn unsere fleißigen schwäbischen Nachbarn ließen die Passanten nicht nur im Gänsemarsch auf schmalem Pfad an den Häusern vorbeidefilieren, nein, sie schaufelten soviel frei, daß ganze Menschenmassen trockenen Fußes auf unserem Gehsteig laufen konnten. Der Schnee flog an den Straßenrand, wo er als Wall schützend vor den spritzenden Autos stand und diesen die Möglichkeit zum Parken nahm.

Das Schneeschippen war Manfreds Arbeit.

Oh, wie bewegt führte er Klage über diese lästige Pflicht und wie schlampig pflegte er sie auszuführen!

»Was werden die Leute sagen, Manfred? Du kannst doch nicht bloß einmal mit der Schneeschippe rüberfahren! Rechts und links ist der ganze Bürgersteig frei und bei uns nur so ein schmales Wegchen. Ehrlich, Manfred, du mußt das noch'n bißchen schöner machen!«

»Ich denk' nicht dran! Ein Mensch kann bequem auf meinem Weg gehen!«

»Und wenn einer entgegenkommt, was ist dann? Dann drängen sie sich aneinander vorbei und fallen in den Schnee und brechen sich die Beine ...«

»Ach, erzähl doch keine Schauergeschichten! Ich bin nicht so blöd wie die anderen und schaufel den Schnee auf die Autos und verenge die Fahrbahn!«

»Denkst du auch an Mutter und Kind? Wo soll das Kind laufen? Im Schnee?«

»Und wenn du dich auf den Kopf stellst, ich gehe jetzt nicht mehr runter! Ich habe noch anderes zu tun, als Straße zu kehren!«

So sprach er und verschwand vom Balkon, wo ich ihn

hingezerrt hatte, damit er von oben seine schlechte Arbeit betrachte.

»Gut, dann geh' ich!«

»Tu, was du nicht lassen kannst!«

Er verschwand in seinem Zimmer. Ich nahm mir nicht einmal Zeit, einen Mantel anzuziehen. Wenn ich mir den Tod holte, dann würde dies eine gute Lehre für ihn sein, außerdem war es mir vor lauter Zorn sehr warm.

Die Schaufel allein wog schon schwer, aber erst der Schnee! Ich biß die Zähne zusammen, schob und schaufelte, bis es mir ins Kreuz schoß. Entsetzt klammerte ich mich an den Schaufelstiel. Ich kam nicht hoch, ich konnte mich nicht bewegen und sah mich schon, zur Eissäule erstarrt, bis zum Tauwetter auf der Straße stehen. Da kam Frau Prälat des Wegs.

»Was ist, Frau Müller? Was stehen Sie hier in der Kälte?«

»Mein Rücken! Ich kann nicht mehr gehen ...«

»Das ist nur ein Hexenschuß, das geht vorbei! Wie kann man auch bei der Kälte ins Freie gehen ohne Mantel!« Sie schüttelte den Kopf und faßte mich am Arm. »Stützen Sie sich auf mich! Vorsichtig! Ganz langsam!«

Ich stöhnte. So krochen wir voran, Schrittchen für Schrittchen durch die Hofeinfahrt bis zum Hauseingang. Dann zog ich mich am Geländer hoch, all die vielen Stufen, der Schweiß lief mir übers Gesicht. Frau Prälat eilte leichtfüßig voraus und klingelte Sturm an unserer Wohnungstür.

»Ihre Frau ...«, hörte ich sie sagen, schon sauste Manfred die Treppen herunter.

»Leg die Arme um meinen Hals! Halt dich fest!«

Er trug mich das letzte Stück hinauf und ließ mich im Wohnzimmer vorsichtig auf die Couch sinken. Frau Prälat kam hinterher.

»Wie können Sie nur Ihre Frau Schnee schippen lassen, Herr Pfarrer?« Ihre Stimme bebte vor Empörung. »Noch dazu ohne wärmende Kleidung, sie hätte sich den Tod holen können!«

»Er hatte ja schon gekehrt, Frau Prälat! Ich hab's nur noch schöner machen wollen, und da ist es passiert.«

»Betrüblich, sehr, sehr betrüblich! Warten Sie, ich habe unten eine Salbe ...« Sie verschwand und kehrte kurz darauf mit einer Tube wieder. »Damit reiben Sie ihr den Rücken ein, Herr Pfarrer!« sprach sie in strengem Ton. »Aber kräftig! Dann soll sie auf jeden Fall liegenbleiben. Wenn's schlimmer wird, rufen Sie Frau Doktor an. Die Salbe brennt ein wenig, und man darf sie keinesfalls in die Augen bringen. Bös muß Bös vertreiben! Bleiben Sie bei Ihrer Frau, Herr Pfarrer, ich finde den Weg schon alleine!«

Sie ging, und Manfred strich mir die Salbe auf den Rücken. Er war noch immer verärgert, sprach kein einziges Wort, und es hätte der Aufforderung von Frau Prälat nicht bedurft, kräftig zu reiben, er tat's von ganz allein. Erst fühlte ich eine gelinde Erleichterung, dann aber fing es an zu brennen, wie das höllische Feuer.

»Erbarmung, Manfred! Sie hat die Salbe verwechselt! Sie sieht doch nicht mehr gut! Das brennt mir ja die Haut weg! Das ätzt bis an die Knochen! Ich verbrenne!«

»Wer brennt?« Andreas und Mathias stürzten zur Tür herein. »Mulchen, was isch? Warum liegsch du da? Warum schreisch du?«

»Mein Rücken! Mein Rücken!«

Ich lag auf dem Bauch und stöhnte.

Mathias lupfte die Decke.

»Des isch ja ganz rot, richtig feurig! Was hasch du ihr denn draufgschmiert, Vati?«

»Hasch du se etwa ghaue?!«

Andreas starrte seinen Vater finster an.

»Ach wo! Sie hat's mal wieder besser wissen wollen«, knurrte Manfred grimmig, »unten hat sie Schnee geschippt! Da ist ihr eine Hex ins Kreuz gefahren!«

»A Hex? Aber des war doch d' Frau Prälat!« schrie Mathias voller Entsetzen. »I hab se gesehe im Flur! Isch d' Frau Prälat in Wirklichkeit a Hex? I hab's scho immer denkt.«

»Manfred, erklär's ihm, sonst denkt er noch sonst was und kriegt Angst!«

Also hub Manfred an und sprach von Bandscheiben und Wirbelsäule und daß es sich hier um eine Hex im übertragenen Sinn handle, daß man halt im Volksmund so spreche, und endete mit den Worten: »Eure Mutter hat es sich selber zuzuschreiben, nun muß sie eben leiden, und ...«, er seufzte gottergeben, »... wir alle mit!«

Trotz seiner langen Rede hatte er nicht alle Zweifel aus Mathias' Seele tilgen können. Der schaute furchtsam auf die Salbe und schlug fortan noch einen weiteren Bogen um Frau Prälat.

»Manfred, ich könnt' mich ja selber in der Luft zerreißen! Komm, sei wieder gut!«

Aber er war viel zu besorgt, um seinen Ärger begraben zu können.

»Wenn du nur einmal aus deinen Dummheiten lernen würdest! Es schneit schon wieder, verflixt noch mal! Ich muß runter, Schnee schippen!«

Die Wohnungstür krachte hinter ihm zu, dann hörten wir ihn unten kratzen und schaben.

»Mensch, isch der sauer!« sagte Andreas. »Wirklich, Mulchen, du hasch ihn furchtbar geärgert.«

Ich stöhnte nur.

»So wüscht bräucht er au net sei, wo's ihr doch so weh tut!« schimpfte Mathias. »Eifach so a Hexesalb auf ihrn Rücke reibe! Des darf er doch net mache, des isch gemein!«

»Nein, nein, Mathias, die Salbe tut mir ja gut. Es ist schon viel besser. Ich muß nur noch ein bißchen liegenbleiben.«

»Dann machet mir was zum Nachtesse, bis dr Vati kommt«, Andreas warf seinem Bruder einen strengen Blick zu, »los, hilf mir!«

Brummend zog Mathias hinter ihm her.

»Soll 's Mulchen vielleicht allei liege, und niemand sieht, wenn's ihr weh tut?!«

Sie verschwanden, und ich hörte sie in der Küche rumoren. Nach einer Weile rollte Andreas den Servierwagen ins Zimmer.

»Geht's besser, Mulchen!«

»Ja, viel besser!« Ich stöhnte.

»Du, Mulchen, wenn dr Vati kommt, dann muscht du sage, Verzeihung, 's tut mir leid! Gell?«

»Ja, gleich wenn er kommt, Andreas, ich versprech' dir's.«

»Gut!«

Er deckte den Tisch und ging dann wieder in die Küche. Nach ein paar Minuten erschien Mathias mit dem Brotkorb und stellte sich an mein Schmerzenslager. Er druckste.

»Du, Mulchen ...«

»Ja?«

»Du muscht zum Vati sagen, Zeihung, es tut mir leid!«

»Ja, ich sag's ihm, zum Donnerwetter noch mal!«

»Deswegen brauchsch net glei schreie!«

»Ja, Mathias, hast recht!«

Er zog ab, und kurz danach schloß Manfred die Flurtür auf. Beide Söhne gesellten sich zu mir.

»Los, Mulchen, er kommt!«

»Manfred, es tut mir leid, Verzeihung!«

Andreas und Mathias nickten zufrieden und sahen dann erwartungsvoll zu ihrem Vater hinauf. Der schwieg verstockt.

»Na, Vati, was sagt mr?«

»Was denn?«

»Menschenskind!« Mathias seufzte. »Jetzt sagt se scho ›Verzeihung‹ und du, und du ...«

Manfred lachte. Er beugte sich herunter und gab mir einen Kuß auf den glühenden Rücken. Wie von der Tarantel gestochen fuhr er empor und sauste ins Badezimmer.

»Was isch denn jetzt scho wieder los!« fragte Mathias. »Des isch ja furchtbar!« Er marschierte hinter seinem Vater her, um ihn zur Räson zu bringen. Nach einem Weilchen kehrte er zurück und vermeldete: »Er hat sich d' Mund verbrannt!«

So sprang mir die Hex zum ersten Mal auf den Rücken, traktierte mich elendiglich und flog zum Schornstein hinaus.

Doch sie kehrte wieder in immer kürzeren Abständen und in den ungünstigsten Augenblicken, dann nämlich, wenn ich mit Gepäck beladen die Treppe hinaufkroch, fiel mir um den Hals und blieb dort hängen, so daß ich mich keuchend ans Geländer klammern mußte, bis endlich eine freundliche Seele auftauchte, mich vollends hinaufhievte und in die Arme meiner leidgeprüften Familie lehnte.

Wir legten ein Brett in mein Bett, um der Hex den Aufenthalt so unbequem wie möglich zu gestalten. Ich hing mich an den Türrahmen, krümmte mich auf dem Boden, um sie abzuschütteln, badete in schwarzem Moorwasser, um sie zu vergraulen, es half nichts. Sie besuchte uns immer häufiger, blieb länger und bezog endlich Dauerquartier bei uns.

Wir versuchten, uns mit dem ungebetenen Gast zu arrangieren. Wenn die Schmerzen während der Hausarbeit unerträglich wurden, legte ich mich platt auf den Boden und trachtete danach, mich zu entspannen: Mein rechter Arm wird ganz schwer, mein linker Arm wird ganz schwer. Ich fühle keine Schmerzen. O Himmel, ich halt's nicht mehr aus! Kehrte Andreas von der Schule und Mathias vom Kindergarten heim, so fanden sie ihre Mutter gar oft zusammengekrümmt auf dem Teppich liegen.

»Hasch dei Tablettle scho gnomme, Mulchen?«

Ich stöhnte. Sie eilten davon.

»Erscht muß se was esse«, Andreas sprach, wie er es oft von seinem Vater gehört hatte, »damit se was im Mage hat. Los, runterschlucke!«

Er schob mir Brot in den Mund, Bissen um Bissen. Dann kam Mathias mit dem Tablettenröhrchen und einem Wasserglas, er hob mir den Kopf hoch, schob zwei Tabletten in meinen Mund, goß reichlich Wasser hinterher und ließ den Kopf wieder vorsichtig sinken.

»Isch's unte? Ja? Gut! Glei wird's besser!«

Sie hockten neben mir am Boden. So warteten wir gemeinsam auf die erlösende Wirkung, dabei erzählten sie, was für Erlebnisse sie draußen in der großen Welt gehabt hatten.

»War's schön im Kindergarten, Mathias?«

»Furchtbar langweilig! Sie hat wieder von dem Gott erzählt!«

»Sag doch nicht solche Sachen, Mathias! Der Vati erzählt den Leuten auch von Gott. Und wenn ich dir erzähle, dann hörst du's doch gern!«

»Ja, Mulchen, dei Gott, der macht solche tolle Sache und lauft auf 'm Wasser rum, ohne daß er naß wird, und zaubert Hering und Weckle für die viele Leut..., aber der Tante Herta ihrer, der will immer bloß, daß mr lieb isch und a Schäfle und niemand haut...«

»Jetzt laß sie doch«, fuhr Andreas seinen Bruder an, »merksch net, daß ihr's weh tut? Frau Birzele hat gsagt, du sollsch irgend was mit 'm Auto machen, Mulchen«, er fuhr sich nachdenklich mit zwei Fingern über die Stirn, genauso, wie es sein Vater machte, wenn er überlegte, »ah, jetzt weiß i's wieder. Autogäres Tränik, und es soll Wunder wirke. Wie geht's? Isch's besser?«

»Ja, jetzt kann ich wieder aufstehen und kochen. Der Vati wird gleich kommen.«

Manfred übernahm das Einkaufen und machte die Betten. Andreas bediente das Telefon, beherrschte die hohe Kunst des Spaghettikochens, und konnte ich mich gar nicht bewegen, so saß er neben mir und las vor. Er las ›Tom Sawyer‹ und ›Huckleberry Finn‹, mit zitternder Stimme auch ›David Copperfield‹, indessen Mathias am Fußende des Bettes verstohlen die Tränen aus seinen Augen wischte und bemerkte, er fühle es, wie diese Geschichte ihn zu einem guten Menschen mache.

Mathias wurde ebenfalls eingesetzt. Da er gerne mit Wasser planschte, putzte er im Notfall die Badewanne und wischte die Küche auf. Am liebsten aber gab er mir vergnügliche Sondervorstellungen, um mich zu erheitern und abzulenken.

»Also, Mulchen, jetzt mach i dir vor, was mir heut glernt habet bei der Tante Herta, paß auf!« Er erhob sich und sprach im Singsang seiner Kindertante, begleitet von sprechenden Bewegungen der Hände:

»Zachäus war ein kleiner Mann ...«

er zeigte mit den Fingern, wie winzig klein,

»ein kleiner Mann war er.
Er stieg auf einen hohen Baum«

Mathias' Hände kletterten in die Höhe,

»denn der Heiland kam daher!«

Mit wiegenden Hüften wanderte er durch das Zimmer. »Willsch du's weiter höre, 's hat no viele Strophe? Oder bisch du scho vergnügt?«

»Sehr vergnügt. Aber lachen darf ich nicht, das tut nämlich weh!«

So schleppten wir uns über die Hürden. Aber wir vier standen nicht allein im Kampf gegen die Hex.

Da kam Frau Prälat mit einer großen Schüssel.

»Bei uns gibt es heute Maultaschen. Ich habe die doppelte Menge gemacht, damit Sie nicht zu kochen brauchen. Buben, deckt den Tisch, sonst werden sie kalt! Das heißt, einer muß mit nach unten kommen und den Kartoffelsalat holen!«

»Geh du, Andreas«, rief Mathias und zog den Kopf ein, »i deck derweilscht de Tisch!«

Andreas trottete gehorsam hinter Frau Prälat die Treppe hinunter.

»Mensch, des wär mir aber grauslich«, Mathias schüttelte sich vor Entsetzen, »da tätet mir die Finger zittere, da könnt i den Kartoffelsalat gar net trage!«

Andreas kehrte zurück, die Schüssel mit Kartoffelsalat in den Händen, ein Stück Schokolade im Mund. Mathias betrachtete ihn ärgerlich.

»Für mich hasch natürlich nix kriegt?«

»Doch, in dr Hosetasch isch's, aber i denk, du graulsch di!«

»Gib her, Schoklad isch Schoklad!«

Klara Troster, die Frau eines Religionslehrers kam dazu, wie ich unten den Hausflur aufwischte, denn wir hatten Kehrwoche. Ich wischte mit Unterbrechungen, lehnte mich immer wieder an die Wand, um den schmerzenden Rücken zu entlasten, oder setzte mich auf die Treppe, bis ich wieder Kraft zu einem neuen Anlauf hatte.

Klara Troster war eine tüchtige Frau. Sie hatte die prachtvollsten Blumenkästen auf dem Balkon und die sauberste Wohnung im Haus. Ich fürchtete mich ein wenig vor ihrer schwäbischen Tüchtigkeit, und als ich sie kommen sah, fuhr es mir in die Glieder. Sie griff nach Eimer und Schrubber und nahm das Wischtuch aus meiner Hand.

»Gehet Se nauf, Frau Müller! I mach des scho!«

Am nächsten Morgen erschien sie bei uns an der Wohnungstür, ein Kopftuch um die Haare geschlungen, sämtliche Putzutensilien in den Händen.

»Nein, nicht doch, Frau Troster, heut geht mir's ganz gut.«

»Wo fanget mer a?«

»Bitte, Frau Troster, Sie haben doch selber so viel um die Ohren ...«

Sie hatte wirklich viel zu tun, einen kranken Vater, einen quirligen kleinen Jungen, aber sie ließ sich nicht aufhalten.

»Jetzt send Se froh, daß i da bin. Wenn's Ehne wieder besser geht, no kennet Se elles alloi mache. Mr muß au ebbes anehme könne, Frau Müller!«

Ich wischte Staub. Sie hantierte mit Besen, Schrubber und Staubsauger, geschickt und schnell.

Als die Buben nach Hause kamen, fanden sie eine saubere Wohnung vor und eine glückliche Mutter. So kam sie jede Woche, monatelang, brachte meine Wohnung auf Hochglanz und war dabei so vergnügt und heiter, als wäre dies das Selbstverständlichste von der Welt.

Mit im Kampf stand auch unsere Hausärztin. »Nur nicht den Mut verlieren! Es wird besser! Wir schaffen das schon!« So tröstete sie bei der täglichen Spritze. Sie kam im Notfall bei Tag und Nacht, und weil es sie gab, schöpften wir immer wieder neue Hoffnung und gaben nicht auf. Dann fuhr sie in den langverdienten Urlaub, mahnte zur Vorsicht und Geduld, gab uns Rezepte und Arztadressen für den Notfall.

Sie ging, und die Hex übernahm das Regiment im Haus. Sie ließ mich keine Nacht mehr schlafen, fiel mit so unerträglichen Schmerzen über mich her, daß keine Tabletten und keine Spritzen, daß nichts mehr helfen wollte.

Manfred neben mir schlief. Vorsichtig, Zentimenter um Zentimeter, schob ich mich aus dem Bett, blieb ein Weilchen auf dem Boden liegen, kroch auf allen vieren zur Tür, zog mich an der Klinke hoch, glitt hinaus und tastete mich an der Wand entlang durch den Gang bis ins Wohnzimmer. Dort ließ ich mich auf dem Teppich nieder und versuchte, irgendeine Übung zu machen, die Frau Doktor mir gezeigt, aber nichts ging mehr.

Ich lag zusammengekrümmt auf dem Boden und weinte, als wolle mir das Herz brechen, denn hier konnte mich niemand hören. Plötzlich saß jemand neben mir.

»Malchen, Liebstes, ist es wieder so schlimm?!«

Ich verstummte augenblicklich.

»Komm, leg dich über meinen Rücken, das hat dir doch immer gut getan! Versuch's mal!«

»Es geht nicht, Manfred, es tut zu weh.«

»Wenn ich dir die Schmerzen nur abnehmen könnte!«

»Warum muß ich solche Schmerzen haben?«

»Ich weiß es nicht, Malchen!«

Er breitete eine Decke über mich und kroch dann selber mit darunter.

»Wir müssen etwas unternehmen«, sagte er am nächsten Morgen, »ich kann's nicht mehr mitansehen!«

Wir fuhren zur Klinik, dort behielten sie mich gleich da.

»Das wird nicht wieder gut«, erklärte der untersuchende Arzt, »das endet mit einer Lähmung. Wir müssen sofort operieren!«

Da gaben wir auf. Da waren wir mürbe.

Am Abend vor der Operation brachte Manfred die beiden Buben zu mir.

»Mir gehet zur Omi«, sagte Andreas, »und mir denket ganz arg an di.«

»Wenn ihr wiederkommt, dann bin ich gesund!«

»Dann machet mir uns a schös Lebe, gell, Mulchen?« fragte Mathias hoffnungsfroh.

»Ja, das machen wir!«

Als ich aus der Narkose erwachte, saß Manfred bei mir. Die Schmerzen begannen zu wüten. Ich hielt mich an seiner Hand fest.

»Bring mich ans Fenster!« bat ich.

Er schüttelte den Kopf.

»Du darfst dich nicht bewegen, Malchen. Schau, es regnet, was willst du denn am Fenster?«

»Runterspringen!«

Am nächsten Tag saß meine Mutter neben dem Bett.

»Es geht vorbei, Amei. Du mußt es durchstehen. Denk an Manfred und die Kinder!«

Sie las mir Gesangbuchverse vor. Sie betete. Das tat mir gut.

Langsam, ganz langsam ging es bergauf. Es gab Stunden ohne Schmerzen. Ich fing an, mich nach den Kindern zu sehnen.

Eines Tages standen sie an meinem Bett und suchten, so gut es ging, ihr Entsetzen zu verbergen. Schließlich brach es aber doch aus Mathias heraus.

»Mensch, Mulchen, wie siehsch du denn aus? Wie's Tantchen, wenn's keine Zähn in seim Mund hat!«

»Kriegsch du hier nix zum esse?« fragte Andreas.

»Doch natürlich, aber ich hab' keinen Hunger.«

»Du musch aber!« sagte Mathias, wühlte in seinen Hosentaschen und förderte ein abgelutschtes Bonbon zutage. »Und jetzt wird ordentlich gesse!« sprach er in strengem Ton.

»Wie kommt ihr eigentlich her? Hat euch der Vati gebracht?«

»Nein, der Herr Mulchinger. Der wohnt neben dr Omi ihrm Haus.«

»Weiß die Omi, daß ihr hier seid?«

»Ja freilich, was densch denn du?«
»Sie hat es also erlaubt?«
Sie wanden sich, aus ihrem Stottern war zu entnehmen, daß sie einen Zettel hinterlassen hätten.
»Weisch, Mulchen, mir habet nix anderes mache könne, ehrlich. Wenn sie's nämlich verboten hätt, dann wär's ganz blöd glaufe, weil mir doch zu dir habet komme müsse.«
»Warum mußtet ihr denn?«
»Ja, des isch's ja grad. Mir habet müsse, weil mir doch 's Gottesurteil gmacht habet!«
»Was für ein Gottesurteil? O Himmel, was habt ihr da wieder angestellt?«
»Jetzt reg di bloß net auf mit deine Schmerze! Mir erzählet dir's ja!«
Andreas nahm auf dem einen Bettrand Platz, Mathias auf dem anderen, und dann erzählten sie abwechselnd:
»Also, mir habet geschtern mit 'm Kurtle Verschteckerles gschpielt, und da hat er gsagt, daß dr Herr Mulchinger morge in d' Schtadt fährt mit seim Auto. Da waret mir froh, weil mir dacht habet, da fahret mir mit und bringet dir unsere Gschenkle, die mir für di baschtelt habet. Aber mir habet ja leider net genau gwußt, ob mir dürfet und ob's dem liebe Gott recht isch und dr Omi, und da habet mir dacht, mir machet eifach a Gottesurteil, dann wisset mir's genau.«
»Wie macht man denn ein Gottesurteil?«
»Also, über dr Omi ihrm Garte gehet doch die Tellerkraphedräht...«
Ich kannte sie. Sechs Drähte. Andreas und Mathias pflegten mit Steinen und Erdklumpen nach ihnen zu werfen; weil sie das recht gut konnten, trafen sie auch meistens einen der Drähte.
»Was habt ihr mit den Telegraphendrähten gemacht?«
»Mir habet se für des Gottesurteil gnomme. Jeder hat dreimal werfe dürfe; wenn er einmal trifft, dann müsset mir gehe...«
»Ein feines Gottesurteil! Ihr trefft sie doch immer!«
»Ja, Mulchen, des densch du!« Sie nickten bedeutungsschwer, sie blickten düster. »Und mir habet's au dacht!«
»Hat's etwa nicht geklappt?«
»Nei, überhaupt net. Erscht isch dr Mathias drankomme, und denk dir, Mulchen, der schmeißt dreimal durch die Dräht durch. I hab dacht, i werd verrückt!«

»Es ist nicht zu fassen! Mathias, du triffst doch immer ...«
»I weiß net, was los war, Mulchen. I war ganz zittrig, weil dr Andreas immer grufe hat: ›Paß auf!‹ «
»Aber du hast dann getroffen, Andreas?«
»Nei, Mulchen, des isch's ja! Kei einzigs Mal!«
»Also ich versteh' nichts mehr. Wieso seid ihr dann hier? Das Gottesurteil hat doch deutlich bestimmt, daß ihr nicht solltet.«
»Des denksch du, Mulchen, aber mir net. Mir habet dacht, des kann net wahr sei, weil des no nie passiert isch, und mir habet en Fehler gmacht und müsset das Gottesurteil nomal frage ...«
»Dann habt ihr noch einmal geworfen nach denselben Regeln?«
»Türlich! Des muß mr. Aber jeder hat fünfmal werfe dürfe, damit's ganz klar isch, und des war's!«
»Wie oft habt ihr denn getroffen?«
»Einmal!«
»Aha. Und der wievielte Wurf war's?«
»Des weiß i jetzt au nimmer so genau«, Andreas sprang vom Bettrand herunter, »i glaub, der zehnte.«
»Ja«, bestätigte Mathias, »da habet mir fahre müsse, weil des Gottesurteil es bestimmt hat. Verstehsch du des, Mulchen?«
»Natürlich! Da blieb euch nichts anderes übrig!«
»Dann sin mir zum Herr Mulchinger gange und habet gfragt, ob mir mitfahre dürfet, und er hat gsagt, ja, wenn d' Omi Bescheid weiß, und mir habet gsagt ja, auf alle Fäll ...«
»Da habt ihr aber gelogen, denn sie weiß ja gar nichts!«
»Türlich, Mulchen, was denksch denn du? Mir habet ihr den Zettel gebe, wo's draufgschtande isch, und sie hat ihn au glese!«
»Bevor ihr weggefahren seid?«
»Ja, wirklich!« Andreas seufzte ungeduldig. »Hör doch endlich mit der Fragerei auf und freu di!«
»Ich hatte bloß Angst, daß sie sich Sorgen macht. O ihr, ich freu' mich schrecklich, daß ihr da seid!«
Ich zog sie zu mir hinunter und schloß sie in die Arme. Da stürmte Manfred ins Zimmer.
»Tatsächlich, hier sind sie!« rief er zornig. »Ja seid ihr denn zu retten? Schämt ihr euch nicht? Einfach wegzulaufen, und die Omi macht sich die größten Sorgen ...«

»Schimpf nicht, Manfred! Sie wußte doch Bescheid! Sie haben's ihr ja gesagt!«

»Nei, Mulchen«, protestierte Andreas, »mir habet net gsagt, daß mir's ihr gsagt habet!«

»Dann habt ihr's halt geschrieben!«

»Ja!« Sie nickten.

»Was habt ihr denn geschrieben?« knurrte Manfred.

»Des weiß i jetzt au nimmer so genau, daß mir halt mit 'm Herr Mulchinger zum Mulchen fahret, und sie soll sich keine Sorge mache ...«

»Das ist mir unverständlich«, Manfred fuhr sich mit der Hand durch die Haare, »warum ruft sie dann an und macht Theater, das sieht ihr gar nicht ähnlich! Hört mal«, er richtete einen scharfen Blick auf die beiden, »sie hat den Zettel doch gelesen?«

»Klar, Vati, was denksch denn du!« versicherte Mathias, und Andreas fügte leise hinzu: »Aber 's war scho a bißle dunkel, und sie hat ihr Brill nirgends gfunde ...«

Manfred schnappte nach Luft, dann öffnete er den Mund, um ein Donnerwetter auf seine Söhne loszulassen, aber er klappte ihn wieder zu und schaute auf meine Bettdecke.

Dort hatte Andreas sein Geschenk für mich aufgebaut. Es war eine schwierige Laubsägearbeit, ein hölzerner Spruch, bunt bemalt und an die Wand zu hängen.

»›Nur die Sache ist verloren, die man aufgibt‹ Freiherr von und zum Stein«, so stand da zu lesen, und er hätte viele, viele Stunden dran geschafft, sagte Andreas.

»I aber au!« rief Mathias. »So en Frosch isch schwierig!«

Der Frosch hockte bereits auf meiner Brust. Er war aus Pappmaché, sehr grün, mit weit aufgerissenem, breitem, rotem Maul. Er trug ein Band um den Hals und einen Zettel daran.

»Drei Tage war der Frosch so krank,
Jetzt lacht er wieder, Gott sei Dank!«

»Des hat d' Omi gschriebe, aber sonscht hab i alles ganz allei gmacht!« sagte Mathias.

Manfred telefonierte mit der Omi, damit sie aufhöre, sich Sorgen zu machen. Sie durften noch bleiben, bis mein Essen kam, überwachten jeden Bissen, aßen den Rest auf und zogen dann zufrieden mit ihrem Vater von dannen.

»Sagt der Omi, daß es euch leid tut!« mahnte ich beim Abschied.

»Mir könnet's ja sage, Mulchen! Aber komme habet mir müsse, du hasch's ja ghört mit dem Gottesurteil, gell!«

Nach drei Wochen durfte ich aufstehen und sank sofort neben dem Bett in die Knie.

»Kein Wunder«, sagte die Stationsschwester, »die Muskeln müssen sich erst wieder kräftigen!«

Es gab im ganzen Haus ein einziges Gestell auf Rollen, an das man sich klammern konnte, wenn man wie Kleinkinder nicht zu gehen vermochte. Dieses Gestell wurde verständlicherweise allerorten benötigt, so kam ich nur selten in seinen Besitz.

Da trat die Nikodemusgemeinde in Aktion. Sie rückten an, bepackt mit vitaminreichen Obstsalaten und appetitanregenden Piccolofläschchen. Maria Fink flößte mir Kefir ein, da sie mit Recht argwöhnte, ich würde ihn sonst nicht zu mir nehmen. Kaum hatte ich den letzten Schluck hinuntergewürgt, da zog sie schon meine Beine aus dem Bett, stellte sie auf den Boden und schob den anderen Teil meiner Leiblichkeit hinterher.

»Nun bist du gestärkt, nun gehen wir ein Stückchen spazieren!«

»Maria, ich kann nicht!«

»Man kann alles, wenn man will. Ich stütze dich.«

Sie schleifte mich in den Flur, aber so sehr ich mich auch mühte, der linke Fuß gehorchte mir nicht, hing kraftlos herunter und knickte unter meinem Gewicht zusammen.

Wir keuchten beide vor Anstrengung und Aufregung, als wir wieder im Zimmer anlangten.

»Ich werd' nie mehr gehen können, Maria.«

»Natürlich kannst du wieder gehen! Du mußt dich nur anstrengen und an deine Familie denken! Jetzt marschieren wir noch bis zum Fenster, und dann langt es für heute.«

Wir schleppten uns zum Fensterbrett, dort hielt ich mich fest und schaute hinaus. Die ersten Blätter fielen, die Sommerferien waren vorbei. Andreas mußte zur Schule und ich so schnell wie möglich nach Hause. Maria schüttelte die Kissen auf, zog das Laken glatt und geleitete mich wieder zum Bett.

»Hier ist der Kefir für morgen. Ich stelle ihn aufs Fensterbrett. Und daß du ihn ja trinkst! Er ist außerordentlich wichtig für deinen Fuß! Übermorgen bin ich wieder da!«

Agathe Säusele sprach zart und psychologisch auf mich ein.

»Ich hasse diesen Fuß!« schrie ich.

»Das ist der Fehler«, sagte sie, »du mußt ihn lieben!«

Sie massierte das gefühllose Ding mit stark duftendem Latschenkiefernöl.

»Na, wie fühlst du dich?«

»Fühlen tu' ich nichts, Agathe, aber riechen!«

»Jetzt gehen wir noch ein bißchen auf dem Flur hin und her und sind ganz froh dabei. Nachher kriegst du ein Schüsselchen Obstsalat. Die Kinder haben ihn für dich geschnippelt.«

Hugo Pratzel rief mich zu sportlicher Leistung auf.

»Sei nicht so lasch! Du bist bloß faul! Lieg nicht im Bett rum! Reiß dich zusammen! Wir werden jetzt einen kleinen Dauerlauf machen! Eins, zwei, drei! Eins, zwei, drei!«

»Um Himmels willen, Hugo, ich flieg' auf die Nase!« schrie ich und tat's auch gleich. Er half mir wieder hoch und trieb mich weiter zum nächsten Sturz. Stark angeschlagen hockte ich nach dieser sportlichen Betätigung auf dem Bettrand. Hugo lehnte am Fenster, auch sein Atem ging schwer.

»Man ist nichts mehr gewöhnt«, er packte seine Aktentasche und verließ mich mit der Drohung, er werde bald wiederkommen und wolle dann eine Besserung sehen.

Der Chefarzt kam aus dem Urlaub, braungebrannt und energiegeladen. Er hatte mich nicht operiert, weil er damals nicht zugegen war.

»So, und jetzt laufen wir dem Onkel Doktor etwas vor!«

Ich schluckte hinunter, was ich von dieser Anrede für Kleinkinder hielt, erhob mich gehorsam und hinkte am Arm der Schwester eine mühevolle Runde.

»Ja, was ist denn da passiert?« fragte er laut und vernehmlich, schüttelte den Kopf, verschwand und ließ mich zurück in Angst und Schrecken.

Nach einer halben Stunde wurde die Tür aufgerissen, die weiße Lawine rollte wieder ins Zimmer, weiße Arztkittel, flatternde Schwesternhauben. An meinem Bett kam sie zum Stehen, formierte sich am Fußende, indes der Chef näher zu mir trat, sein Lächeln zuversichtlich, seine Stimme sonor und beruhigend.

»Alles ist in Ordnung, absolut wundervoll! Der Nerv wurde ein wenig in Mitleidenschaft gezogen. Außerdem, meine Liebe, sind wir etwas labil, deshalb können wir noch nicht fest auf den Füßen stehen, aber wir kriegen das schon hin. Mit der Zeit wird alles heil ...«

»Nur die Pfeife hat ihr Teil!« So ergänzte ich frei nach Wilhelm Busch.

Der Chefarzt lachte herzlich und sein Ärztestab pflichtschuldigst hinterher. Die weißen Hauben flatterten nekkisch, dann rollte die Lawine wieder davon.

Ich lag allein, aber nicht lange. Besuch kam. Ich sah ihn nur verschwommen durch einen Tränenschleier. Ein kleiner, schwarzer Mann. Er stand ein Weilchen unschlüssig am Fußende des Bettes, dann nahm er auf einem Stuhl Platz. Dort saß er lange und schwieg. Mir war es auch nicht nach Reden zumute. Durch meinen Kopf wanden sich verwundete Nervenstränge und quietschten Rollstühle.

Der kleine Mann räusperte sich.

»Was ist das für ein fürchterlicher Kuchen auf Ihrem Nachttisch?« So hörte ich ihn fragen.

»Andreas hat ihn für mich gebacken.«

»Schrecklich«, er beugte sich vor, um den Kuchen genauer zu betrachten, »zu wenig Eier, zu viel Zucker, zu viel Fett, viel zu viel Rosinen, er ist sitzengeblieben. Wer ist Andreas?«

»Mein achtjähriger Sohn.«

»Ich bin der Krankenhauspfarrer. Mein Name ist ...«, er stockte, fuhr dann aber entschlossen fort: »Ich heiße Gottesacker. Auf manchen Kranken wirkt es deprimierend. Habe ich Sie vielleicht damit vor den Kopf gestoßen?«

»Nein, Herr Gottesacker, wirklich nicht, ich finde den Namen richtig beruhigend.«

»Das ist mir eine Hilfe. Und was diesen Kuchen anbelangt ... vielleicht könnte ich einmal mit Ihrem Sohn darüber sprechen. Ich backe gern und gut, wenn ich das einfach mal so in den Raum stellen darf. Eine Biskuitrolle mit frischen Eiern, eine Linzertorte mit Himbeermarmelade und Nüssen ...«

Seine Augen strahlten, seine Lippen gaben schmatzende Geräusche von sich.

»Wissen Sie, als Pfarrer sieht man wenig Erfolg. Man weiß nie, ob den Leuten die Predigt geschmeckt hat oder ob sie ihnen schwer im Magen liegt. Wann kann man schon sagen, das ist mir gelungen? Beim Backen ist es anders! Wenn ich das Rezept befolge, gute, frische Zutaten nehme, die richtige Hitze einstelle, die rechte Zeit abwarte, dann kann ich sicher sein, daß etwas Gutes aus dem Ofen kommt. Deshalb backe ich immer, wenn ich ein wenig deprimiert bin. Verstehen Sie das, liebe Frau Müller?«

»Ja, Herr Gottesacker, das verstehe ich, und es ist ein tolles Rezept. Jetzt sollte ich auch einen Kuchen backen!«

»Sie sind deprimiert, ich habe es gemerkt. Wollen Sie erzählen, was Sie bedrückt? Nein? Dann gehe ich jetzt nach Hause und backe einen Kuchen für Sie. Was mögen Sie lieber, Hefe oder Backpuler?«

»Hefe, nein Backpulver, nein, ich weiß nicht ...«

»Gut, dann werde ich mir etwas einfallen lassen.« Er erhob sich. »Und dieser Kuchen Ihres Sohnes ... Ich habe ihn vorhin falsch beurteilt, er ist wundervoll. Mit einem solchen Kuchen auf dem Nachttisch kann man eigentlich nicht verzweifeln. Leben Sie wohl, Frau Müller, wir sehen uns bald wieder.«

Er ging. Ich aß ein Stück vom Kuchen meines Sohnes. Es war sehr süß, es war sehr fett, aber es schmeckte mir wunderbar.

Die Laienspieler rückten an, versammelten sich im Halbkreis um mein Bett und wollten wissen, wann endlich ich wieder mit ihnen zu spielen gedächte.

»Das ist nichts«, sagte Ferdi, »daß Sie hier herumliegen. Wir müssen üben. Weihnachten steht vor der Tür, Hochsaison für Laienspieler!«

»Wie soll ich mit euch üben, wenn ich nicht gehen kann?«

»Das bilden Sie sich bloß ein«, sagte Ulla, »ich hab' auch mal gedacht, ich hätte einen Kloß im Hals und könnte nicht mehr schlucken, und dabei gab es gar keinen Kloß!«

»Übt doch alleine, ihr seid ja schließlich groß genug!«

»Das ist nichts!« Ferdi schüttelte den Kopf. »Wir haben es schon versucht, aber es gibt nichts als Zank und Streit. Wir brauchen jemanden, der alles besser weiß!«

»Aber Ferdi, du bist doch da!«

Er bedachte mich mit seinem schiefen Lächeln.

»Mir kommen Sie schon wieder sehr gesund vor«, meinte

er dann, »und wegen der anderen Sache haben wir ausgemacht, abwechselnd mit Ihnen zu üben.«

»Nein, das kommt nicht in Frage! Ich will es nicht! Es ist mir peinlich!«

»Das braucht Ihnen nicht peinlich zu sein! Es geht uns nicht um Sie, sondern nur um uns, basta!«

Also tauchte jeden Tag ein anderes Pärchen auf. Ulla und Hansi, Katja und Ferdi, Elfi und... Sie hatten wieder »Bäumchen wechsel dich« gespielt, ich hatte Mühe, mich in die neuen Gegebenheiten einzufühlen. Einer packte rechts zu, der andere links, so zerrten sie mich sogar die Treppen hinunter.

»Das Trainingsprogramm haben wir uns ausgedacht«, schnaufte Magnus, »Treppensteigen stärkt die Beinmuskulatur! Auf geht's, Frau Pfarrer!«

Mit Evelyn wehte ein Hauch von Welt in mein schlichtes Krankenzimmer. Im schicken grauen Kostüm, mit roter Bluse, roten Pumps und roter Feder am schwarzen Hütchen, schoß sie zwischen Bett, Tür und Gang hin und her.

»Hörst du ihn?« rief sie klagend und rang die Hände mit den rotlackierten Nägeln. »Das arme, liebe Tierchen, wie soll es das je verkraften?«

»Ist was mit Raskolnikow, Evelyn?«

Sie ließ sich auf den Besuchersessel fallen und schlug die Augen anklagend gen Himmel. »Unten in der Anmeldung halten sie ihn fest! Sie haben ihn an den Tisch gebunden, diese Henker im weißen Mantel! Wo er sich doch so vor Ärzten fürchtet!«

»Aber Evelyn, Hunde dürfen nicht ins Krankenhaus! Warum hast du ihn mitgebracht?«

»Warum ich ihn mitgebracht habe? Aus Liebe zu dir! Damit du eine Freude hast in deinem stumpfsinnigen Dasein! Damit du in seine treuen Augen schauen kannst! Du weißt, wie heiß er dich liebt, wie sehr er an dir hängt!«

Sie schluchzte und hielt ihr rotseidenes Tüchlein an ihren rotbemalten Mund.

»Ehrlich, Evelyn, das war eine wundervolle Idee, aber vielleicht wär's doch besser, du erlöst ihn jetzt. Nicht, daß er durchdreht und jemanden beißt!«

Sie war schon wieder auf dem Weg zur Tür, öffnete sie und lauschte hinaus, Raskolnikow bellte, es war nicht zu überhören.

»Sei doch nicht so nervös, Amei! Er bellt ja noch, also lebt er. Jetzt halten wir beide ein gemütliches Schwätzchen und trinken dabei ein schönes Gläschen Kognak. Schau mal, was die liebe Evelyn dir mitgebracht hat!«

Sie zog eine Flasche Kognak aus ihrer roten Tasche.

»Evelyn, ich weiß nicht ... hier im Krankenhaus ... wenn es jemand sieht ... und ob es mir gut tut ...«

»Natürlich tut es dir gut! Du bist ja richtig verschüchtert! Am besten lassen wir die Tür einen Spalt auf, dann hören wir ihn. Ich muß dir nämlich ein großes Geheimnis verraten. Du fällst in Ohnmacht!«

Sie kramte in der Tasche und brachte zwei Gläser zum Vorschein. Im selben Augenblick klappten Türen und klirrten Scheiben, schrien Menschen und kläffte Raskolnikow. Evelyn riß die Tür weit auf. Raskolnikow hing an ihrem Hals, sie drückte ihn an sich.

»Hast du es geschafft, Liebling!« rief sie glücklich. »Bist du ihnen entkommen? Braves Hündchen!«

»Ich muß Sie bitten, unverzüglich mit Ihrem Hund die Klinik zu verlassen!« rief Schwester Adelheid mit bebender Stimme. »Es ist verboten, widrigenfalls ... die Polizei ...«

»Regen Sie sich nicht auf, meine Liebe«, sagte Evelyn, »es gefällt uns hier sowieso nicht, wir gehen durchaus freiwillig, nicht wahr, Raskolnikow?« Der Dackel bellte zustimmend.

»Tschüs, Amei! Nun weiß ich gar nicht, wie's dir geht. Du siehst etwas blaß aus. Ach ja, jetzt hätte ich's fast vergessen: Ich bekomme ein Kind!«

»Wie bitte?«

»Ein Kind! Ein Baby!«

»Und was sagt Raskolnikow dazu?«

Sie seufzte tief. »Er weiß es noch nicht, aber es wird ein echtes Problem!«

»Bitte würden Sie jetzt ...«, rief Schwester Adelheid, und Schwester Walburga stand daneben und wackelte furchterregend mit ihrer großen Haube.

Raskolnikow heulte vor Angst. Evelyn packte die Kognakflasche wieder ein, gab mir einen süßduftenden Kuß, nahm Raskolnikow auf den Arm und rauschte hinaus. Schwester Adelheid und Schwester Walburga gaben ihr das Geleit, dann kamen sie wieder zu mir ins Zimmer, stellten sich am Fußende des Bettes auf und schauten streng zu mir hernieder.

»Was gibt es doch für Menschen!« Schwester Waldburga schüttelte die Haube.

»Es ist kaum zu glauben!« sprach Schwester Adelheid.

Andreas und Mathias lebten wieder daheim, denn Tante Albertinchen aus Göttingen war zugereist und hatte den Kommandostab im Haus übernommen.

»Ach, Mulchen, 's isch schwierig mit ihr«, klagten die beiden, »was sie morgens mit 'm Toascht macht, also, des isch eifach furchtbar!«

»Was macht sie denn?«

»Sie schteckt die Brot in d' Toaschter und wartet, bis 's raucht. Dann nimmt se se raus und jammert, weil se schwarz sin. Dann schteckt se neue Brot nei und rennt mit de schwarze in d' Küch und kratzt se ab. Wenn se wiederkommt, dann sin die neue Toascht au scho schwarz, und se rennt wieder mit dene ... Weisch, Mulchen, des macht ein ganz fertig.«

»Warum nehmt ihr denn die Toaste nicht raus, bevor sie schwarz sind?«

»Des dürfet mir doch net! Des hat se streng verbote, weil mir uns verbrenne könntet.«

»Und erscht dr Salat, den macht se süß! Ja, richtig mit Zucker und kein Essig dran. I hab schier schpucke müsse, als i ihn im Mund ghabt hab und gmerkt hab, wie scheußlich er schmeckt!«

»Ja«, bestätigte Andreas, »und eimal, als se aus dr Küch drauße war, da habet mir schnell en ordentliche Schluck Essig in dr Salat kippt, und als se ihn gesse hat, da hat se dr Mund aufgrisse und gjapst und gsagt, des dürfet mir ihr nimmer ando, weil es ihr Tod wär, denn jeder Tropfe Essig zerstört zehn Tropfe Blut.«

»Nei, zwanzig«, verbesserte Mathias, »und jetzt wisset mir net, wieviel Tropfe Blut bei uns no drin sin und ob mir vielleicht scho ganz zerstört sin!«

Sie seufzten: »Komm doch heim, Mulchen!«

Frau Doktor saß an meinem Bett trotz ihrer übervollen Praxis.

»Warum haben Sie den Mut verloren?« klagte sie. »Warum haben Sie nicht gewartet, bis ich zurückkam? Wir hätten es geschafft!« Aber dann strömte sie wieder Zuversicht aus. »Alles wird gut! Nichts ist passiert! Sie müssen nur hier raus.

Es hat keinen Zweck herumzuliegen. Wir müssen etwas tun! Heilgymnastik! Massagen! Schwimmen.«

»Jetzt ist Schluß hier!« sagte Manfred am nächsten Tag.

Nach neun Wochen Krankenhausaufenthalt trug er mich die Treppen hinunter und verlud mich ins Auto. Pfarrer Gottesacker brachte meinen Koffer hinterher und ein Kuchenpaket mit Biskuitrolle und Gugelhupf für den Empfang zu Hause. Ich hatte inzwischen viel von ihm gelernt, was Backen anbetrifft und christliche Geduld. Er gab mir das Paket und ich ihm einen Kuß. »Danke«, sagten wir beide.

Die Buben empfingen mich mit Blumen und frohen Gesichtern. Tante Albertinchen war abgereist. Manfred hatte sie davon überzeugen können, daß sie eine große Hilfe in schwerer Zeit gewesen sei, nunmehr aber an ihre eigene Gesundheit denken müsse. So war sie in ein Kurbad gefahren.

Die Omi wirkte im Haus. Sie kochte, briet, backte und verwöhnte uns mit schwäbischen Spezialitäten.

Sie lernte mit Andreas, spielte mit Mathias, eilte zum Telefon und ertrug mich mit Geduld, wenn ich hinter ihr herhumpelte und alles besser wissen wollte.

Ich brauchte zwei Krücken dazu.

Ich lernte gehen, aber es war ein langer und mühevoller Weg. Wenn ich aus dem Fenster schaute, bekam ich Schwierigkeiten mit mir selbst. Da unten gingen Menschen, so als wäre es die einfachste Sache von der Welt. Die einen liefen schneller, die anderen langsamer. Aber sie bewegten sich zielstrebig irgendwohin und kamen vermutlich auch an. Ich hatte Mühe, bis zur Korridortür zu kommen. Was hätte ich darum gegeben, wenn ich auch nur die achtzehn Stufen bis zum nächsten Stock hätte bewältigen können. Aber ich konnte es nicht. Manfred trug mich hinab.

»Sie müssen schwimmen«, bestimmte Frau Doktor, »mindestens zweimal in der Woche.«

»Ich kann aber nicht schwimmen!«

»Dann wird es höchste Zeit, daß Sie es lernen, und bitte nur im warmen Wasser, Frau Pfarrer!«

»Schwimmen ist kein Hexenwerk«, sagte Manfred, »jedes Kind kann es!«

»Unsere beiden nicht.«

»Gut, dann geht alles in einem Aufwasch. Ich bringe es euch bei!«

Nun war es kein Wunder, daß ich nicht schwimmen konnte, ich hatte schreckliche Angst vor tiefem Wasser. Kein See vermochte mich zum Bade zu verlocken, selbst wenn es noch so heiß war. Schaudernd kroch ich in mich zusammen, wenn ich auch nur an einem Schwimmbad vorbeifuhr. Mir genügte mein erstes und einziges Badeerlebnis.

Es geschah an einem Waldsee in Polen, einem flachen, verwunschenen Gewässer, mit Seerosen bewachsen.

»Los, wir baden!« rief Michael, mein großer Bruder. Onkel Fritz war uns als Begleitung zugesellt.

»Geht ruhig hinein«, sagte er und lagerte sich am Ufer, »ich hole euch raus, wenn's nötig ist, ich kann schwimmen.«

Also planschten wir hinein, spritzten und schrien vor Vergnügen. Ich stand schon bis zum Bauch im Wasser, fühlte meine Zehen im weichen Modder einsinken und spürte voll Entsetzen, daß es da unten lebendig war. Irgend etwas bewegte sich und biß mir ins Bein. Schreiend fiel ich um, bekam Wasser in Mund und Nase, hustete. Der gute Onkel krempelte sich die Hosen hoch und zog mich ans Ufer. Drei Blutegel hingen an meinem Bein, widerliche, schwarze Würmer. Zwei von ihnen riß der Onkel heraus, der dritte wollte nicht.

»Man muß ihn lassen, wenn er voll ist, fällt er von ganz allein ab. Hör auf zu brüllen, Amei. Blutegel sind nicht gefährlich.«

Mich aber erfüllte der Anblick dieses schwarzen Wurmes an meinem Bein mit solchem Ekel und Entsetzen, daß mir schwarz vor Augen wurde. Seitdem habe ich die Freude an verwunschenen Gewässern und am Baden verloren.

Nun, wir tauchten in kein verwunschenes Gewässer, Manfred schleppte uns in ein geheiztes Schwimmbad.

Wir waren aufs beste versorgt mit drei Paar Schwimmflügeln und vielen guten Ratschlägen aus unseres Lehrherren Mund.

»Wasser trägt! Niemand geht unter, der sich ihm anvertraut! Ihr dürft nur nicht strampeln und Angst haben!«

Wie macht man das, keine Angst zu haben, wenn man vor Angst schlottert? Wie lernt man es, einem Element zu vertrauen, dem man zutiefst mißtraut? Man reißt sich zusammen, schaltet seinen Verstand ein, sagt sich, daß es in einem Thermalbad keine Blutegel gibt und daß schlimme Erfahrungen überwunden werden müssen. Man will den Kindern ein gutes Beispiel geben und dem Mann ein tapferes Weib sein, damit er es nicht bereuen möchte, ein solches Angstbündel von Frau an Land gezogen zu haben.

Mein Kopf steckte voller guter Vorsätze, als wir in der Badeanstalt anlangten. Aber in der Umkleidekabine fiel mit jedem Kleidungsstück auch ein guter Vorsatz, so daß ich schließlich mit einem Kopf voll dröhnender Leere auf das Bänkchen niedersank. Nicht einmal der neue Badeanzug führte meinem Herzen Stärkung zu. Manfred klopfte an die Tür.

»Bist du fertig?«

»Geht schon mal voraus, ich komm' dann nach!«

»Nein, wir warten. Beeil dich!«

So mußte ich denn die Tür öffnen und mit freudig verzerrtem Gesicht unter die Meinen treten. Andreas und Mathias wirkten auch nicht gerade froh erregt. Manfred dagegen glühte vor Eifer, uns in die seligen Gefilde der Wasserfreuden zu geleiten.

»Los, los, macht schon!« drängte er und faßte mich am Arm. »Wir haben nur eine Stunde Zeit!«

Dies nun wieder war ein tröstlicher Gedanke: Die Zeit des Grauens würde in einer Stunde überstanden sein.

Der Bademeister betrachtete uns mit argwöhnischen Blikken, als wir die Schwimmflügel an unsere Arme klemmten.

»Hier lernt man nicht schwimmen, dies ist ein Thermalbad und nur für gesundheitliche Zwecke geeignet.«

Ich legte demonstrativ meine Krücken zu seinen Füßen nieder. Da ließ er uns mürrisch passieren, verwies uns jedoch in die Abteilung für Nichtschwimmer, wofür ich ihm von Herzen dankbar war.

»Gut«, sagte Manfred, »gehen wir erst einmal da hinein, aber nur für ein Weilchen. Schwimmen lernen könnt ihr nur im Tiefen.«

An seinen Arm geklammert rutschte ich die Treppen hinunter ins Wasser. Es war angenehm warm, und ich konnte darin gehen ohne irgendwelche Hilfe. Auch Andreas und Mathias planschten vergnügt. Wir wären glücklich gewesen und zufrieden, hätte Manfred uns nicht aus unserem sicheren, kleinen Paradies vertrieben und hinübergedrängt ins Tiefe. Dort brachen harte Zeiten an, nicht nur für uns drei Angsthasen, nein, auch für Manfred und die im Kreis geruhsam herumschwimmenden Kurgäste. Wir klammerten uns an die Stange am Beckenrand und sprengten so den friedlichen Kreisverkehr.

»Weiter!« drängten die anderen Schwimmer.

»Loslassen!« kommandierte Manfred.

Nur Mathias wagte es, den rettenden Halt zu verlassen. Er paddelte davon wie ein kleiner Hund, und für eine kurze Gnadenfrist wandte sich Manfreds Interesse von uns ab und ihm zu. Vater und Sohn schwammen nebeneinander her, der Vater zeigte, wie man Arme und Beine zu bewegen habe, der Sohn trachtete nur danach, über Wasser zu bleiben und die andere Seite zu erreichen. Dort angelangt, drückte er sich hemmungslos durch die Kette der Kreisschwimmer, trat dieser Dame vor den Kopf und jenem Herrn ans Schienbein und hing schließlich prustend, aber wohlbehalten an der Stange.

Manfred tauchte zu uns zurück und forderte Andreas auf, es seinem kleinen Bruder gleichzutun. Andreas kämpfte. Er wollte nicht hinter Mathias zurückstehen, er wollte aber auch nicht ertrinken. Schließlich ließ er los, paddelte davon, bekam Wasser in die Nase, schrie und schnaufte und mußte von seinem Vater an den Beckenrand geschleift werden.

Schon sehr verstimmt langte Manfred wieder bei mir an. Seine Familie bereitete ihm Verdruß, machte ihn zu Kinderleins Spott und hielt keineswegs, was sie versprochen. Mein kurzer Ausflug in gefährliche Tiefen brachte ihn um die letzte Fassung.

Auch ich ruderte verzweifelt, kam mit den Armen nicht voran, dafür aber mit dem Kopf unter Wasser und packte in Todesangst nach den nächstbesten Beinen. Sie gehörten jedoch nicht Manfred, sondern einem ahnungslosen Mitschwimmer. Gurgelnd versank er in den Fluten, versuchte sich loszustrampeln, tauchte wieder auf, protestierte und versank erneut. Ich hatte seine Badehose zu fassen bekommen und zog sie unaufhaltsam mit mir in die Tiefe. Ich hielt sie auch noch fest, als Manfred mich in die Höhe riß und zur Stange zerrte. Da endlich gab sie dem Zug nach, das Gummiband riß, und der Herr, dessen roter Kopf dräuend neben mir aus dem Wasser stieg, tauchte wieder unter, um seiner Hose habhaft zu werden. Laut schimpfend, mit einer Hand die Hose, mit der anderen die Leiter haltend, kroch er aus dem Becken und verschwand in den Nebenräumen.

Auch wir traten eilends den Rückzug an, um seiner Wiederkehr und dem allgemeinen Zorn zu entrinnen.

Manfred schüttelte den Kopf, daß die Tropfen sprühten, und sprach auf dem Rückweg kein einziges Wörtlein mit dem Rest der Familie. Nur Mathias bekam einen freundlichen Blick und ein aufmunterndes Kopfnicken, worauf er emporblühte und sagte, daß es schön gewesen sei und daß wir es hoffentlich bald wieder machen würden.

So suchten wir die Schwimmbäder der Stadt und ihrer Umgebung heim, hinterließen Zorn und Chaos und taten dies so lange, bis wir die Angst aus unserem Herzen und die Schwimmflügel von unseren Armen werfen und schwimmen konnten. Ein Restchen Angst und Unbehagen allerdings blieb immer noch in mir.

»Damit mußt du leben lernen«, sagte Manfred.

Ein schwacher Trost, schließlich mußte ich mit so vielem leben lernen, nicht nur mit der Angst vorm Wasser. Auch die Fortbewegung im Trockenen ging so unendlich langsam voran.

Nach einem Vierteljahr fiel die erste Krücke, nach einem weiteren die zweite, Manfreds alter Spazierstock genügte fortan als Stütze. Ich mühte mich ab, übte auf dem weichen Wohnzimmerteppich und gelangte mit der Zeit zu einer großen Geschicklichkeit, nicht im Gehen, leider, aber im Fallen.

»Ihr wißt überhaupt nicht, wie gut ihr es habt, Manfred! Ihr lauft herum, ohne irgend etwas zu denken. Ich muß so viel denken, daß ich im Kopf gar nicht nachkomme. Hacke aufsetzen, Fuß abrollen, das Gewicht verlagern, den anderen Fuß nachholen. Nicht einknicken, nicht umfallen! Ich wollt', ich wär' 'ne Kuh! Die hat vier Beine, wenn eines streikt, bleiben immer noch drei.«

»Gut, daß du keine bist! Die Sonne scheint. Ich leihe dir meine beiden Füße und meinen Arm, und dann bist du besser dran als jede Kuh. Komm, wir gehen spazieren!«

Die Treppe war mir schon immer zuwider gewesen, jetzt aber wurde sie zum Problem. Hinunter konnte ich auf einem Bein hüpfen, aber hinauf war es eine mörderische Strapaze. Hatte ich den fünften Stock erreicht, dann kam ich mir vor wie nach der Besteigung eines Dreitausenders, klammerte mich an die Wohnungstür, als sei es das Gipfelkreuz, und hatte nur den einen Wunsch, mich irgendwo zu lagern, den Rucksack auszupacken und Stärkendes zu mir zu nehmen.

»Alle Leute gucken hinter mir her, weil ich humple!«

»Kein Mensch guckt hinter dir her!«

»Siehst du, jetzt hast du es selber ausgesprochen! Kein Mensch guckt hinter mir her! Und warum? Weil ich humple!«

Manfred lachte. Batsch, da lag ich auf der Nase, stand aber gleich wieder aufrecht und schaute mich unauffällig um, ob irgendwelche Menschen dies Mißgeschick mitangesehen hatten.

»Hast du bemerkt, wie sicher ich an deinem Arm gehe, wie schön fest du mich hältst?«

»Hat's weh getan, Malchen? Du bist mir einfach weggerutscht.«

Er hockte vor mir, betrachtete die Laufmasche im Strumpf und das Blut auf dem Knie; ich wußte, daß es ihm ebenso weh tat wie mir.

»Du wirst es nicht glauben, Manfred, aber ich war eine der besten Läuferinnen in meiner Klasse, und du hättest mich mal Bockspringen sehen sollen!«

»Niemand will, daß du Bock springst. Du hast ungeheure Fortschritte gemacht! Wenn das so weiter geht, dann läufst du mir bald weg!«

Ich zog schnüffelnd die Nase hoch und versuchte, die Tränen aus den Augen zu zwinkern. Seit dieser Krankheit war ich derart wehleidig geworden, daß mir vor mir selber graute.

Ich ging zu Evelyn. Trost wollte ich mir bei ihr holen und dafür ein weißes, mit rosa Blüten besticktes Strampelhöschen überreichen, denn Evelyn hatte ein Töchterlein bekommen, welches Marika hieß und nun bereits einen Monat zählte.

Auf mein Klingeln antwortete Raskolnikow mit wütendem Gekläff. Evelyn öffnete. Sie war etwas fülliger geworden und steckte in ihrem grünen Kleidchen wie eine Raupe kurz vor der Häutung; um die Mundwinkel zuckte ein angestrengtes Lächeln. Raskolnikow sprang an mir hoch und schnappte nach dem Päckchen im rosa Seidenpapier.

»Ich möchte die kleine Marika begucken und ihr was Schönes schenken!«

Ich hob das Päckchen hoch über meinen Kopf, damit Raskolnikow es nicht zerreiße, und strebte dem Zimmer zu, aus dem ich das Kind schreien hörte.

»Pscht, Amei«, flüsterte die junge Mutter und zog mich zur Seite, »Raskolnikow darf es nicht hören! Gib ihm das Geschenk! Weißt du, er packt so gerne Päckchen aus, und dann hat er auch eine Freude ...«

»Was, mein süßes Strampelhöschen für Marika soll er ...«

»Nein, bloß auswickeln. Mensch, Amei, er ist fruchtbar frustriert! Marika kriegt dauernd was und er gar nichts. Das muß ihn doch fertig machen, da kann er sich nie zu einer positiven Einstellung durchringen! Verstehst du das nicht?«

»Doch, natürlich, ja! Soll ich's ihm einfach so hinschmeißen oder wie?«

»Nicht schmeißen! Überreichen und vielleicht was Nettes dazu sagen!«

»Hier, du lieber Raskolnikow«, knirschte ich mit äußerster Beherrschung, »würdest du bitte so freundlich sein und dieses Geschenk für dein Schwesterchen auspacken ...«

Wuff, da hatte er es schon geschnappt, auf den Boden geworfen und sich mit Schnauze und Pfoten darüber hergemacht, daß die Fetzen flogen. Jetzt hielt er das Strampelhöschen in den Zähnen, trug es zu seinem Körbchen und legte es darin nieder.

»Nachher nehme ich's raus und leg' was anderes dafür rein«, flüsterte Evelyn, »das merkt er gar nicht. Schönen Dank auch! Das ›Schwesterchen‹ hast du hoffentlich nicht ironisch gemeint!«

»Nein, was denkst denn du? Es ist mir bloß so rausgerutscht, und weil ich dachte, es tut ihm vielleicht gut.«

»Da magst du recht haben«, stimmte Evelyn zu, »er ist gerade empfindlich wie eine Mimose!«

Wir betrachteten das kleine Mädchen, indes Raskolnikow in der Diele das Seidenpapier zu tausend Fetzen zerriß.

Dann sank Evelyn in einen Sessel, und ich sah endlich die Zeit gekommen, meine Leiden vor ihr auszubreiten.

»Menschenskind«, rief sie, nachdem ich erst einen winzigen Bruchteil ausgekramt hatte, »deine Sorgen möcht' ich haben! Da sitzen Leute im Rollstuhl oder sind blind oder kämpfen mit solchen Schwierigkeiten wie ich, und du jammerst, weil du das Bein ein bißchen nachziehst und keine schicken Schuhe anziehen kannst! Schäm dich!«

Gut, ich schämte mich ein Weilchen und ließ sie von ihren mannigfachen Nöten berichten, dann aber wagte ich doch in eine Pause hinein zaghaft zu protestieren.

»Weißt du, Evelyn, wenn du im Loch sitzt, dann ist es dir egal, ob es zehn Meter tief ist oder fünf. Du sitzt halt drin!«

»A bah! Nimm dir ein Beispiel an mir! Ich sitz' auch im Loch, aber ich lass' mir nichts anmerken. Was meinst du, was ich alles zu tun hab' mit Marika und Raskolnikow. An Karl-Otto habe ich auch keine Hilfe. Es ist mir unverständlich, daß ich bei all den Belastungen nicht dünner werde. Kein Kleid paßt mehr! Kannst du das verstehen?«

Sie ließ den Kopf in die Hände sinken, aber mein Herz blieb kalt beim Anblick ihres Kummerspecks. Ich war gekommen, um selber getröstet zu werden.

»Und kannst du verstehen, Evelyn, wie das ist, wenn man nicht sicher auf seinen Füßen steht und dauernd auf die Nase fällt?«

Sie hob den Kopf und schüttelte ihn ungeduldig.

»Lächerlich! Du mußt es überspielen!«

Ich wurde eine Meisterin im Überspielen: Träumte, an

einen Laternenpfahl gelehnt, vor mich hin, bis dieser Fuß geruhte, weiterzugehen.

Saß auf Mäuerchen, in den Anblick des gegenüberliegenden Mietshauses versunken, bis ich mich fähig fühlte, einen neuen Anlauf zu wagen.

Ließ die Einkaufstasche fallen, um mich niederlassen und einsammeln zu können, bis die Kraft zurückgekehrt war.

Stand vor Schaufenstern und betrachtete dankbar und ausgiebig, was immer sie boten.

»Oh, das ist aber mal hübsch dekoriert!« Ich preßte die Nase an das Schaufenster eines Metzgerladens.

»Nichts als Salami und saure Gurken!« knurrte Magnus.

»Die anderen sind schon in der Eisdiele, wir müssen uns beeilen!«

»Geh nur voraus, Magnus, ich komm' gleich nach!«

Die Aufforderung, daß ich mich beeilen solle, bewirkte sofort meine völlige Gehunfähigkeit.

»Seit wann interessieren Sie sich für saure Gurken?«

Magnus warf mir einen prüfenden Blick zu und ging dann kopfschüttelnd voran.

»Jetzt müssen wir aber rennen, sonst kommen wir unweigerlich zu spät!« Freund Nick hatte das Auto weit entfernt vom Theatereingang geparkt. Er konnte im Geschwindschritt die Straße überqueren, ich nicht. Also blieb ich wie angenagelt neben der Autotür stehen und knickte dann um.

»Au weia, jetzt bin ich in ein Loch getreten! Ich glaub', mein Fuß ist verknackst. Was machen wir bloß, Nick!«

»Soll ich dich tragen?« Es klang nicht gerade begeistert.

»Ach wo! Aber vielleicht könnte ich mich auf dich stützen, und wir gehen ganz langsam über die Straße. Es tut nämlich weh!«

»Also komm, ganz langsam!«

»Nein, ich spazier' nicht gern im Foyer herum! Ich find' das richtig blöd. Geh nur, Nick, es macht mir nichts aus. Ich bleib' hier sitzen und schau' mir das Programmheft an!«

»Wenn du nicht gehst, dann bleibe ich auch da. Ich dachte, es macht dir Spaß zu gucken, was die anderen anhaben ...«

»Ach, was denkst du! Das ist mir doch piepegal!«

Es war mir keineswegs piepegal, sondern bereitete mir das größte Vergnügen, in der Pause herumzuspazieren, Abendroben und Frisuren zu betrachten und meine spitze Zunge an ihnen zu wetzen.

Mit Manfred als Begleiter konnte ich diesem Vergnügen sorglos nachgehen. Der hielt mich eisern fest, so daß ich auf dem glatten Parkett nicht ausrutschen und mit dem Fuß nicht umknicken konnte. Nun aber saß Nick neben mir. Hatte er auch auf der dunklen Straße notgedrungen meinen Arm gefaßt, im Foyer würde er es nicht tun, jedenfalls nicht von allein, und ich würde mich hüten, ihn ein zweites Mal darum zu bitten.

So saßen wir denn eine Pause lang im Parkett und rangen nach Gesprächsstoff. Der weite Weg zurück zum Auto mit reichen Möglichkeiten zu stolpern, zu stürzen, nicht mehr weiter zu können, mich vor Nick zu blamieren, lastete schwer auf mir, so daß ich angstvoll meine Finger ineinander wand und wenig Freude an der Vorstellung hatte.

»Laß uns durch den Park gehen«, drängte ich Nick, als wir unsere Garderobe ergattert hatten und am Ausgang standen.

»Durch den Park?« Nick beäugte mich mißtrauisch. »Wieso denn! Es ist dunkel und ein Umweg obendrein!«

»Mir tut die frische Luft so gut!«

»Es regnet, falls du das nicht bemerkt haben solltest!«

»Aber das ist es doch gerade, Nick. Nichts pflegt die Haut besser als Regenwasser! Es glättet die Falten!«

»Eben«, knurrte er, blickte grämlich auf seine messerscharfen Bügelfalten, bog dann aber in den Park ab. Unter dem ersten Baum zog ich mir die Schuhe aus.

»Bist du wahnsinnig geworden? Menschenskind, du holst dir den Tod, es ist eiszapfenkalt!«

»Ach, wie ich das liebe, den festen Boden unter meinen Füßen, das weiche Gras! Herrlich!«

Ich liebte es überhaupt nicht, strümpfig über eine nasse Wiese zu gehen. Die Kälte kroch mir bis zu den Knien, der nasse Rocksaum schlappte um meine Gelenke. Nick schüttelte den Kopf und schaute sich ängstlich um, ob irgendein menschliches Wesen dieses seltsame Gebaren seiner Begleiterin erspähen könne. Dann standen wir vor der Straße, die es zu überqueren galt. Ich marschierte munter drauflos.

»Zieh dir gefälligst die Schuhe an! Du kannst doch nicht so über die Straße gehen!«

»Wenn du unbedingt willst, gerne! Aber dazu muß ich mich hinsetzen.«

»Um Himmels willen, bloß das nicht!«

Nick schaute entsetzt nach allen Seiten. Da gab es Passanten genug, die das Schauspiel genießen würden, eine Dame im Abendkleid auf dem Bürgersteig sitzen zu sehen, damit beschäftigt, ihre Schuhe anzuziehen. Er, Nick, würde möglicherweise erkannt und gefragt, wie er zu dieser Dame käme und stünde ...

»Sie sind etwas eng, es wird schon ein Weilchen dauern, bis ich sie anhabe!«

»Los, gehen wir!«

Er drängte mich voran und faßte sogar nach meinem Arm. Die Straßenbahnschienen drückten, die Steine dazwischen noch mehr, aber meine Sohlen waren mittlerweile gefühllos geworden.

»Du bist vielleicht ein verrücktes Huhn!« Nick schloß das Auto auf.

Recht so! Tausendmal lieber ein verrücktes Huhn als ein lahmendes Trampeltier! Nick schwieg während der Heimfahrt verbissen. Es störte mich jedoch wenig, denn ich war vollauf damit beschäftigt, meine Füße trocken zu reiben mit Hilfe eines Autolappens, den er mir nur ungern zur Verfügung gestellt hatte.

Dies war der erste und einzige Theaterbesuch mit Nick. Er vermied es seitdem sorgfältig, beim Schachabend zu erwähnen, er habe Theaterkarten und lade uns herzlich ein. Das Geschick könnte es wiederum fügen, daß Manfred zwar leider verhindert, aber mit freundlicher Stimme »nimm doch Amei mit« sagen würde, »sie sitzt sonst den ganzen Abend hier alleine rum«. Da war er einmal darauf hereingefallen, das würde ihm nie wieder passieren.

»Manfred, die Evelyn hat gesagt, man sieht es, daß ich hinke!«

Wir saßen am Mittagstisch, und meine Tränen flossen in die Suppe.

»So hat sie es sicher nicht gesagt.«

»Doch, genau so! Ich habe sie gefragt, ob man sieht, daß ich hinke, und da hat sie gesagt, ja, man sieht es schon.«

»Wie kann sie sagen, daß du hinkst, wenn du es doch nicht tust! Himmel, Malchen, ich bin kürzlich extra hinter dir hergegangen, um deinen Gang zu betrachten. Ich hab' rein gar nichts gesehen!«

»I au net!« bestätigte Andreas.

»Eibildung!« rief Mathias.

»Entweder habt ihr euch daran gewöhnt und seht es deshalb nicht mehr, oder ihr lügt mir was vor.«

»Ich lüge nie!« sagte Manfred.

»Em Bruno sei Bella, die hinkt, weil se sich nämlich en Dorn in d' Pfote gstoche hat«, berichtete Andreas, »die sollsch du mal sehe! Se hält dr Fuß hoch und jault.«

»Jaulen tut 's Mulchen au«, meinte Mathias.

»Da magst du recht haben!« sprach sein Vater.

Rock 'n' Roll und Herztabletten

Das Telefon klingelte. Bruder Christoph war am Apparat.

»Das Leben ist schwer!«

»Ich weiß. Wieso?«

Er seufzte abgrundtief. »Ich muß Ehepaartanzstunde machen.«

»Du mußt was?«

»Zur Ehepaartanzstunde. Judy will's.«

»Ja, wenn's die Judy will ...«

»Sie sagt, sie ist es leid, immer nur meinen Einheitsschritt zu tanzen. Sie hat uns schon angemeldet.«

»Herzliches Beileid!«

»Euch auch!«

»Was?«

»Euch hat sie auch angemeldet. Wir dachten, ihr findet doch nicht den Mut und schaden tut's euch nicht und überhaupt, was soll ich allein leiden?«

»Christoph, bist du wahnsinnig? Ich kann nicht mal richtig gehen, und dann soll ich tanzen. Ne du, das kommt nicht in Frage!«

»In Frage braucht's auch nicht mehr zu kommen, die Sache ist schon gelaufen. Wir müssen nur noch den Termin festlegen, entweder am Dienstagabend oder am Freitag.«

»Am Freitag geht's nicht. Da spielt Manfred Schach, und ich hab' Kirchenchor.«

»In Ordnung, dann nehmen wir den Dienstag. Das wird eine Gaudi, so zu viert!«

Ich schnappte nach Luft. »Christoph, es ist unerhört! Du mußt das rückgängig machen!«

»Bis Dienstag also, wir holen euch ab. Tschüs, Amei, ich kann nicht stundenlang telefonieren, ich hab' noch was anderes zu tun. Grüß Manfred schön, und er soll sich nicht totschuften!«

Klick, weg war er.

Ich rief bei seiner Frau an.

»Judy, was hör' ich da? Ihr habt uns bei der Ehepaartanzstunde angemeldet ...«

»Hoffentlich ist es euch recht, Amei ...«

»Nein, Judy, gar nicht recht! Wie konntet ihr nur so einfach über unsere Köpfe weg ...«

»Ich dachte immer, du liebst deinen Bruder! Christoph hätte nie und nimmer mitgemacht, ich brauchte einen Lockvogel ...«

»Und da hast du an uns gedacht?«

»Ja, ihr wart meine einzige Hoffnung. Christoph geht es nicht gut! Er sitzt den ganzen Tag im Büro herum und hat keine Bewegung, und weißt du, mit was der Arzt gedroht hat?«

»Nein, mit was?«

»Mit einem Herzinfarkt! Kannst du das verantworten, du, seine große Schwester?«

»Nein, Judy, um Himmels willen. Das ist ja entsetzlich!«

»Mich macht's auch ganz fertig, und darum bin ich in der Verzweiflung auf die Idee gekommen, daß ihr mir vielleicht helfen würdet ...«

Ich meinte einen unterdrückten Schluchzer am Telefon zu hören. Meine Wut schmolz dahin. Arme kleine Judy, wie tapfer sie war!

»Ich schaffe es nicht allein, Amei! Du weißt, wie ungesund er lebt! Er läuft nicht, er macht keine Gymnastik, nur Kegeln tut er, aber ich bitte dich, was kommt da schon an Bewegung heraus!«

»Judy, warum geht ihr denn nicht allein, warum müssen wir mit?«

»Ich dachte, du kennst deinen Bruder! Tanzen ist ihm ein Greuel, aber zusammen mit euch macht's ihm vielleicht sogar Spaß, und hinterher können wir noch Skat spielen oder irgendwo was Gutes essen ...«

»Judy, ich seh's ja ein, und ich tät's auch machen, aber ich kann nicht mal ordentlich gehen, wie soll ich denn tanzen?«

»Tanzen ist doch tausendmal einfacher als gehen! Du kannst dich an Manfred festklammern!«

»Der wird sich freuen!«

»Eben, das meine ich auch! Denk an deinen Bruder und daß der Arzt gesagt hat, er braucht unbedingt Bewegung, sonst kann er für nichts garantieren. Es wäre eine gute Tat und ein Liebesdienst für deinen kleinen Bruder. Tschüüs!«

Manfred schien hocherfreut und nicht sonderlich überrascht.

»Eine gute Idee! Julius wird es einsehen, und ich kann der Dienstagabend-Sitzung entrinnen.«

»Aber ich hab' keine richtigen Schuhe zum Tanzen!«

»Natürlich hast du welche!«

»Nur die Turnschuhe!«

»Nein, die nicht! Die mußt du dir sowieso abgewöhnen!«

Christoph ließ nichts mehr von sich hören, und da tat er gut daran. Je näher der Dienstag kam, desto höher wuchs mein Zorn und begann, die schwesterliche Liebe zu überwuchern. Sie rückten an. Judy, hübsch und strahlend wie eh und je, Christoph mit düster verhangener Miene.

»Muß ich wegen dir meinen Kegelabend sausen lassen? Muß ich auf meine alten Tage noch das Tanzbein schwingen, bloß damit du Bewegung kriegst mit deinem Fuß und wieder normal wirst! Hat man je so etwas von Bruderliebe erlebt?«

»Ich hör' wohl nicht recht! Wer geht hier wegen wem zur Tanzstunde.«

»Na, das dürfte wohl klar sein!« Er ließ sich ächzend in einen Sessel fallen. »Gib mir was zu trinken, Schwager, damit ich meinen Ärger ersäufen kann. Und du«, damit fuhr er zu mir herum, »du sei gefälligst dankbar, und mach kein solches Gesicht, wenn man sich schon für dich aufopfert!«

Das hatte Judy verbrochen! Da saß sie, sanft lächelnd, und nippte an ihrem Gläschen.

»Gehen wir?« fragte sie mit süßer Stimme.

»Wir müssen noch die Gebühren bezahlen.«

Manfred und Judy bestritten die Unterhaltung im Auto. Sie waren beide freudig erregt, hatten möglicherweise diesen Plan miteinander ausgeheckt und schienen eisern entschlossen, den Mißmut ihrer Partner nicht wahrzunehmen.

Christoph und ich aber brüteten schweigend in uns hinein. Geprellt! Verletzt in edelsten Gefühlen! Märtyrer mit Narrenkappen über dem Heiligenschein.

Der Tanzlehrer, ein kurzbeiniges, rundes Männlein, empfing uns und zehn andere Ehepaare mit launigen Worten und anmutigen Gesten. Nachdem er das Geld eingezogen, versammelte er uns im Kreis um sich und hielt eine Rede.

»Beim Tanzen«, so sprach er, »ergibt sich ganz mühelos, was im Leben oft hart erkämpft werden muß. Ich denke hier, meine Damen und Herren, an die Führungsrolle des Mannes, welche er unbedingt wahrnehmen sollte. Entzieht er sich dieser seiner natürlichen Bestimmung, so muß er mit bösen Stürzen, ja einem Chaos rechnen. Die reizenden Damen hingegen möchte ich herzlich ersuchen, dem Willen und Händedruck ihres Partners Folge zu leisten, auch wenn das sonst nicht ihren Gewohnheiten entsprechen sollte.«

Trotz seiner wohlgesetzten Worte vermochte er nicht, die finsteren Mienen der Herren aufzuhellen und das triumphierende Lächeln der Damen auszulöschen. Keiner der Herren schien aus eigenem Antrieb gekommen, und offen lag es vor aller Augen, wer hier wen zur Tanzstunde geführt hatte.

Nur Manfred warf freundliche Blicke auf den kleinen Tanzlehrer, lachte auch hin und wieder, so daß die Herren, insbesondere Christoph, ihn befremdet musterten, einige sogar angewidert den Kopf schüttelten.

Die Frau des Tanzlehrers war leider nicht zugegen, weshalb er sich zum Vorführen der Figuren eine Partnerin aus unseren Reihen holte, ein Vorgang, der mich mit Angst und Schrecken erfüllte. Sobald er seine Blicke suchend schweifen ließ, verschwand ich hinter Manfreds Rücken. Einmal jedoch konnte ich nicht schnell genug untertauchen, und schon streckte er galant die Hand nach mir aus. Ich überragte ihn um Haupteslänge, und obwohl sein Schwerpunkt nahe am Boden lag, gelang es mir, ihn bei einer Vorwärtsfigur aus dem Gleichgewicht zu bringen. Er sank nach hinten, suchte zappelnd mit den Beinen Boden zu gewinnen und seinen Körper aus meiner Umklammerung zu befreien. Hätte er nicht einen tollkühnen Sprung gewagt, so daß ich voll Schreck von ihm abließ und nach hinten in Manfreds Arme sank, wir hätten den Zuschauern ein trauriges Bild des Niedergangs deutscher Tanzkunst geboten. Seitdem brauchte ich mich nicht mehr zu verstecken, dem Tanzlehrer grauste, wenn er mich nur sah.

Am ersten Abend lernten wir »Cha-Cha-Cha«. Wir taten es freihändig, im Kreis stehend, was mir herzlich zuwider war, denn, wo bitte, sollte ich mich festhalten? Wer würde mich auffangen, wenn ich stürzte? Mein Blick fiel auf Christoph. Er stand mir gegenüber und hatte auch Schwierigkeiten. Seine Lippen bewegten sich und sprachen »Vor-rück-Cha-Cha-Cha! Rück-vor-Cha-Cha-Cha!«

Auf seiner Stirn stand Schweiß. Mir wurde es direkt warm ums Herz. Christoph, mein kleiner Bruder!

Nach einer Stunde Cha-Cha-Cha entließ uns der Tanzmeister zu einer Pause. Wir sanken erschöpft auf die Stühle neben der Tanzfläche. Christoph wischte sich den Schweiß von der Stirn, Manfred holte Orangensaft. Ich stöhnte, und Judy plauderte.

Nach einer weiteren Stunde, diesmal im Foxtrottschritt, stolperten wir die Treppen hinunter zum Auto. Judy und Manfred beratschlagten, wo man zu dieser späten Stunde noch etwas zum Essen bekäme.

»Leute, mir langt's!« knurrte Christoph. »Ich will nach Hause!«

»Ich auch!« sagte ich.

Am nächsten Morgen erwachte ich mit einem seltsamen Gefühl. In meinem linken Bein zog es schmerzhaft von der Wade aufwärts bis zur Hüfte. Seit der Operation hatte ich dergleichen nicht mehr gespürt. Ich stieg aus dem Bett, ging kurz in die Knie und humpelte dann ins Badezimmer.

»Manfred, was Wundervolles ist passiert! Rat mal!«

Er ließ den Rasierapparat sinken und drehte sich langsam nach mir um.

»Malchen, sag bloß nicht ...«

»Ich hab' Muskelkater! Richtigen Muskelkater im linken Bein. Ist es nicht toll?«

Er atmete auf und fuhr mit der Hand durch mein verwuscheltes Haar.

»Na, Gott sei Dank! Dann ist ja alles gut! Ich dachte schon ...« Der Rest seiner Rede erstarb im Surren des Rasierapparates.

»Christoph, ich hab' Muskelkater!«

Am anderen Ende der Leitung ließ sich ein Grunzen vernehmen.

»Na wenn schon! Ich hab' auch welchen, deshalb brauchst du mich nicht aus der Sitzung zu rufen!«

»Für mich ist es ein ganz großer Fortschritt!«

»Und für mich eine große Strapaze! Aber was tut man nicht alles!«

Weg war er.

»Judy, das hast du geschickt gemacht!«

»Was meinst du jetzt? Um was geht es?«

»Um die Tanzstunde. Judy, du bist eine Diplomatin von Format!«

»Wenn man in eure Familie einheiratet, wird man es notgedrungen. Es ist eine Überlebensfrage. Tschüüs!«

Die Tanzstunden blieben eine Strapaze, wenigstens für uns Geschwister, und wären nicht Judy und Manfred gewesen, die uns unermüdlich vorantrieben, wir hätten uns spätestens vor dem Haus des Tanzmeisters davongeschlichen und wären geflohen.

Bei einer dieser Tanzstunden vermeinte Christoph sogar einen Herzinfarkt nahen zu fühlen. Das war, als der Tanzlehrer sich kopfschüttelnd vor ihm aufbaute und »Sie machen es falsch, mein Herr!« sagte. Er bat Judy zur Seite zu treten, nahm ihre Stelle ein, forderte Christoph auf, den Arm um ihn zu legen und ein Tänzchen unter Männern zu wagen. Christoph aber tat nichts dergleichen, sondern legte seine Hand aufs Herz und keuchte, er stünde am Rand einer Attacke.

»Das ist gut!« rief der Tanzlehrer erfreut. »Ich hab's auch mit dem Herzen!« Griff in die Brusttasche und holte ein Schächtelchen heraus; darin lagen viele bunte Pillen. »Bedienen Sie sich, mein Herr! Alle sind fürs Herz. Die gelbe darf ich besonders empfehlen! Wie fühlt sich der Schmerz an? Krampft es oder zieht es?«

»Mehr dumpf«, sagte Christoph, »ein dumpfer Druck.«

»Wunderbar!« jauchzte der Tanzlehrer. »Ja, diesen dumpfen Druck, den kenne ich auch. In diesem Fall würde ich zu der roten raten, sie hilft in Sekundenschnelle! Bitte, greifen Sie zu, mein Herr!«

»Ja, diese rote sieht wirklich hilfreich aus«, Christoph griff ins Pillenschächtelchen, »vielen Dank!«

Der Tanzlehrer eilte davon, um Wasser zu holen, Manfred stürzte zu Christoph.

»Du wirst doch hoffentlich nicht irgendeine Pille ...«

Christoph hob beschwichtigend die Arme.

»Hab' sie schon unten«, sagte er zum Tanzlehrer, »aber ich trinke gerne noch etwas hinterher.«

Er trank das Wasser aus.

»Spüren Sie schon eine Wirkung?« Der Tanzlehrer schaute ihn erwartungsvoll an.

»O ja, jetzt kommt sie! Eine herrliche Wirkung! Aber vielleicht sollte ich mich doch ein wenig setzen ...«

»Natürlich, selbstverständlich! Wie konnte ich es nur vergessen! Solch eine Herzattacke ist eine ernste Sache. Wie gut, daß ich mich auskenne!«

Der Tanzlehrer geleitete seinen Patienten zu einem Sessel, ließ ihn dort sanft nieder, drückte noch ein Kissen in sein Kreuz und eilte dann beschwingt zurück in die Mitte des Saales.

»Pardon, meine Damen und Herren! Ein kleiner Samariterdienst zwischen den Tänzen. Unser Patient ist schon auf dem Weg der Besserung. Bitte nehmen Sie Aufstellung.«

Er wählte Judy als Partnerin, indessen Christoph geruhsam in seinem Sessel lehnte und stillvergnügt zuschaute.

»Du fauler Bursche!« fauchte Judy, als wir zum Ausgang gingen.

Er lächelte und legte gleich darauf das Gesicht in schmerzliche Falten, denn der Tanzlehrer faßte ihn am Arm.

»Wollen Sie noch eine rote für den Notfall, oder möchten Sie's einmal mit der gelben versuchen?«

»Wenn Sie gestatten, würde ich noch einmal zu der roten greifen. Sie war außerordentlich wirksam!«

Die beiden Herren schieden voneinander in Liebe und Herzlichkeit.

»Ja, ja, die Pumpe!« sagte Christoph.

»Wir müssen damit leben!« sprach der Tanzlehrer.

Dann schüttelten sie sich die Hand und blickten sich fest ins Auge.

Schweigend gingen wir zum Auto. Judy »kochte« leise vor sich hin. Christoph legte den Arm um ihre Schulter, worauf sie wie ein Dampftopf zu zischen anhub.

»Wirklich, Judylein, es war nicht nur Verstellung. Mich hat's schier umgehauen, als er mit mir tanzen wollte. Ich tanze doch nicht mit Männern! Aber sonst hat's mir heute richtig Spaß gemacht. Freust du dich nicht, Judylein?«

»Sag nicht Judylein zu mir!« fauchte sie. »Ich kann's auf den Tod nicht ausstehen, und du weißt es. Wo sind die Pillen?«

»Hier«, er zog sie aus seiner Tasche. »Fahrt zum Hades!« sagte er und ließ sie in einen Gully fallen.

Seit diesem Erlebnis ging Christoph gern zur Tanzstunde. Galt es, anstrengende Figuren auszuführen, oder drohte gar der von ihm zutiefst verabscheute Wiener Walzer, so legte er nur kurz die Hand aufs Herz, und der Tanzlehrer stürzte herzu und beschwor ihn, sich zu schonen, Platz zu nehmen und auf diesen Tanz zu verzichten. Judy warf scharfe Blicke und knirschte mit den Zähnen, doch konnte sie es nicht lange tun, denn der Tanzlehrer ergriff ihre Hand und walzte mit ihr davon.

Unsere Tanzstundenzeit fiel in den Frühling, und an einem freien Tag fuhren wir ins Lonetal.

Wir fahren im Frühling immer ins Lonetal, und irgendwann, so hoffen wir, werden wir die Märzbecher, die dort auf den Hängen wachsen, zur Zeit ihrer Blüte erwischen. Dies ist uns nämlich noch nie gelungen. Zwar sind die Hänge meistens weiß, wenn wir kommen, doch nicht von Märzbechern, sondern entweder von Schnee – dann sind wir zu früh dran – oder von blühenden Anemonen – dann sind wir zu spät dran –, denn die Anemonen kommen nach den Märzbechern. Doch irgendwann werden wir sie blühen sehen, und es wird ein unbeschreibliches Erlebnis sein.

Andreas und Mathias krochen begeistert auf den Felsen herum und pflückten Anemonen und Leberblümchen, denn dieses Jahr waren wir zu spät dran. Dann schichteten sie unten am Loneufer dürre Zweige für ein Feuerchen. Manfred und ich aber übten oben im Buchenwald Rock 'n' Roll. Er fiel mir besonders schwer, weil ich als Dame schwindelerregende Drehungen und Figuren zu vollführen hatte, indessen Manfred lässig auf der Stelle trat und sich ein schönes Leben machte. ›Rock 'n my soul ...‹ sangen wir und stampften mit den Wanderstiefeln den Waldboden, bis unsere Söhne zwischen den Felsen auftauchten. Sie waren beide zutiefst verärgert.

»Menschenskinder, mir sammlet da unte Zweig und schaffet wie verrückt, und ihr tanzet hier rum!« schimpfte Andreas.

»Ehrlich, mit euch macht mr was mit!« sagte sein Bruder verachtungsvoll. »Aber jetzt isch Schluß! Jetzt bratet mir Würschtle, mir habet nämlich Hunger!«

Also brieten wir Würste. Nachdem sie alle gegessen waren und wir sanft nach Rauch dufteten, mußten wir noch die letzte Figur probieren.

»Jetzt fanget se ja scho wieder an«, murrte Mathias, »komm, Andreas, mir gehet voraus. Des isch ja peinlich!«

Wir schlenderten nach der Tanzstunde zum Auto zurück. »Heut habt ihr aber einen rassigen Rock 'n' Roll hingelegt«, Christophs Stimme klang direkt anerkennend.

»Ja, wirklich, es sah richtig gut aus«, lobte Judy, »wie habt ihr das hingebracht?«

»Wir haben geübt!«

»Siehst du!« fuhr Judy auf Christoph los. »Hab ich dir's nicht die ganze Zeit gesagt, wir müssen üben, aber du willst ja nicht, du bist zu faul ...«

»Oh, hätte ich bloß meinen Mund gehalten«, seufzte der, »jetzt hab' ich keine Ruhe mehr bei Tag und Nacht, stimmt's, Judylein?«

»Da magst du recht haben«, rief sie, »gleich morgen kaufe ich eine Rock 'n' Roll-Platte, und dann wird jeden Tag geübt!«

Christoph stöhnte. »Aber heute will ich noch was Gutes essen!«

Er marschierte los, denn wenn's ums Essen ging, war Christoph unermüdlich. Wir stiefelten hinterdrein, hinein in die Altstadt. Dort herrschte noch reges Treiben. Eine Dame stand am Straßenrand, ein Herr strebte von ihr fort zur anderen Straßenseite.

»Mieser Geier!« rief sie ihm hinterher.

»Menschenskinder«, flüsterte Judy überwältigt, »das war vielleicht eine richtige ...«

»Es könnte sein«, meinte Christoph mit Stimme und Gebaren eines Mannes von Welt, »aber Kind, da solltest du mal nach Frankfurt kommen, da würdest du was erleben!«

»Tu nicht so überheblich«, maulte Judy, »und deine Geschichten aus Frankfurt kann ich schon lange nicht mehr hören.«

»Na«, sagte Christoph, »wie hab' ich euch geführt?«

Wir standen vor einem China-Restaurant, es war noch geöffnet, also kehrten wir ein. Dämmriges Dunkel empfing uns, Glöckchen und Ampeln und ein müder Kellner.

Manfred und ich begnügten uns mit einer Frühlingsrolle, Judy entschied sich für eine Suppe, aber Christophs Augen hatten auf der Speisekarte »Peking-Ente« entdeckt, und Ente aß er für sein Leben gern.

»Meine Güte, und das auf die Nacht!« rief Judy. »Du wirst nicht schlafen können mit einer Ente im Magen!«

»Macht nichts, Judylein, dann tanzen wir noch ein bißchen Rock 'n' Roll!«

Seine Augen leuchteten, sein Magen knurrte. So saß er da in stiller Zufriedenheit, lehnte sich weit zurück und wartete auf seine Ente. Der Kellner, müde und abgekämpft, kam aus der Küche mit einem großen Tablett voller Schüsselchen.

Er stieß an Christophs Stuhl, ein Schüsselchen rutschte über den Rand des Tabletts, landete auf Christophs Schulter und ergoß seinen Inhalt, eine gelbe, stark duftende Currysoße, auf Christophs hellgraues Jackett, tropfte weiter auf die dunkelgraue Hose und verbreitete sich dort zu einem unerfreulich gelbbraunen, intensiv riechenden Fleck.

Christoph saß reglos, indes der Kellner hinter der Soße her einen Schwall Entschuldigungen über ihn ausgoß, davonlief, mit Wasser und Tüchern wiederkehrte, sich über ihn beugte und rieb und schrubbte.

»Womit habe ich das verdient?« fragte Christoph und blickte traurig in die Runde. »Wo ich Curry eh nicht riechen kann!«

»Lassen Sie's bleiben«, sagte er zu dem Kellner, »und bringen Sie endlich meine Ente!«

Die Ente kam, und Christoph blickte sie lange durchdringend an. »Solche Ente habe ich nicht gemeint«, klagte er, »ich wollte eine zum Selberbeißen! Eine ganze, noch mit Knochen, keine zerhackte!«

Er steckte einen kleinen Bissen in den Mund, kaute, schluckte mühsam und schob den Teller weit von sich.

»Sie schmeckt nach Curry!«

»Die Frühlingsrolle auch!«

»Und erst die Suppe!«

Wir zahlten und gingen.

»O Liebling, wie du aussiehst und wie du stinkst!« jammerte Judy. »Wo du dich doch so schnell ekelst! Oder macht es dir nichts aus?«

Er wandte uns das Gesicht zu, im Schein der Straßenbeleuchtung war es so gelb wie der Curry auf seiner Hose.

»Und wie's mir was ausmacht!«

Er verbreitete Currygeruch im Auto, im Treppenhaus und in der Wohnung, denn er wollte bei uns noch einen Klaren trinken, damit ihm besser werde. Wir setzten ihn ans offene Fenster und begaben uns auf die andere Zimmerseite.

Judy stäubte eine Parfümwolke um uns herum. Nachdem er sein Gläschen getrunken, erhob er sich, schien gelöst, ja fast heiter.

»Jetzt wollen wir tanzen! Komm, Judylein, laß uns den Rock 'n' Roll üben!«

Sie hing betäubt in seinen Armen, er aber tanzte so gelöst wie selten.

Andreas und Mathias erschienen, beide schlaftrunken und im Nachtgewand.

»Was isch denn hier los?« fragte Mathias, hob die Nase

und ging schnuppernd auf Christoph zu. Er sog den Duft tief ein, sein Gesicht verklärte sich.

»Oh, Onkel Chrischtoph«, sprach er, »du riechsch vielleicht gut!«

»Ja«, rief Andreas, »grad zum Neibeiße! Wie a Currywurscht!«

»Was man nicht im Bein hat . . .«

Andreas und Mathias standen ausgehbereit an der Wohnungstür. Sie hatten sich sogar gekämmt.

»Ade, Mulchen.«

»Wo wollt ihr hin?«

»Zum Olaf.«

»Ihr könnt doch auch hier spielen. Warum kommt der Olaf nicht zu uns?«

»Ach was, zu uns! Mir habet doch kein Fernseher!«

»Ich mag aber nicht, daß ihr immer bei anderen Leuten fernseht!«

»Was sollet mir denn mache, Mulchen, mir müsset ja!« rief Andreas zornig. »Ihr seid schuld, weil ihr kein kaufet!«

»Ja«, schrie Mathias, »da möcht mr grad neihaue, wenn mr solche Eltern hat!«

»Ich spiel' mit euch und erzähl' euch Geschichten.«

»Immer Gschichte! Mir sin doch keine Kinderschüler mehr!«

»Ich hab' gedacht, ihr hört's gern, wenn ich euch Geschichten . . .«

»Ja, Mulchen, freilich, mir höret's au gern, aber sehe isch tausendmal schöner!«

»Du solltesch mal dr Flipper sehe! Der macht vielleicht tolle Sache! Der schpringt zehn Meter in d' Höh und rettet sei Herrle . . .«

»Wer ist Flipper?«

»En Delphin! Siehsch du, was du alles net weisch, Mulchen! Alle wisset's, bloß mir net. Weil mir nämlich gar nix habet, kein Delphin und kein Stallhas, net amal en Fernseher!«

»Und wenn mir jetzt net machet«, drängte Mathias, »dann fängt's ohne uns an!«

Sie stürmten davon und preschten an ihrem Vater vorbei, der die Treppe heraufkam und sie aufzuhalten suchte.

»Wo wollt ihr hin?«

»Fort!«

Dann schlug die Haustür hinter ihnen zu.

»Manfred, wir müssen einen Fernseher kaufen.«

»So ein Ding kommt mir nicht ins Haus!«

»Gut, dann werden unsere Söhne bald nur noch zum Schlafen und Essen kommen.«

»Sie sollen gefälligst lesen und spielen, das ist besser für ihre Entwicklung.«

»Alle Kinder haben einen Fernseher zu Hause, nur unsere nicht. Du, sie sind richtig sauer auf uns!«

»Malchen, ich hab' doch gesehen, wie ganze Familien vor dem Fernseher hocken und kein Wort miteinander sprechen. Das Familienleben verödet.«

»Es verödet auch ohne Fernseher, weil unsere beiden nämlich dauernd unterwegs sind, um bei anderen zu gucken. Schau, Manfred, wenn wir einen Fernseher hätten, dann könnten wir aussuchen, was sie sehen dürfen, und hinterher könnten wir drüber sprechen.«

Das Telefon klingelte. Er nahm beglückt die Gelegenheit wahr, mir zu entfliehen.

Ich machte Kaffee und holte beim Bäcker Flachswickel und Apfelkuchen, denn, so sagte ich mir, ein gut gefülltes Kaffeetablett schafft eine bessere Verhandlungsbasis.

Manfred war denn auch recht gerührt, fand, daß ich meine guten Seiten hätte, und ich versicherte ihm, daß es bei ihm auch so wäre, man müsse nur genauer hinschauen, und so sprachen wir über dies und das, bloß nicht über das heikle Thema.

Ich schwärmte von seiner letzten Predigt, die mich sehr angesprochen habe, hob hervor, wie wichtig ich es fände, daß ein Pfarrer wisse, was seine Gemeinde beschäftigt, damit er in seiner Predigt auch ihre Probleme aufgreifen könne, und wie gut er, Manfred, das doch fertigbringe.

»Ja«, bestätigte er, »das ist mir freilich wichtig, aber manchmal fällt es mir doch schwer.«

»Du machst es trotzdem großartig. Ich könnte mir allerdings vorstellen«, dies sagte ich so ganz nebenbei, während ich Kaffee eingoß, »es wäre eine Hilfe für dich, wenn du zum Beispiel am Samstagabend das Fernsehprogramm sehen würdest. Natürlich wär' das für dich ein großes Opfer, aber ein Pfarrer sollte keine Mühe scheuen, um seine Hand am Puls der Gemeinde zu halten. Viele Leute stehen am Sonntagmorgen noch ganz unter dem Eindruck des Fernsehkrimis.«

»Ich kann ihnen auch nicht sagen, wer der Täter ist!«

»Manfred, jetzt stell dich nicht dümmer, als du bist! Natürlich sollst du ihnen nicht den Täter sagen, aber du weißt, in welcher Stimmung sie sind. Himmel noch mal, sei doch nicht so stur!«

»O Malchen!« Er lachte. »Wenn du einen bestimmten Zweck verfolgst, dann schreckst du vor nichts zurück.«

Wir redeten hin, wir redeten her, und eine Woche später kam der Fernseher.

»Aber daß ihr ja nicht dauernd davorhockt!« knurrte Manfred. »Das darf auf keinen Fall einreißen. Nur ausgewählte Sendungen werden angeschaut!«

»Natürlich, Manfred!«

»Klar, Vati, was densch denn du?«

Und dann saßen wir vom Beginn des Nachmittagsprogramms bis zum Abend und nach dem Essen wieder, und wann immer er Zeit hatte, setzte sich auch der Hausherr dazu. Wie die hypnotisierten Kaninchen hockten wir da, überwältigt von der Fülle der Bilder.

›Die Augsburger Puppenkiste‹, ›Fanfan, der Husar‹, ›Flipper‹ und ›Lassy‹ spukten durch unsere Gedanken und Gespräche.

Adenauer starb, und sein Tod erfüllte uns mit tiefer Trauer. ›Der Drache aus dem Märchenland‹ flog davon, ›Ferdinand Fuchs‹ flugs hinterher. Beethoven und Bach wurden gesendet, Trauerzüge und auf Halbmast flatternde Fahnen.

»Des isch ja furchtbar!« schimpfte Mathias. »Nichts als Opus! Mir tun scho d' Ohre weh! Komm, Andreas, dann müsset mir halt schpiele!«

Andreas seufzte abgrundtief. »Schpiele mir halt!« Sie verschwanden im Kinderzimmer.

Kurze Zeit danach klebte ein Plakat an der Kinderzimmertür:

»NICHT STÖHREN! OPERATSCHON!!!«

Ich las es und eilte zu Manfred. »Komm mit, lies es!«

Nur widerstrebend erhob er sich vom Schreibtischstuhl.

»Was ist denn jetzt schon wieder?«

Er las und lachte.

»Himmel, die Orthographie! Du solltest mit Andreas Diktate üben!«

»Darum geht es doch nicht! Mensch, Manfred, sie spielen Doktor! Denk an die Erziehungsbücher! Das Kapitel über die Doktorspiele.«

»Laß sie doch spielen!«

»Nein, die Zeit ist gekommen, wir müssen sie aufklären! Und du bist der Vater!«

»Ich tu's, wenn sie fragen.« Schwupp war er wieder in seinem Zimmer verschwunden.

Die Zeit, Erziehungsaufgaben wahrzunehmen, kam schneller, als ich zu hoffen gewagt. Abends saßen sie beide in der Badewanne, spritzten und spielten. Ich hockte auf dem Rand, um ihre Spritzlust etwas zu bändigen.

»Mulchen«, begann Andreas, »i muß mal was frage.«

»Ja?«

»Du, der Bernd hat heut Sache erzählt ...«

»Was hat er denn erzählt?«

»Wie mr Kinder macht und so. Ehrlich, i kann's gar net glaube. Richtig wüscht! Und des hab i ihm au gsagt, und da hat 'r mir eine neighaue und gsagt, i wär a Bähmulle. Also, Mulchen, sag's amal!«

»Ja«, bestätigte Mathias, »des interessiert ein.«

»Gut, daß ihr fragt, sehr gut!« Ich erhob mich eilends. »Gleich bin ich wieder da!«

Hah, jetzt mußte er doch ran!

»Manfred, würdest du bitte kommen? Sie haben gefragt!« Ich sprach es leichthin und nur mit einem ganz zarten triumphierenden Unterton in der Stimme.

»Himmel, noch mal, hat man hier keinen Augenblick Ruhe.«

»Du brauchst nicht zu schreien, wenn man dich an deine Pflichten erinnert. Die Söhne werden vom Vater aufgeklärt, die Töchter von der Mutter!«

»Hör, Malchen, ich trete meine Vorrechte feierlich an dich ab. Ich habe zu tun!«

»Nein, mein Lieber! Willst du, daß deine Söhne Falsches denken? Du mußt jetzt Meilensteine in ihrer Entwicklung setzen! Du bist da so geschickt und natürlich, viel besser als ich. Willst du, daß ich mit Bienen und Blümchen und so anfange?«

Er erhob sich.

»Nein, das nicht! Also, dann wollen wir mal!«

Er ging ins Badezimmer, ich in die Küche.

Das Abendessen war lange fertig, der Tisch gedeckt, und immer noch hörte ich aus dem Badezimmer Manfreds belehrende Stimme. Als es mir endlich zu dumm wurde, drückte ich mich zu den dreien hinein.

»Noch eine Frage?« hörte ich Manfred sagen.

»Nei, Vati, ehrlich, jetzt wisset mir alles!«

Andreas zog den Stöpsel aus der Badewanne.

»Und du, Mathias?«

»Und wie macht mr jetzt eigentlich Fasnetsküchle?«

Am nächsten Tag kam Andreas mit stolzgeschwellter Brust aus der Schule heim.

»Ha, dem Bernd hab i heut aber was erzählt! Der hat vielleicht guckt, was i alles weiß! Fascht die ganz Klass hat zughört, und dann habet se mi gfragt, und i hab's ihne erklärt, weil die habet ja überhaupt kei Ahnung. Bloß dr Klaus hat was zu mir gsagt, und i weiß net genau, ob's gemein war.«

»Was hat er denn gesagt?«

»Der Andreas isch en Sexprofessor! War des jetzt gemein oder net?«

»Hah«, rief Mathias, »dem hätt i glei eine neighaue!«

»Wieso?« Ein Professor ist überhaupt nichts Gemeines, und Sex auch nicht. Ich dacht', der Vati hätt's euch erklärt. Soll ich ihn noch mal rufen?«

»Nei!« schrien beide. »Bloß net! Mir wisset's ja!«

So brachte uns Adenauers Trauerwoche in unseren Erziehungsaufgaben ein gutes Stück voran und verhalf uns außerdem zu einer heilsamen Fernsehpause. Manfred und ich jedenfalls erwachten aus dem Rausch, in den uns die Neuanschaffung versetzt, und beschlossen, unsere Söhne zu einem knapperen Fernsehkonsum und zur Auswahl von nur wenigen Sendungen anzuregen. Leider gingen unsere Ansichten über sehenswerte Sendungen weit auseinander.

»Was? 's Werbefernsehe sollet mir net angucke, wo mr sieht, was für tolle Sache 's gibt?« schimpfte Mathias.

»Grad deshalb, damit ihr nicht all das Zeug haben wollt!«

»Ach was!« Andreas zog verächtlich die Mundwinkel nach unten. »Was will i Waschpulver und Hundefutter und so! Aber eins möcht i dir sage, Mulchen, für di wär's gut! Wenn du nämlich dene ihr Waschpulver nehme tätsch, dann tätsch du vielleicht au lache, wenn mir uns dreckig machet, und net sauer sei und schreie, weil du wieder a Gschäft hasch. Die Mütter von dene sin immer luschtig und schimpfet nie. Des gfällt eim nämlich!«

Er seufzte, ich seufzte. Mathias sah die allgemeine Traurigkeit und gedachte alles zum Guten zu kehren. Er trat seinem Bruder gegen das Schienbein.

»Sag net solche Sache, Andreas!« Mir gab er einen aufmunternden Stoß in die Rippen. »Komm, Mulchen, sei net traurig! Weisch, wenn eine au no so wüscht isch, wenn's eim sei Mutter isch, hat mr se doch lieb!«

Am nächsten Morgen ging ich zum Friseur, ließ mir die Haare modisch auftoupieren und fand mich zwar nicht schön, aber doch schick. Mathias kam nach Hause, warf einen Blick auf mein wohlfrisiertes Haupt und schlug schaudernd die Hände vors Gesicht.

»Mann, Mulchen, isch des scheußlich! Wie a Vogelnescht, ehrlich!«

Ich ging ins Bad und bürstete mir das teure Vogelnest vom Kopf.

»Ist es so besser, Mathias?« Er strahlte auf.

»Ja, jetzt bisch wieder mei alte. Also vorhin hab i di fascht überhaupt net angucke könne.«

»Manfred, ich bin häßlich!«

»Meinst du, ich hätte eine häßliche Frau geheiratet?«

»Liebe macht blind!«

»Unsinn!«

Wir saßen im Wohnzimmer. Ein schlechter Tag war zu Ende gegangen. Vormittags der unnötige Besuch beim Friseur. Nachmittags ein Spaziergang mit Freunden. Unterhaltungen über Gipfelbesteigungen, Klettertouren, Siebenstundenmärsche. Mühevoll der Spaziergang, deprimierend das Gespräch.

»Was ist denn, Malchen? War's nicht schön heute nachmittag?«

»Nein, nicht schön! Manfred, ich komm' mir so armselig vor.«

»Jetzt machen wir uns einen gemütlichen Abend und schauen ›Alles oder Nichts‹ an. Das magst du doch!«

Er schaltete den Apparat ein. Erich Helmensdorfer erschien auf dem Bildschirm und eine besonders reizende junge Frau. Sie wußte alles über Märchen.

»Unglaublich! Was sie alles weiß! Das könnte ich nie!«

»Wirklich nicht? Ich meine, daß du es sehr gut könntest. In der griechischen Mythologie kennst du dich doch großartig aus!«

»Nicht gut genug. Und dann mein Fuß! Keinen Schritt könnte ich gehen vor lauter Aufregung!«

»Du sollst ja keine Tänze vollführen. Es geht um deinen Kopf und nicht um deine Beine!«

»Ich hab' auch so schon genug Schwierigkeiten!«

›Alles oder Nichts‹ verschwand vom Bildschirm und zog dafür in meinem Kopf ein. Dort ließ es ein schönes Luftschloß emporwachsen: Eine lächelnde Amei, nur bis zur Taille sichtbar, ohne widerspenstigen Fuß, »Alles« im Kopf und Blumen im Arm. So träumte ich vor mich hin.

»Mann, Mulchen!« Mathias pflanzte sich vor mir auf. »Was hasch denn du? Du siehsch ein ja gar net. Guck, i bin wieder da!«

Nur ungern riß ich meine Gedanken aus schönen Träumen und wandte die Augen hinunter zu meinem Sohn. Da stand er, verkrustet und verdreckt bis an die Zähne.

»Wie siehst denn du aus?«

»I hab gschafft!«

»Wo?«

»Im Höfle. I hab en Garte gmacht und Kresse gsät und Radiesle. Jetzt musch du mir a Plakat male!«

»Was für ein Plakat?«

»Es soll draufstehe: Vorsicht Garten! Nicht betreten! Des will i an mei Garte nagle, daß mir keiner draufdappt.«

Ich malte das Plakat und ging dann mit ihm hinunter, um den Garten zu besichtigen. Er befand sich im Hof unter der Teppichstange, etwa ein Meter im Quadrat, sauber gehackt und in zwei Beete aufgeteilt.

»O weia, Mathias, hast du keinen anderen Platz gefunden?«

»I hab dacht, mir hänget des Plakat an die Schtang, dann sieht's jeder.«

»Und wenn Frau Prälat ihre Teppiche klopfen will?«

»Dann vertreib i se, weil i zerscht da war.«

Christoph kam zum Skatspiel. Er sank aufatmend in einen Sessel, spritzte dann aber sofort wieder hoch.

»Verflixt noch mal, jetzt hab' ich das Skatspiel im Auto gelassen!«

Er stöhnte und lief die Treppen hinunter.

»Was man nicht im Kopf hat, hat man in den Beinen«, sagte Manfred, als er schnaufend wieder bei uns oben erschien.

Dieser Satz ging mir den ganzen Abend nicht aus dem Sinn: Was man nicht im Kopf hat, hat man in den Beinen ... Was man nicht in den Beinen hat, hat man im Kopf ...

»Meint ihr, man kann es umdrehen?«

»Den Hals werde ich dir umdrehen, wenn du weiter solchen Mist zusammenspielst!« Bruder Christoph bedachte mich mit einem finsteren Blick. »Herz ist Trumpf! Soll ich's dir aufschreiben? Oder willst du lieber ›Schwarzer Peter‹ spielen?«

In der nächsten Sendung ›Alles oder Nichts‹ stand ein Vogelexperte hinter einem Tisch voller Eier. Da lagen sie in den Nestern und sahen alle gleich aus, wenigstens in meinen Augen und im Schwarzweißfernseher. Auch in den Augen des Vogelexperten spiegelte sich Ratlosigkeit.

»Welches Ei gehört zu welchem Vogel?« fragte Erich Helmensdorfer.

»Himmel, Manfred, ist das schwer! Wüßtest du das mit den Eiern?«

»Nein, aber ich bin auch kein Vogelexperte.«

Der Kandidat hob die Augen anklagend gen Himmel und ging unter ohne Glanz und Gloria, ohne Siegesfanfaren und Blumen. Was blieb dem bekümmerten Zuschauer? Ein trauriges Gesicht hinter einem Tisch voller Eier.

»Entsetzlich, fürchterlich! Und so was hast du dir für mich vorgestellt? Du bist vielleicht ein liebevoller Gatte!«

»Dir würde das nie passieren!«

»Aus! Schluß! Fertig! Jetzt bin ich geheilt!«

Am nächsten Tag zog ich die griechischen Heldensagen aus dem Bücherschrank, schlug das Inhaltsverzeichnis auf und gleich wieder zu, denn ein Sturzbach von Namen prasselte daraus auf mich hernieder, ernüchterte mich heilsam und riß alle kühnen Hoffnungen und anmutigen Träume mit sich.

An die Menschen konnte ich mich noch einigermaßen erinnern: Jason, Odysseus, Agamemnon ... Aber diese Götter! Was für ein fürchterliches Durcheinander in ihren Liebesbeziehungen! Was für unentwirrbare Verwandtschaftsbande! Was für schwierige und delikate Verbindungen zu den Menschen!

War ich Ikarus? Leichtsinnig genug, der Sonne entgegenzustreben mit Flügeln, die schmelzen können? Sollte ich wie

Prometheus die Götter verärgern, ihnen mein eigen Fleisch und Blut zum Fraß vorwerfen und zum Dank einen Leberschaden davontragen? Wollte ich etwa wie Sisyphus in aller Ewigkeit an meiner Dummheit schleppen?

O nein! Nicht doch! Ich stellte die Heldensagen zurück in den Bücherschrank!

»Wie wär's denn mit Wilhelm Busch, Malchen?« Manfred stand hinter mir.

»Ach, laß mich in Ruhe! Die Sache ist gelaufen!«

Nachts schlief ich schlecht. Alpträume drückten mich darnieder. Die »Fromme Helene« schleifte ein riesiges Ei herbei und legte es auf meine Brust. Ich stöhnte unter der Last. Da zog sie ein Hämmerchen hervor, schwang es. Peng! »Hans Huckebein« steckte seinen Kopf aus der Schale.

»Es gehört einem Raben! Ein Raben-Ei!« rief ich beglückt.

»Was ist denn, Malchen, was schreist du?« Manfred schüttelte mich aus meinem Traum heraus. »Komm, hab keine Angst! Ich bin ja da!« Er drehte sich um und schlief weiter.

Ich aber kämpfte die ganze Nacht hindurch mit Nestern voller Eier. Odysseus schlüpfte aus und Balduin Bählamm, die Witwe Bolte und Iphigenie ... Sie machten es sich alle bei mir im Bett bequem, drückten und zwackten mich. Kein Wunder, daß ich morgens Kopfweh hatte.

»Was isch denn, Mulchen?« fragte Mathias. »Was machsch denn für a Gsicht?«

»Sie gluckt«, antwortete Manfred für mich, »sie brütet ein Ei aus, ihr Lieben.«

Beide Söhne schauten befremdet von ihren Tellern auf.

»Mensche leget keine Eier«, sagte der Sexprofessor mit Nachdruck, »also kann se au net brüte. Vati, du hasch uns selber gsagt ...«

»Ich rede in Bildern, mein Sohn!«

Als sie alle aus dem Haus waren, schrieb ich einen, wie mir schien, sehr humorvollen Brief an das Bayerische Fernsehen, Abteilung Unterhaltung, und bewarb mich als Kandidatin bei ›Alles oder Nichts‹ mit Wilhelm Busch. Manfred kam herein, als ich gerade die Briefmarke ableckte.

»Ich bring' ihn gleich zur Post«, er schaute gar nicht erst nach der Adresse.

»Daß du's nur weißt, Manfred, ich hab' bloß geschrieben, damit endlich Ruhe ist. Und wenn nichts daraus wird, womit ich rechne, dann ist es mir grad recht!«

»Es wird was draus, verlaß dich drauf!«

Wir warteten. Ich machte Großputz, riß die Gardinen von den Fenstern, räumte die Schränke aus und versetzte die Familie in Schreck und Verwirrung.

»Mei Garte«, jammerte Mathias, »du dappsch meine Radiesle zamme, wenn du dr Deppich klopfsch!«

Also ließ ich den Teppich von der Terrasse herunter, wo er mir fast die Arme aus den Gelenken riß, nach unten abrauschte und das Jasmingebüsch zu Boden drückte. Klara Troster half mir, ihn dort wieder herunterzuzerren und aufzurollen.

»Se könnet doch net Ihre Deppich von do obe rausschüttle«, tadelte sie, »do krieget mr jo de ganze Dreck uff de Kopf. Wozu hent mir a Deppichschtang em Hof?«

»Da hat Mathias doch seinen Garten!«

Sie seufzte. »Ja so, deswege klopft ja scho koiner meh sein Deppich em Hof seit vier Woche. Mir werdet froh sei, wenn dem Bule seine Radiesle endlich hausse send, des könnet Se mr glaube!«

Ich räumte gerade den Küchenschrank aus, da holte mich Manfred ans Telefon.

»Das Bayerische Fernsehen will dich sprechen.«

»Aha! Eine Absage! Ich hab's gewußt!«

Ein Dr. von Westen meldete sich, Regisseur von ›Alles oder Nichts‹.

»Sie haben sich doch als Kandidatin bei uns gemeldet?« Ich nickte ins Telefon. »Wir würden Sie gerne kennenlernen und hören, was Sie so alles von Wilhelm Busch wissen. Nehmen Sie am Montag ein schönes Erste-Klasse-Abteil, und kommen Sie zu uns nach München ins Funkhaus, so um 15 Uhr herum. Wie heißt die Bildergeschichte: ›Schnurrdiburr oder ...?‹«

»Die Bienen«, ergänzte ich und hätte gerne noch viel Geistreicheres gesagt, denn nun konnte ich wieder sprechen, aber am anderen Ende der Leitung hatte man bereits aufgelegt.

Eine Prüfung drohte. Drei Tage blieben mir zur Vorbereitung. Ich räumte den Küchenschrank wieder ein.

Freund Nick kam zum Schachspiel.

»Wo steckt sie denn?« fragte er nach drei Stunden ungestörten Spiels.

»Sie paukt«, sagte Manfred, »und man läßt sie besser in Ruhe, sonst explodiert sie.«

»Stets findet Überraschung statt«

Manfred brachte mich zum Bahnhof. Ich bestieg den Zug wie weiland Marie-Antoinette das Schaffott, würdig und auf das Schlimmste gefaßt.

»Sag mir noch ein Wort von bleibendem Wert!«

»Ich denk' an dich, Malchen, und heute abend gehen wir essen.«

Zum ersten Mal in meinem Leben fuhr ich erster Klasse, aber es war kein großer Genuß, ehrlich gesagt, überhaupt keiner. Nur ein einziger Mensch saß noch im Abteil. Er hatte sich hinter der ›Frankfurter Allgemeinen‹ verkrochen, und seine übereinandergeschlagenen Hosenbeine wirkten derart arrogant, daß ich mich nicht traute, ihn anzusprechen und zu fragen, ob dieser Zug nach München fahre.

Ich leide nämlich unter einer seltsamen Krankheit, die mich jedesmal mit Heftigkeit befällt, sobald ich Bahn fahre. Ruckt die Lokomotive an, dann rastet eine Schraube in meinem Kopf ein, und ich weiß plötzlich, daß ich im verkehrten Zug sitze. Natürlich habe ich vorher auf dem Bahnsteig gelesen, wohin der Zug fährt, ich habe noch zusätzlich einen Schaffner gefragt und die Abfahrtstabelle genau studiert, trotzdem erfüllt mich nun die traurige Gewißheit, daß das Schild auf dem Bahnsteig nicht ausgewechselt wurde, der Schaffner ein Neuling, die Gleisnummer auf der Abfahrtstafel schließlich ein arger Druckfehler sei. Deshalb bin ich auf die Mitreisenden angewiesen, die ich sogleich nacheinander frage, wohin dieser Zug fährt. Antworten sie alle gleich, dann kann ich wieder frei durchatmen. Eine merkliche Besserung meines Zustandes tritt aber erst ein, nachdem der Schaffner meine Fahrkarte betrachtet, geknipst und zurückgegeben hat. Manchmal frage ich noch: »Stimmt's?« Betrachtet er mich dann scheel und antwortet: »Bei mir ja!«, dann fühle ich, wie die Krankheit langsam von mir weicht. Richtig geheilt aber bin ich erst, wenn ich wieder festen Boden unter den Füßen spüre und auf dem Bahnsteig der Stadt stehe, die ich erreichen wollte.

Wegen dieser quälenden Krankheit fahre ich selten Zug, ich sitze lieber neben Manfred im Auto und brauche mich um nichts zu kümmern, denn er weiß alles gut, besser, am besten.

Bin ich allein mit dem Auto unterwegs, dann wende ich

einen Trick an, um die Krankheit im Keim zu ersticken und mich selber zu überlisten. Ich komme also an eine Kreuzung ohne Schilder oder mit Schildern, die mir nichts sagen. Zieht es mich nun ganz stark nach rechts, und bin ich völlig sicher, daß dies die einzig mögliche Richtung ist, dann beiße ich die Zähne zusammen und fahre nach links, und siehe, die Entscheidung war klug, denn ich erreiche meinen Bestimmungsort.

Nun also befand ich mich im Zug und bedauerte zutiefst, nicht in der zweiten Klasse zu sitzen. Die Leute dort hätten sicher ein Gespräch begonnen und mich über das Ziel des Zuges nicht im unklaren gelassen. Der Zeitgenosse in meinem Abteil mochte vielleicht Geld haben, aber sonst schien er eher unerfreulich. Trotzdem gab ich ihm die Chance, mir das Gegenteil zu beweisen, und fragte zur ›Frankfurter Allgemeinen‹ hingewendet, ob er vielleicht wüßte, wohin dieser Zug fahre?

»Ja«, er ließ die Zeitung sinken, um mich mit einem spöttischen Blick zu bedenken, das wisse er wohl, denn er pflege sich im allgemeinen nur in Züge zu setzen, deren Richtung er kenne. Dieser hier zum Beispiel fahre in den Süden, und wenn ich in den Norden zu fahren gedächte, dann würde er mir empfehlen, die Notbremse zu ziehen. Damit verschwand er wieder hinter seiner Zeitung und ließ mich aggressionsbeladen zurück.

Ich versuchte, Wilhelm Buschs Leben zu überdenken, aber mir fehlte die nötige Gelassenheit dazu. Dieser »Zeitgenosse« hatte sie mir geraubt. Als er nach einiger Zeit die ›Frankfurter Allgemeine‹ zusammenfaltete und sagte: »Sie fahren wohl nicht oft mit der Bahn?«, entgegnete ich: »Nein, ich fliege lieber!«

Diese ausgezeichnete Antwort verschlug ihm die Sprache, denn er faltete die Zeitung wieder auseinander und verbarg sich dahinter.

Schon lange vor München stand ich draußen auf dem Gang, der Zeitgenosse gesellte sich zu mir, nun angetan mit Hut und Handschuhen, und äußerte, München sei eine schöne Stadt, ob ich sie kenne.

Ich antwortete: »Nein, ich kenne diese Stadt nicht und habe auch keine Zeit, sie zu besichtigen, denn ich bin sehr beschäftigt.«

Darauf überlegte er lange und fragte dann, in welcher Branche ich tätig sei.

»Beim Fernsehen! Ich muß heute ein paar Aufnahmen machen.«

Dies sagte ich ganz nebenbei, so als ob es gar nichts wäre. Er aber erhob seinen Blick zu mir und sagte: »Na, so was!«

Ich lächelte huldvoll.

Auf dem Bahnsteig rannten die Leute, als ob sie alle zu spät dran wären, und auch mein Zeitungsleser jagte davon, zuvor aber zog er höflich den Hut.

Diesen Menschen, so dachte ich, hast du eines Besseren belehrt, wie aber steht es mit deiner eigenen Wertschätzung und wie wird es dir im Funkhaus ergehen? Während ich dies bedachte, wurden mir Fuß und Herz immer schwerer. Ich schlich dem Bahnhofsausgang zu und stellte mir die brennende Frage, warum, um alles in der Welt, ich dieses »Krötle gefressen« hatte und nicht zu Hause geblieben war, um mich redlich zu nähren?

Draußen wehte ein scharfer Wind, riß meine schön frisierten Haare auseinander, färbte meine Nase rot, so daß mir aus einem Schaufenster eine arg zerzauste, verfrorene Amei entgegenstarrte. Der Weg kam mir weit vor, war er doch allenthalben mit Bauzäunen vernagelt. Doch endlich stand ich vor dem Funkhaus und meldete mich an der Pforte.

»Kommen Sie mit!«

Ein Herr eilte mir voran, spiegelglatte Gänge entlang. Ich folgte, immer an der Wand lang. Da stand eine Bank vor einem Zimmer. Auf dieser solle ich warten, sagte der Herr, es würde nicht lange dauern. Ich nahm gehorsam Platz, obwohl mein Sinnen und Trachten nach einem Waschraum mit Spiegel stand, wo ich mein Aussehen etwas zum Guten hätte wenden können. Doch ich traute mich nicht von der Bank weg, mußte ich doch jeden Augenblick damit rechnen, ins Zimmer gerufen zu werden. Als der Herr in den Tiefen des Ganges verschwunden war, öffnete ich meine Handtasche, um Kamm und Spiegel hervorzukramen. Zur gleichen Zeit öffnete sich auch die Tür. Ich sprang auf, die Tasche rutschte von meinem Schoß, und ihr Inhalt rollte auf den Gang. Immer mußte mir so etwas passieren! Sicher stand Herr Helmensdorfer in der Tür und mokierte sich über die Möchtegern-Kandidatin, die auf dem Boden herumrutschte, um ihre Habseligkeiten zusammenzuraffen. Der Lippenstift war ein gutes Stück den Gang hinuntergerollt. Bevor ich hinter ihm her krabbelte, hob ich den Kopf. Die Tür war bereits wieder geschlossen, aber auf meinem Platz saß eine Dame. Sie sah keineswegs belustigt, eher niedergeschlagen aus, jetzt fiel ihr umflorter Blick auf mich.

»Was machen Sie da unten?«

»Entspannungsübungen!«

»Sind Sie auch zur Prüfung bestellt?«

»Hmm!«

»Dann lassen Sie alle Hoffnung fahren. Es ist entsetzlich! Was die alles wissen wollen.«

»Was haben Sie denn für ein Gebiet?«

»Die griechische Mythologie!«

»Die grie ...« Es verschlug mir den Atem. Ich hockte auf den Fersen und starrte zu ihr hoch. »Nein, wie das Leben so spielt!«

Die Tür ging abermals auf. Ich erhob mich eilig. Ein Herr streckte mir freundlich die Hand entgegen. Ich legte meine eiskalte Hand in die seine, hörte, daß er der Regisseur von ›Alles oder Nichts‹ und Dr. von Westen sei, und stand im Zimmer.

»Na, denn wollen wir mal«, sagte Dr. von Westen, nahm mir den Mantel ab und schob mich einem älteren Herrn zu, der Bücher vor sich auf den Tisch stapelte. Dieser Herr war ein Professor, wohlbewandert in Sachen Wilhelm Busch, auch wenn er etwas grämlich blickte und gar nicht humorvoll wirkte.

Ich versuchte, so reizend wie möglich zu lächeln, aber er ließ sich nicht einmal zu einem leichten Zucken der Mundwinkel hinreißen, was auch nicht weiter verwundern konnte, denn er schaute mich nicht an, blickte mit dem einen Auge zum Fenster hinaus und mit dem anderen hinüber zur Tür, ein Umstand, der mich in Verwirrung versetzte. Erich Helmensdorfer war nicht zugegen, dabei hatte ich mir ein paar Komplimente für ihn ausgedacht, auf die jeder normale Mann positiv reagiert hätte. Andere Herren jedoch standen in Hülle und Fülle herum, drehten an Mikrophon und Tonbandgerät und schienen allesamt äußerst wichtig für den technischen Verlauf dieser Prüfung, an meiner Person waren sie wenig oder gar nicht interessiert.

Ich mußte neben dem Professor Platz nehmen. Sein eines Auge fiel auf meine zitternden Hände, so daß ich sie schnell in den Rockfalten zu verbergen suchte. Das Mikrophon wurde eingestellt, das Band lief, die Prüfung begann.

»Wieviel kostet ein Wilhelm-Busch-Gemälde heute?«

Ich hatte keine Ahnung, und ich sagte das auch und bot damit dem Professor die Möglichkeit, mich zu belehren, was er gerne und reichlich tat. Seine mir zugewandte Gesichtshälfte wurde weicher, seine Stimme milder.

Er baute Zeichnungen, Gemälde, Bildergeschichten vor mir auf und fragte nach Namen und Daten.

Ich antwortete nach bestem Vermögen. Wenn ich etwas nicht wußte, bat ich dringlich um Aufklärung, wendete mein Gesicht in die Richtung eines seiner Augen und hing verklärt an diesem, während er dozierte. Ich vergaß das laufende Band und die umsitzenden Herren, spielte mich ganz auf den Professor ein und bekam fast Spaß an dieser Prüfung.

Der Professor blieb mir gewogen bis zu dem Augenblick, da ich zu rezitieren begann. Ich wählte den Bählamm-Prolog, den ich bei Festlichkeiten zu Hause vorzutragen pflegte, wobei ich jedesmal hohes Lob und dankbaren Beifall erntete, denn dieser Prolog geht über drei Seiten.

»Wie wohl ist dem, der dann und wann
Sich etwas schönes dichten kann!...«

Ich zog alle Register, ich legte mich so richtig rein. Dr. von Westen lachte, auch die anderen Herren horchten auf, nur des Professors Gesicht wurde immer grämlicher, die verschieden gerichteten Augen schlossen sich gequält. Er hob die Hand, um meinen Redefluß zu dämmen. Wie ärgerlich, gerade an der schönsten Stelle:

»... Gleichwie die brave Bauernmutter
Tagtäglich macht sie frische Butter...«

Ich blickte in die andere Richtung, entschlossen, nichts zu sehen und zu hören und meinen Prolog zu Ende zu bringen.

Da erlitt er einen Wutanfall, schlug mit der Faust auf den Tisch und donnerte »Schluß jetzt!«, so daß ich erschreckt verstummte.

»Schön war's«, sagte Dr. von Westen.

»Falsch war's!« der Professor. »Sogar Erich Ponto«, rief er, »hat niemals Wilhelm Busch auswendig gesprochen. Die Verse fließen leicht dahin, man setzt eigene Worte ein und bemerkt es nicht!«

»Hab' ich tatsächlich einen Fehler gemacht ...«

»Einen?« Er schnaubte zornig durch die Nase. »Wenn es nur einer gewesen wäre! Liebe Frau Maier ...«

»Müller!« Dr. von Westen und ich sprachen es gleichzeitig, aber der Professor ließ sich nicht beirren.

»Wenn man schon rezitiert, dann muß man es auch richtig tun! Werkgetreu! Entweder man lernt es ordentlich, oder man läßt es bleiben!« An dieser Stelle ließ sich der Professor zu den Worten: »Verdammt noch mal!« hinreißen, worauf er erschrocken den Mund zuklappte.

Ich aber öffnete den meinen, um lautstark zu versichern, ich würde – wenn nötig – jedes Wort richtig sagen und alles umlernen, denn ich hätte einen Mann, der es nicht ausstehen könne, wenn jemand falsch zitiere.

»Das läßt mich hoffen!« murmelte der Professor und verzog den Mund zu einem säuerlichen Lächeln.

Die Herren erhoben sich. Die Prüfung war überstanden. Dr. von Westen half mir in den Mantel.

»Wir haben viele Busch-Experten, wie Sie sich denken können ...« – nie hatte ich etwas dergleichen gedacht –, »die müssen wir alle erst prüfen, dann geben wir Ihnen Bescheid. Es wird ein Weilchen dauern. Hoffentlich haben Sie gute Nerven!«

»Und wie!« rief ich und sank im selben Augenblick haltsuchend an die Wand, denn meine Knie begannen zu zittern.

Die Tür hatte sich geöffnet, und ins Zimmer trat »der Mensch«, der Zeitgenosse aus dem Erste-Klasse-Abteil, der, den ich eines »Besseren« belehrt hatte! Wäre das nötig gewesen, lieber Gott, nur weil ich ein bißchen angegeben hab'?

Der Zeitgenosse kam also herein, begrüßte Dr. von Westen mit Herzlichkeit, duzte ihn und lachte lärmend, bis sein Blick auf mich fiel. Wir schauten uns an, und mir wurde ganz übel vor lauter Peinlichkeit. Wie ich ihn nach unserer kurzen, unerfreulichen Bekanntschaft einschätzte, so würde dieser Mensch jetzt seine ganze Arroganz über mich ausgießen, würde mich klein und häßlich machen vor all den Fernsehleuten und dem Professor, Material hatte ich ihm ja genug geliefert.

»Kennen wir uns nicht?« rief er. »Vorhin im Zug ...«

»Ja, doch, freilich ...«, fiel ich ihm ins Wort.

»Eine Bewerberin für ›Alles oder Nichts‹«, erklärte Dr. von Westen unnötigerweise.

»Na so was!« sagte der Zeitgenosse. »Darf man fragen, was für ein Spezialgebiet Sie haben, gnädige Frau?«

»Wilhelm Busch!« antwortete Dr. von Westen für mich.

»Dacht' ich's nicht schon im Zug, daß Sie mit Humor begabt sind!« Der Zeitgenosse zwinkerte mir zu und wandte sich dann an Dr. von Westen: »Du mußt wissen, wir hatten ein angeregtes Gespräch, und sie hat mich auf die Schippe genommen ...«

»Was? Dich?« Dr. von Westen schüttelte ungläubig das Haupt. »Das kann ich gar nicht glauben.«

»Ich hab's ja nur versucht«, rief ich, »und jetzt wird es höchste Zeit für mich ...«

»Aber für ein Sprüchlein wird es doch noch reichen«, der Zeitgenosse verstellte mir die Tür, »haben Sie nichts Passendes von Wilhelm Busch auf Lager?«

»Doch«, sprach ich, »ich habe«:

»Stets findet Überraschung statt,
Da wo man's nicht erwartet hat.
Doch daß dieselbe überall
Grad angenehm ist nicht der Fall ...«

»Trefflich!« rief er und klatschte Beifall, »sehr passend!«

»Zwei Zeilen fehlen!« klagte der Professor. »Man sollte Busch-Gedichte nicht aus dem Zusammenhang reißen!«

»Es besteht aber ein Zusammenhang«, der Zeitgenosse gab die Tür frei, »nur ist er nicht für jeden ersichtlich. Stimmt's, gnädige Frau?«

»Stimmt!« Ein Kopfnicken, ein Lächeln, dann stand ich draußen, ging den Gang entlang, sah meinen Lippenstift liegen, hob ihn auf und schlenderte am Pförtner vorbei durch die Straßen dem Bahnhof zu.

Ich hatte keinen Sieg errungen, aber auch keine Niederlage erlitten. Ich fühlte mich nicht glücklich, aber auch nicht unglücklich. Müde war ich und schrecklich hungrig.

Die Zeit reichte nicht mehr, um ein belegtes Brötchen am Bahnhofskiosk zu kaufen. Ich hinkte gelassen zum Bahnsteig, war so verwirrt, erschöpft oder gedankenvoll, daß ich vergaß, das Zugschild zu überprüfen, einen Schaffner zu fragen und die Abfahrtstafel zu studieren, ich stieg in den Zug und dachte, es wird sicher ein Würstchenverkäufer kommen oder wenigstens einer mit Keksen.

Wer kam, waren Reisende mit gewaltigen Vesperpaketen. Als die drei Damen mir gegenüber Schinkenbrötchen, Kuchen und Bananen ausgepackt hatten und zu futtern begannen, entfloh ich ins nächste Abteil. Dort saßen zeitungslesende Herren. Sie lasen, bis der Zug anfuhr, dann legten sie wie auf Kommando die Zeitung nieder, holten ihre Taschen vom Gepäcknetz herunter und zogen heraus, was ihre fürsorglichen Gattinnen als Wegzehrung für sie gerichtet.

Mir lief das Wasser im Mund zusammen, und also wagte ich nicht, ihn aufzutun und zu fragen, ob dies der richtige Zug sei, es war mir auch ziemlich egal. In der Manteltasche fand ich eine Rolle Pfefferminz, die lutschte ich hintereinander weg, bis mir schlecht wurde. So fiel ich auf dem Bahnsteig in Manfreds Arme.

»Himmel, Malchen, du bist ja ganz grün um die Nasenspitze! Jetzt gehen wir essen, und dann wird's dir wieder gut.«

Tatsächlich, nachdem die Pfefferminze nicht mehr allein im Magen wüteten und ich alles erzählt hatte, was mir widerfahren, da wurde es mir so wohl, daß ich sogar meinen gesunden Zweckpessimismus vergaß und mich zu den Worten hinreißen ließ: »Es könnte vielleicht ... unter Umständen ... wenn mich nicht alles täuscht, also dann könnte es klappen!«

»Ich habe nie daran gezweifelt!« sagte Manfred.

»Was vom Fernsehe da?« So fragten meine Söhne eine Zeitlang, wenn sie von der Schule nach Hause stürmten, dann stellten sie nach einem Blick auf mich nur noch kurz fest: »Nix?!« Schließlich kehrten sie zu der altvertrauten Frage zurück: »Was gibt's zum Esse?«

Die Wochen vergingen, die Monate. Wir sprachen nicht mehr davon, vermieden sorgsam das peinliche Thema wie eine Entgleisung, die man zu vergessen sucht.

Als ich aber die Lektüre für den Sommerurlaub zusammensuchte, legte ich ganz nebenbei ein Wilhelm-Busch-Gedichtbändchen dazu, versah es mit einem Schutzumschlag, um Sonnenölflecken und anzügliche Fragen der Familie zu vermeiden, und zog es erst am Strand von Bibione wieder hervor.

War das Baderitual beendet, die täglichen Gehübungen absolviert, dann verschwanden die drei Männer, um Muscheln zu suchen und Burgen zu bauen. Ich aber kramte mein Bändchen hervor, ließ mir die Sonne auf den Pelz brennen und lernte oder wiederholte die Gedichte von ›Schein und Sein‹.

»Komm, Mulchen, renne!« Andreas und Mathias, braungebrannt und unerbittlich, standen vor mir im Sand. Ich erhob mich seufzend, versteckte das Büchlein in der Badetasche und ging mit den beiden, um dem unsinnigen Bemühen zu frönen, das Laufen zu lernen. So rannte ich denn, an jeder Hand einen Sohn, den Strand entlang. Erst zehn Meter, dann jeden Tag einen mehr.

»Wenn jetzt a Verbrecher kommt, kannsch du scho zehn Meter davonlaufe!« Andreas strahlte. »Und wenn mir schö weiter übet, dann schaffsch du's sicher bis zum nächschte Polizischte oder einer Straß mit viele Mensche!«

Er kannte meine geheime Sorge und er teilte sie. Welches Kind will schon, daß seine Mutter zur Salzsäule erstarrt vor jedem Strolch stehenbleibt?

Als wir heimfuhren, hatte ich 75 Wilhelm-Busch-Gedichte im Kopf und 25 Meter Weglaufen in den Beinen.

»Suche nicht apart zu scheinen«

Herbstwind pfiff durchs Land, färbte die Blätter rot und unsere Fenster staubiggrau. Also begab ich mich wieder an die ungeliebte Arbeit des Fensterputzens.

»Die reine Arbeitsbeschaffung«, murrte Manfred, »hast du nichts Besseres zu tun? Kirchenfenster werden desto schöner, je staubiger sie sind!«

»Wir befinden uns, mein Lieber, hier nicht in einer Kirche, sondern in einer Wohnung, durch deren Fenster man, womöglich, hindurchsehen sollte!«

In den nächsten neun Monaten allerdings war es mir ziemlich egal, was es hinter den Fenstern zu sehen gab, ich hatte Besseres zu tun. Ein Fensterflügel war gerade fertig, da kam das Telegramm:

WÜRDEN SIE GERNE FÜR DIE NÄCHSTE SENDUNG VON ›ALLES ODER NICHTS‹ ZU UNS EINLADEN . . .

Ich schloß das Fenster, einen Flügel sauber, den anderen schmutzig, räumte das Putzzeug beiseite, setzte mich an den Schreibtisch und versank noch einmal in den schönen Traum von der charmanten Fernsehdame ohne Unterleib. Doch tat ich dies nur kurz

»Du mußt arbeiten, sonst wirst du dich bis auf die Knochen blamieren, und all dein Charme ist für die Katz!« So sprach ich zu mir selbst, eilte ans Telefon und rief Gitti an, meine kleine Schwester, die in einer Landesbibliothek arbeitete.

»Na, so was, seit wann rufst du am hellichten Tag an?«

»Seit ich was von dir brauche, Gitti, nämlich sämtliche Literatur von und über Wilhelm Busch. Kannst du mir das beschaffen?«

Sie konnte und sie freute sich mit mir.

Drei Tage später schnaubte der Paketbote unsere Treppen herauf.

»Hent Se Bachschtoi bschtellt?« fragte er mürrisch und ließ zwei Pakete vor meine Füße fallen. »Drei von dene han i no dronte! So ebbes ghert verbotte!«

»Die können Sie ruhig unten liegen lassen, wir holen sie dann schon rauf!«

»I mach mei Sach alloi!«

Er wischte sich den Schweiß von der Stirn und stampfte wieder nach unten. Ich suchte nach dem Portemonnaie und kramte Geld heraus. Falls es mir gelingen sollte, den Inhalt dieser Bücherpakete in meinem Kopf unterzubringen, waren sie achttausend Mark wert, da konnte ich es mir wohl erlauben, großzügig zu sein und den schwitzenden Postboten wieder freundlich zu stimmen. Doch als er zum zweiten Mal vor der Wohnungstür stand, war er so vergrämt, daß auch meine reichliche Spende kein Lächeln auf sein Gesicht zu zaubern vermochte. Im Gegenteil! Er warf einen Blick auf das Geld in seiner Hand und einen zweiten auf mich und stellte verachtungsvoll fest: »Sie sen net von hier! Sie sen a Reigschmeckte!«

»Und Sie sind ein richtiger Menschenkenner!« erwiderte ich und hoffte ihm durch diese Schmeichelei ein Lächeln abzuringen. »Ich bin aus Polen!«

»Drom!« knurrte er und tauchte im Treppenhaus unter.

Als er zum dritten Mal erschien, war ich nicht mehr zugegen.

Andreas und Mathias betrachteten die Bücherberge im Wohnzimmer mit nachdenklichen Blicken.

»Des musch du alles lerne?« fragte Andreas entsetzt und rollte mit den Augen.

»Einiges kann ich ja schon, aber es bleibt noch genug übrig.«

»Des isch aber jetzt blöd«, sagte Mathias, »daß mir grad heut mei Hos kaputt gange isch. I sitz so still auf dem Mäuerle, und auf einmal kracht's...«

»Zeig mal her!«

Er drehte sich widerwillig um. Die Hose war von oben bis unten aufgeschlitzt.

»Wie ist das möglich, wie kann das sein, wenn man still auf dem Mäuerle sitzt!«

»Ja, Mulchen, des isch's ebe, was i au überhaupt net verschteh!«

Manfred erschien auf dem Plan. Mathias zog sich rückwärts in sein Zimmer zurück.

»Hört mal, ihr Lieben, wir müssen die Arbeit unter uns aufteilen«, erklärte ich beim Mittagessen, »ich brauche Zeit zum Lernen. Wenn jeder einen Tag übernimmt, Geschirr spült und aufräumt, dann komm' ich nur alle drei Tage dran...«

»Vier Tag«, verbesserte Mathias, »mir sin doch vier, gell, Vati?«

Manfred hob den Blick und schaute seinen Sohn durchbohrend an, aber der blinkte ebenso scharf zurück. So saßen wir denn ein Weilchen in trautem Schweigen beieinander, bis Manfred den Blick auf seinen Teller senkte und »gut« sagte, »ich will mich nicht ausschließen, obwohl ich, weiß Gott, genug um die Ohren habe. Aber, Mathias«, er hob Stimme und Zeigefinger, »wer seine Pflichten nicht treu erfüllt, ist am nächsten Tag noch einmal dran! Willst du dir das bitte merken?«

»Ja«, Mathias nickte, »des merk i mir, aber dr Andreas soll's au tun und überhaupt alle!«

So kam der »Schafftag« bei uns in Mode.

»Puh, heut hab' ich Schafftag!« stöhnte jeder, der an der Reihe war, und wachte sorgsam darüber, daß nicht zuviel Geschirr verschmutzt wurde.

»Andere Kinder habet kein Schafftag!« murrte Mathias, »des gibt's nirgends!«

»Andere ihr Mutter tritt au net im Fernsehe auf!« sagte Andreas. »Mei ganze Klass will zugucke!«

»Meinst du, daß ich denen gefalle?«

»Also, Mulchen, des weiß i net! Aber weisch, des isch die schpäteste Sendung, die sie sehe dürfet. Sogar dr Grzimek kommt früher!«

Ich legte einen Plan an, was alles ich noch zu lernen, zu wiederholen und durchzulesen hatte. Es war eine beachtliche Liste. Dann teilte ich mir das tägliche Tagespensum zu: Zwei Seiten Bildergeschichten lernen, ein bis zwei Gedichte und mindestens zwanzig Daten. Zehn Gemälde einprägen. Fünf Seiten Briefe und Kommentare lesen und alles Gelernte vom Vortag wiederholen. Ich hatte mir, wie immer, zuviel vorgenommen, aber mit der Zeit fand ich heraus, wieviel in meinen Kopf hineinging, wie oft ich wiederholen und wann ich aufhören mußte.

Es war ein neues und beglückendes Gefühl, Wissen zu speichern. Da hatte ich fünfzehn Jahre lang Frauenstunden und Mädchenkreis gehalten, Kirchenchor und Laienspielkreis geleitet und hatte dauernd irgend etwas produziert. Ich war richtig ausgehungert, konnte nicht genug kriegen, futterte und stopfte, bis ich Magendrücken bekam; das war am Tag vor der ersten Sendung.

»Manfred, ich hab' solche Angst!«

»Du brauchst keine Angst zu haben, es fängt doch ganz leicht an!«

»Grad vor den leichten Fragen hab' ich Angst. Man vermutet irgend etwas ganz Schwieriges dahinter und kommt nicht auf das Nächstliegende. Ich werd' schon beim ersten Mal versagen! Du wirst sehen.«

Dies war kein Zweckpessimismus mehr. Ich hatte wirklich Angst. Außerdem war da noch der Fuß, auf den ich mich in Streßsituationen leider nicht verlassen konnte.

»Wenn ich falle! Wenn ich hinke! O welche Blamage!«

Sie brachten mich zur Bahn, alle drei!

»Du siehst richtig nett aus, Mulchen!« Mathias stieß einen anerkennenden Pfiff aus.

»Dei Fuß läuft wie gschmiert!« sagte Andreas.

»Und du kannst viel mehr, als irgend jemand von dir wissen will!« Mathias drückte meinen Arm

Ich lächelte traurig.

»Heut abend um zehn ist alles überstanden. Und morgen müßt ihr ganz lieb zu mir sein, wenn ich geschlagen heimkehre!«

»Wir werden froh sein, wenn wir noch ›Du‹ zu dir sagen dürfen.«

»Sagt mir lieber noch ein Wort von bleibendem Wert!«

Der Zug ruckte an.

»Mir drücket dir dr Daume!« schrien Andreas und Mathias und winkten mit ihren Taschentüchern.

»Es ist der richtige Zug, du brauchst keine Sorge zu haben!« rief Manfred.

An normalen Tagen hätte sich meine Zugkrankheit trotz dieser Versicherung eingestellt, jetzt aber hatte ich wichtigere Dinge im Kopf zu bewegen als die Fahrtrichtung des Zuges.

Was könnte ich sagen bei der Vorstellung? Gescheit sollte es sein und natürlich humorvoll, damit die Zuschauer merkten, wes Geistes Kind ich war und wie trefflich Wilhelm Busch und ich zusammenpaßten. O ja, das würde sich gut machen! Ich lächelte vor mich hin, griff dann aber hastig nach einem Gedichtbändchen, um keine Arbeitszeit zu versäumen.

Ein Taxi brachte mich ins Fernsehgelände. Lange, barakkenähnliche Gebäude unter düsterem Himmel; niemand, der mich freudig willkommen geheißen hätte. Aber der Eisenbahnexperte, ein Kandidat, der schon mehrfach aufgetreten war und sich auskannte, nahm mich freundlich unter seine Fittiche und führte mich zu einer Tür, auf der »›Alles oder Nichts‹-Kandidatinnen« stand. Ich trat ein, zog mich um und wartete. Als endlich der Lautsprecher über der Tür zu summen anhub und eine Männerstimme die Kandidaten in Halle sechs bat, war ich zermürbt an Leib und Seele und fest davon überzeugt, daß alles, aber auch alles schiefgehen würde.

Der Eisenbahnexperte lief voraus über Gänge und Treppen. Ich folgte mühsam. Meine 25 Laufschritte wollte ich mir für eine überstürzte Flucht nach der Sendung aufheben.

Ein schwarzer Stoffvorhang wurde beiseite geschoben. Vor mir erhob sich das rohe Gerüst der Zuschauerbänke. Durch den Seiteneingang gingen wir nach vorne. Dort stand Erich Helmensdorfer und sprach mit Dr. von Westen. Armdicke Kabel lagen auf dem Boden. Kameraleute standen hemdsärmelig neben ihren Kameras. Scheinwerfer warfen gleißendes Licht auf den Kandidatenstuhl und das Mikrophon davor.

Auch hier stellte der Eisenbahner die Weichen, setzte sich auf die erste Bank und signalisierte mir, es ihm gleichzutun.

Der Kakteenexperte ging nach vorne, setzte sich auf den Kandidatenstuhl und kam wieder zu uns. Die Expertin für russische Musik wurde aufgerufen. Wie gewandt sie sich bewegte! Wie hübsch sie aussah im nilgrünen Kleid, im Schmuck der kupferroten Haare! Ich seufzte. Mein treuer Helfer, der Eisenbahnexperte, ging und kam. Dann hörte ich meinen Namen, erhob mich und setzte die Beine in Bewegung. Der Weg war weit, der Boden glatt, die Kabel gefährliche Stolperfallen.

Dr. von Westen lächelte freundlich. Gott sei Dank, ein bekanntes Gesicht, ich klammerte mich daran, bis Erich Helmensdorfer mir die Hand entgegenstreckte.

»Ich freue mich, bei Ihnen auftreten zu dürfen!«

So sprach ich gespreizt und einfältig, und Helmensdorfers Antwort fiel auch dementsprechend aus.

»Es wird sich erst zeigen, ob es eine Freude wird!«

Ich klappte den Mund zu und beschloß, ihn nur noch im Notfall wieder aufzutun.

»Nur auf die weißen Kreuzchen am Boden treten«, bedeutete mir Dr. von Westen, »nicht in die Kameras schauen! So, und jetzt können Sie sich hinsetzen.«

Dies tat ich gerne, wurde aber gleich wieder aufgescheucht, um den ganzen Weg noch einmal zu machen, die Kreuze zu bedenken, die Kabel, die Kameras.

Wie glücklich hatte ich mich gefühlt, zu Hause am Schreibtisch, allein mit Wilhelm Busch! Wie unerfreulich und schwierig dagegen war dieser Hindernislauf! Schließlich aber erreichte ich den Kandidatenstuhl zum zweiten Mal, durfte mich niederlassen und erlernen, wie man Arme und Beine publikumswirksam unterbringt, wie man leere Blätter entgegennimmt, anschaut und zurückgibt, dann war ich entlassen.

Eine Dame geleitete uns zur Kantine, dort gab es Aufschnitt und Brot. Die anderen Kandidaten mampften vergnügt und unterhielten sich. Mein Magen knurrte bedrohlich und warnte vor jeglicher Nahrungsaufnahme.

»Dann nehmen Sie's mit!« sagte ein sparsamer Hausvater, packte den Aufschnitt in eine Papierserviette und steckte mir die Bescherung in die Handtasche.

Dort duftete sie still vor sich hin, bis am nächsten Morgen der Schaffner meine Fahrkarte verlangte. Ich öffnete die Tasche, eine Knoblauchwolke stieg daraus empor, segelte vorbei an meiner Nase und an der des Schaffners und blieb schließlich am Gepäcknetz hängen. Ich hatte inzwischen die Rückfahrkarte gefunden und reichte sie dem Schaffner. Der nahm sie entgegen mit spitzen Fingern und befremdetem Blick, war sie doch ein einziger Fettfleck, hatte sich vollgesogen mit Leberwurst- und Salamifett und duftete appetitlich.

»Sie stimmt doch, und ich sitze im richtigen Zug?« fragte ich nach alter Gewohnheit und um ihn vom Wurstgeruch abzulenken.

»Woher soll ich das wissen, meine Dame?« fragte der Schaffner indigniert. »Auf dieser Fahrkarte ist auch nicht das geringste mehr zu erkennen. Man könnte sie als Brotbelag verwenden, keineswegs aber als Fahrausweis!«

Mit Hilfe des Knipsers schnippte er sie zurück auf meinen Schoß.

Nach dem Essen also, das ich nicht zu mir genommen hatte, obwohl es, wie sich später herausstellte, im Magen weit besser aufgehoben gewesen wäre als in der Handtasche, trottete ich hinter dem kupferroten Schopf der Musikexpertin dem nächsten Programmpunkt zu.

»Maske Damen« stand an der Türe, durch die wir nun traten. Schminktische, Spiegel, Perücken, überquellende Aschenbecher und eine Dame im weißgemeinten Arbeitsschurz empfing uns. Diese Maskenbildnerin war eine Meisterin ihres Fachs und eine begeisterte Geschichtenerzählerin obendrein. Sie hieß mich niedersitzen, betrachtete mein Gesicht, seufzte, tunkte ihre Finger in Tiegel und Töpfchen und erzählte einen Schwank aus ihrem Leben. Sie habe, so berichtete sie, bei einem humorbegabten Meister gelernt, welcher immer das richtige Wort zur richtigen Stunde gefunden habe. So sei einmal eine etwas reifere Dame mit wenig ansprechenden Gesichtszügen bei ihm zur Kosmetik erschienen. Er solle sie recht schön machen, so habe sie mit neckischem Lächeln und schmachtendem Augenaufschlag gebeten, worauf er geantwortet hätte: »Aus einer Krähe kann ich keine Nachtigall machen!«

»Na, wie finden Sie das? Ist es nicht irrsinnig humorvoll?«

»Ja, sehr humorvoll! Richtig lustig!« sagte ich und schaute zu, wie sie wischte und schmierte, malte und bürstete, bis mir schließlich aus dem Spiegel eine gar freundlich veränderte, strahlende und farbenprächtige Amei entgegenlächelte.

Im Lauf der Sendungen zeigte diese Maskenbildnerin noch mannigfache andere Qualitäten. So wies sie Reportern und Journalisten schroff die Tür, bedeutete, daß Frau Müller Ruhe brauche und Zeit zur Konzentration. War alles um uns herum still, so gab sie aber keine Ruhe, sondern bat mich um Hilfe bei der Lösung schwieriger menschlicher Probleme. So sei das Kind ihrer Nachbarin unmäßig dick; was man denn tun könne, um dieser Not abzuhelfen, ohne dem Kind das notwendige heißgeliebte Essen zu entziehen? Wir überlegten hin und überlegten her, und ehe ich Zeit hatte, mich aufzuregen und Lampenfieber zu bekommen, schrillte die Glocke zum Auftritt.

Draußen drückte das Publikum ungestüm durch die Seitengänge in das Studio hinein. Man schenkte mir keinerlei Beachtung, als ich aus der »Maske« trat, ich erhielt sogar mehrere Püffe.

Na, wartet, ihr werdet mich schon noch kennenlernen! dachte ich erbost, wurde aber gleich wieder sanft und demütig. Vielleicht bist du hinterher froh, wenn dich kein Mensch kennt! Vielleicht blamierst du dich fürchterlich und suchst nach einem Mauseloch, in das du unerkannt schlüpfen kannst.

Das scharfe Licht der Scheinwerfer brach sich in meinen Kontaktlinsen. Tränenden Auges sah ich vollbesetzte Zuschauerbänke, reges Treiben um den Kandidatenstuhl herum. Kameras und Monitoren. Die Maskenbildnerin stürzte herzu, zog mich auf einen Stuhl und tupfte an meinen Augen herum.

»Warum weinen Sie? Hören Sie auf! Die ganze Schminke verläuft!«

Dr. von Westen begrüßte das Publikum, forderte zu einem Probeapplaus auf, fand ihn zu schwach, ermunterte die Leute zu besserer Leistung, ließ sie noch einmal klatschen, gab sich zufrieden und verschwand im Regieraum.

Im Monitor lag ›Panorama‹ in den letzten Zügen. Bei uns im Studio herrschte gespannte Stille, nur mein Magen knurrte vernehmlich. Die Erkennungsmelodie von ›Alles oder Nichts‹ ertönte. Erich Helmensdorfer trat aus den Kulissen. Das Kandidatenkarussell begann sich zu drehen. Ich sollte als letzte aufspringen, doch vorher sprang der Kakteenexperte ab. Lächelnd tat er das, knickte nicht ein und fiel nicht um.

Ich schloß entsetzt die Augen vor so viel Mißgeschick.

Viertausend Mark verloren, futsch, weg! Ein schöner Start war das, ermutigend und vielversprechend!

Russische Musik und Eisenbahnen brausten vorbei. Signale wurden gesetzt und Weichen gestellt. Die Bahn war frei für mich. Meine Augen suchten die weißen Kreuze und die gefährlichen Kabel. Dann stand ich im Scheinwerferlicht, lächelte mit zitternden Mundwinkeln und reichte Erich Helmensdorfer eine eiskalte Hand.

»Wie heißen Sie?«

»Was sind Sie von Beruf?«

»Hausfrau!« hätte ich sagen sollen, nicht mehr und nicht weniger. Aber, was sich während der Bahnfahrt in meinem Kopf eingenistet hatte, diese trefflichen Überlegungen, apart und humorvoll, drängten jetzt mächtig nach draußen und siehe, da quollen sie schon über meine Lippen:

»Ich bin Köchin, Näherin, Wäscherin... Wie sagt man doch gleich?« Hier machte ich eine effektvolle Pause, um dann die Pointe hervorzustoßen: »Nur-Hausfrau!«

Erich Helmensdorfer stand erstarrt, ich auch. Das Publikum reagierte mit Schweigen.

Hübsch blöd hatte ich mich da eingeführt! Das dachten außer mir noch viele Zuschauer, und sie taten diese ihre Meinung in Briefen an das Fernsehen kund.

Vor der nächsten Sendung ersuchte mich Dr. von Westen, nie wieder etwas dergleichen zu sagen und meinen Mund, wenn irgend möglich, nur noch für Antworten Wilhelm Busch betreffend zu öffnen. Ach, er hätte es mir nicht mehr servieren müssen, zu schwer lag der Brocken in meinem Magen, denn eigene Dummheit läßt sich nur langsam verdauen.

Erich Helmensdorfer verzichtete auf weitere Fragen zur Person und wandte sich Wilhelm Busch zu. Max und Moritz erschienen auf einer Tafel.

»Wer ist Max, wer Moritz?«

Da war sie, die gefürchtete leichte Frage! Jedes Kind konnte sie beantworten. Mich aber ergriff Panik, denn ich hatte mir das noch nie überlegt. Von ganz allein kam die richtige Antwort über meine Lippen, brachte mir sparsamen Applaus ein und 25 Mark. Die weiteren Fragen machten keine Schwierigkeiten, ein Händedruck, schon saß ich wieder auf meinem Platz, schneller als gedacht. Hinterher standen wir Kandidaten noch ein wenig beisammen, tranken Sekt aus Pappbechern und suchten bei den anderen zu ergründen, ob wir gut gewesen waren. Ein Taxi brachte mich zurück ins Hotel.

Ich lag im Bett, traurig, unzufrieden, zornig auf mich selbst. Da klingelte das Telefon.

»Du warst großartig!« sagte Manfred. »Was meinst du, wie stolz wir auf dich sind. Schlaf schön, Malchen, und morgen bist du wieder bei uns!«

Fröhliche Aussaat und traurige Ernte

Etwa zwei Wochen vor der nächsten Sendung begann ich, Samenkörner in Manfreds Seele zu streuen, hier mal eines und dort mal eines, wann halt der Boden bereit und die Zeit günstig erschien. So stieß ich beim Frühstück einen Seufzer aus und sprach: »Ach ja, diese Bahnfahrt nach München ist doch recht anstrengend.«

Oder mittags beim Suppeausschöpfen: »Denk dir, Manfred, die russische Musik kommt mit dem Auto. Nein, sie braucht nicht selbst zu fahren! Ihr Verlobter bringt sie. Ein wirklich netter Mensch. Hinterher fahren sie wieder heim...«

Oder beim Nachmittagskaffee: »Hast du gewußt, daß Wilhelm Busch nicht gerne auswärts übernachtete? Ich übrigens auch nicht. Zu dumm, daß nach der Sendung kein Zug mehr fährt und ich nicht nach Hause kann!«

Das genügte für den Anfang, sollte still in ihm Wurzeln schlagen, wachsen und gedeihen.

Nach ein paar Tagen riß ich mich früher als sonst vom Schreibtisch hoch, marschierte in die Küche und machte Maultaschen, ein zeitraubendes und arbeitsintensives Gericht, das Lieblingsessen meiner Lieben.

Sie waren denn auch voll Lob und Dank, sagten, dies sei eine unverhoffte Freude und seit Wilhelm Busch in unser Leben getreten, hätten sie nichts so Gutes mehr gegessen.

»Erzähl wieder mal, wie's im Fernsehe isch«, Mathias lehnte sich satt und zufrieden in seinem Stuhl zurück, denn er hatte heute keinen Schafftag.

Braves Kind, er lieferte die Gelegenheit zu einer nächsten Aussaat!

»Das Publikum«, so begann ich, »läßt viel zu wünschen übrig. Die Leute hören gar nicht richtig zu, weil sie nämlich immer darauf lauern, ins Bild zu kommen und gut auszusehen oder wenigstens zu winken. Ich könnte die Gedichte tausendmal schöner aufsagen, wenn da ein interessiertes Publikum säße. Ach«, ich seufzte, »wenn es nur ein einziger Mensch wäre, was für eine große Hilfe würde das sein!«

»Nun, Herr Helmensdorfer hört ja zu«, meinte Manfred.

»Natürlich hört er zu, aber nicht wie ein normaler

Mensch! Meinst du, er läßt sich rühren oder lacht? Er lauert doch nur auf Fehler! Das ist nicht anregend für mich, sondern aufregend!«

»Da magst du recht haben, wenn ich nur einen Menschen wüßte!«

Ich sprach kein Wort mehr und bedachte ihn nur mit einem finsteren Blick. Wenn er immer noch nicht wußte, welcher Mensch sich da anbot und wen allein ich im Auge hatte, dann verstockte er sein Herz.

»Ich glaube, du hast heute Schafftag«, knurrte ich schließlich. Andreas und Mathias nickten dankbar Bestätigung, er aber seufzte und begab sich in die Küche.

Erst viele Stunden später, abends nach der Sitzung, raffte ich alle Kräfte zusammen und unternahm einen letzten Versuch. Wir lagen im Bett, hörten die Autos unten vorbeisausen und waren schon recht schläfrig.

»Magst du vielleicht noch ein Gutenachtgedicht hören?«

»Mhmh!« Er gab einen Brummlaut von sich, der eher ablehnend wirkte, trotzdem trug ich ihm das Gedicht ›Summa Summarum‹ vor, welches von der Liebe handelt und mit dem Vers endet:

»Demnach hast du dich vergebens
Meistenteils herumgetrieben,
Denn die Summe unsres Lebens,
Sind die Stunden, wo wir lieben.«

Ich legte meine ganze Seele besonders in diesen letzten Vers und tatsächlich, ich rührte sein Herz.

»Das hast du wirklich schön gesagt, Malchen!«

»Du regst mich eben unwahrscheinlich an, Manfred!«

Und dann ganz leise, fast nur ein Hauch: »Ach, wärst du doch in München dabei!«

Pause.

Himmel, jetzt ist er eingeschlafen, dachte ich ärgerlich, immer schläft er ein, wenn etwas wichtig ist! Damit ihn dieses Gespräch aber wenigstens in den Traum hinein verfolge, sagte ich noch einmal laut und deutlich: »Wärst du doch in München dabei! Psiakrew!« (»Psiakrew« ist ein polnischer Fluch, trefflich geeignet zur Aggressionsabfuhr und zum Zischen unter der Bettdecke.)

»Ja«, sprach er aus dem Bett nebenan, »das wäre schön!

Ich habe auch schon daran gedacht...« Dann schlief er ein, und ich tat es auch, erfüllt von liebevollen Gedanken.

»Was suchst du denn da?«

»Schopenhauer, Darwin und Kant!«

»Willst du sie etwa lesen?«

»Ich will nicht, Manfred, ich muß! Meinst du, ich mach's wie dieser Vogelexperte und schau bloß nach den Vögeln und nicht nach ihren Eiern? O nein! Jeder, mit dem Wilhelm Busch irgend etwas zu tun gehabt hat, kriegt's auch mit mir zu tun. Für diese drei Burschen hat er sich halt interessiert. Was bleibt mir übrig...«

»Na, wohl bekomm's!« lachte Manfred und legte mir einen Stoß Bücher in die Arme. »Hoffentlich beißt du dir nicht die Zähne aus! Übrigens, Malchen, ich hab's mir überlegt. Wenn ich dich mit dem Auto nach München fahren würde, dann wär's für dich nicht so anstrengend, und wir könnten hinterher wieder heimfahren!«

Die Saat war aufgegangen und trug reichlich Frucht. Ich mußte nur noch ernten.

»O Manfred, was für eine tolle Idee! Meinst du, das könnte klappen?«

»Warum denn nicht? Ich habe an dem Abend sowieso frei.«

»Und du würdest das für mich tun?«

Er legte noch zwei Bücher zu dem Stoß auf meinen Armen und blickte mir darüber freundlich in die Augen.

»Nachdem du dir nun schon so lange Mühe gibst, Malchen, und bohrst und bohrst, da muß ich ja wohl.«

»Das ist mir jetzt richtig peinlich! Ich dachte, ich hätte es so geschickt angefangen.«

»Sehr geschickt und sehr deutlich! Aber keine Sorge, ich gehe gern mit!«

So war es denn beschlossen und ausgemacht, und ich konnte mich wieder in Ruhe den häuslichen Studien zuwenden.

Bei der nächsten Sendung saß er in der ersten Reihe und strahlte Ruhe und Sicherheit aus, und ich hatte seine Nähe auch bitter nötig! Nicht während der Sendung, da lief alles wie am Schnürchen. Ich durfte ›Hans Huckebein‹ fliegen lassen und die ganze Bildergeschichte hersagen, das gab einen schönen freien Raum in meinem Kopf, den ich nun wieder mit anderem vollstopfen konnte.

Die Venedigexpertin hatte 8000 Mark gewonnen, alles war eitel Freude und Sonnenschein.

»Wir lassen das Band jetzt noch einmal ablaufen«, sagte Dr. von Westen zu uns Kandidaten, »wenn Sie Lust haben und sich einmal sehen wollen, dann kommen Sie mit in den Regieraum.«

Und wie ich wollte! Ich war direkt begierig darauf, hatte ich doch alle Schwierigkeiten aufs beste gemeistert.

Erich Helmensdorfer winkte ab: »Um Himmels willen!« und weg war er. Wir Kandidaten aber drückten uns alle in den Regieraum hinein. Dort standen fünf große Monitoren. Ich sah mich, wie ich ging und stand, lachte, gestikulierte und mit den Augenlidern klimperte. Entsetzt starrte ich auf die Person im Bildschirm. Tante Albertine, wie sie leibte und lebte!

»Komm, Manfred, wir gehen!« Ich tastete im Dunkeln nach seiner Hand.

»Aber es ist ja noch gar nicht zu Ende!«

»Mir ist schlecht! Ich will raus!«

Im Auto begann ich bitterlich zu schluchzen.

»Was ist denn jetzt los, Malchen? Es ging doch wunderbar! Warum weinst du denn?«

»Ach, Manfred, ich hab' gedacht, ich wär' viel netter!«

Die nächste Sendung sah mich still und gefaßt. Ich sprach nicht dazwischen, ich lachte selten – und dies alles fiel mir überhaupt nicht schwer, fühlte ich mich doch wie Aschenputtel höchstpersönlich.

Dabei hatten wir zur Aufrichtung meines hart angeschlagenen Selbstbewußtseins vor der Sendung ein hübsches Kleidchen gekauft. Es schimmerte in sanftem blauem Glanz, und als ich mich betrachtete, vermochte ich sogar meinem Spiegelbild ein halbwegs versöhnliches Lächeln zuzuwerfen.

Die Probe begann, die Scheinwerfer leuchteten, und da stand ich in all meiner Pracht und wartete auf Seufzer und Ausrufe der Verzückung aus dem Regieraum.

»Sie müssen sich umziehen, Frau Müller«, so sprach statt dessen eine Stimme, »das Kleid schillert.«

Ich dachte, ich höre nicht recht. Aber sie predigten es so lange in meine Ohren hinein, bis ich begriff, verschwand und zurückkehrte im zerknitterten Reisekleidchen mit dem Gesicht einer Märtyrerin.

»Na also, das ist doch recht nett!« versicherte Dr. von Westen.

Für diese Sendung erntete ich hohes Lob bei Freunden und Verwandten. So bescheiden hätte ich gewirkt, so schlicht und einfach – richtig herzerfrischend.

Mein Sorgenkind, mein Pfahl im Fleisch, der linke Fuß, trug mich wacker durch alle Sendungen hindurch, nur einmal gab es einen peinlichen Ausrutscher. Die Kameraleute des Bayerischen Fernsehens aber wußten ihn aufs beste zu korrigieren und aus der Not eine Tugend zu machen. So stand denn hinterher in einer Fernsehzeitschrift zu lesen: »... Gut war der Einfall, durch Kameraschwenks um 180 Grad Mitwirkende und Gäste optisch zu einer Gemeinschaft zu machen.«

Vor dem guten Einfall der Kameraleute lag jedoch mein peinlicher Kniefall vor Eugen Roth, und der Verlauf dieses Spektakulums war folgender:

Wer die Fünfhundert-Mark-Hürde genommen hatte, durfte sich etwas wünschen. Ich wünschte mir Bücher von Eugen Roth. Bei der Probe teilte uns Dr. von Westen strahlenden Auges mit, daß Eugen Roth am Abend persönlich zugegen sein werde und in der ersten Reihe sitze. Ich solle auf ihn zugehen, seine Bücher empfangen und einige Dankesworte sprechen. »Aber Frau Müller, nichts Besonderes, ganz bescheiden... Wir verstehen uns doch?«

Also saß ich in der Maske und rang nach passenden Worten. Gerade dieses Mal war mein guter Geist nicht da. Eine andere Maskenbildnerin hatte den Schminktopf ergriffen, wischte und rieb in meinem Gesicht herum, bis die eine Kontaktschale ihren angestammten Platz auf der Pupille verließ und sich in den Augenwinkel verfügte, wo sie zu nichts anderem nütze war, als das Auge zu reizen. Ich begann denn auch heftig zu reiben, um sie wieder an ihren Platz zu bringen. Die Maskenbildnerin rang die Hände.

»Nicht doch! Sie verschmieren die ganze Schminke!«

Also griff ich zu einer anderen Methode, rollte die Augäpfel und zwinkerte heftig. Aber die Kontaktschale rührte sich nicht vom Fleck. So betrat ich das Studio, zwinkerte und rollte und sah nur auf einem Auge deutlich.

Zum Kandidatenstuhl kam ich ohne nennenswerte Mißgeschicke, wandte mich aufatmend Wilhelm Busch zu und vergaß meine peinliche Behinderung. Sobald aber die Siegesfanfaren ertönten, erwachte auch die verrutschte Kontaktschale aus ihrer Erstarrung, begann das Auge erneut zu reizen und mein Herz mit Angst zu erfüllen. Jetzt sollte ich auf Eugen Roth zugehen. Ich tat's, ein verzerrtes Lächeln auf den Lippen und Tränen im Auge, stolzierte wie der Storch im Salat über die gefährlichen Kabel und sah, wie sich eine Gestalt aus der ersten Reihe löste und in das Licht der Scheinwerfer trat. Da gedachte ich, die Sache schnell hinter mich zu bringen, strebte eilends voran, stieß mit dem linken Fuß an ein Kabel und knickte um. Ich ging vor Eugen Roth in die Knie und meinte einen schrecklichen Augenblick lang, ich hätte es auch vor der gesamten Fernseherschaft Deutschlands getan, aber die Kameraleute waren schneller gewesen. Sie schwenkten hinüber zum Publikum, und als Eugen Roth und ich wieder im Bild erschienen, standen wir vereint in herzlichem Händedruck. Er las ein Gedicht, ich stammelte Dankesworte, die Kontaktschale rutschte auf die richtige Stelle, und die Welt war in Ordnung.

Wir fuhren heim. Der Motor schnurrte, ich futterte. Vor der Sendung hatte ich keinen Appetit, hinterher aber Hunger wie ein Wolf. Das traf sich günstig. Manfred machte sich in der Kantine über meinen Aufschnitt her, aß die Hälfte und richtete von dem Rest belegte Brote für die Heimfahrt.

»Ich freue mich auf die stille Zeit zu Hause am Schreibtisch«, so sagte ich und wußte noch nicht, daß diese stille Zeit endgültig vorüber war.

Unsere Wohnung wandelte sich in einen Ort hektischer Betriebsamkeit. Reporter sagten sich an, schnauften die Treppen herauf, beladen mit Fotoausrüstung und begierig nach Sensationsmeldungen.

Wir empfingen sie mit Kaffee und Kuchen und stolzer Freude, waren wir doch zu einer berühmten Familie geworden, interessant genug, in Zeitungen zu erscheinen.

Der Bruno klingelte, um seinen Freund zum Indianerlesspiel abzuholen, aber Mathias versuchte ihn an der Wohnungstür abzufertigen.

»Nei du, Bruno, mir könnet net. Mir werdet interwjuht!«

»Was isch des? Kann i zugucke?«

So saß denn der Bruno dabei, in der Hand den Tomahawk, auf dem Kopf einen Federschmuck. Er schaute zu, wie man uns fotografierte, einzeln oder in geschmackvollen Gruppenarrangements und immer mit einem Buschalbum in der Hand.

Er schaute und aß dabei ein Kuchenstück nach dem anderen. Als er mit Zusehen und Kuchen gesättigt war, erhob er sich und sprach: »Ade! I geh jetzt und schpiel!«

Andreas und Mathias sahen ihm traurig nach.

Vor der nächsten Reportage rafften beide in hektischer Eile ihre Indianerausrüstung zusammen.

»Wo isch mei Tomahaxt? Los, Andreas, mach doch! Tschüs, Mulchen!« Und weg waren sie.

Wir kauften Zeitschriften, die wir sonst nicht zu lesen pflegten, und lasen staunenden Auges Artikel mit der Überschrift: *›Amei, die pfiffige Pfarrersfrau!‹* – *›Hübsche Beine hat die Kleine!‹* – *›Frau Pfarrers Bibel ist Wilhelm Busch!‹*

»Oh, Manfred, was werden die Leute sagen? Wie wird's die Gemeinde verkraften?«

Sie verkraftete es gut! Saß mit gedrückten Daumen am Fernsehapparat, schickte Blumen und Kuchen und tat mir kund, daß sie stolz sei.

Der Kirchengemeinderat unterbrach eine Sitzung, um gemeinsam ›Alles oder Nichts‹ anzuschauen und seine vierte Pfarrfrau auf dem Bildschirm zu betrachten.

Frau Prälat äußerte, daß es aufs Ganze gesehen eine erfreuliche Sache wäre, wenn Pfarrfrauen im Fernsehen aufträten, die »Alles« wüßten, daß sie persönlich es aber begrüßen würde, wenn meine Kleider um einiges länger und mein Gebaren um vieles zurückhaltender würde.

Von Sendung zu Sendung schwoll die Tasche des Briefträgers an. Auf meinem Schreibtisch überragte der Postberg bald die Wilhelm-Busch-Literatur.

Oh, wie gern ich diese Briefe las! Wie wohl sie meiner Seele taten! Ich wäre toll, stand dort geschrieben, meine Stimme wäre die der Brigitte Horney und mein Aussehen das der Adele Sandrock, ich solle mich nicht aufregen, wenn ich eine Antwort nicht wisse, sondern zur nächsten Frage übergehen, und mein liebes Lächeln solle mir und der Menschheit noch recht lange erhalten bleiben. Müller reimte sich auf Knüller, und Busch auf Tusch...

Ich war tief gerührt ob dieser Freundlichkeit und mit mir meine Familie.

»Mensch«, rief Andreas, als er mir den Postpacken auf den Schreibtisch legte, »sin des nette Leut! I tät nie ein Brief schreibe, wenn i net müßt!«

Dann kam der Tag, an dem ich den ersten bösen Brief erhielt. Als Manfred nach Hause kam, saß ich noch wie erstarrt am Schreibtisch. Er las den Brief und riß ihn in kleine Fetzen.

»Das hat ein kranker Mensch geschrieben, Malchen! Du mußt es ganz schnell vergessen!«

»Aber er muß sich fürchterlich über mich geärgert haben, sonst könnt' er doch nicht solche Sachen schreiben!«

»Ich sage dir, das sind Auswüchse einer krankhaften Phantasie!«

Es kamen andere.

»Sie sind die plötste Ku, die jeh im Fernsehen wahr!« So stand es auf einer Postkarte geschrieben.

Die Schwierigkeiten der Schreiberin mit der Orthographie trösteten mich nicht darüber hinweg, daß der Briefträger diese lapidare Feststellung auch noch hatte lesen können.

Alle bösen Zuschriften waren ohne genaue Adresse, so daß ich mich nicht verteidigen konnte, und fast alle stammten aus frommen Kreisen.

Ein Brief, mit Gift und Galle reichlich versehen, war unterschrieben mit »Ihre evangelischen Glaubensschwestern«.

»Eine Pfarrfrau sollte sich um die Alten und Kranken kümmern und sich nicht im Fernsehen produzieren...«, so stand dort zu lesen. Da war sie wieder, die altvertraute Regel!

Eine Pfarrfrau sollte dies und sollte jenes, aber niemals das tun, was ihr Spaß macht!

Eine Pfarrfrau sollte sich um andere kümmern und nie um sich selber!

Eine Pfarrfrau sollte in ein bestimmtes Bild passen, und wenn sie das nicht tut, dann ist sie eine Enttäuschung, und man hat das Recht, sie zur Ordnung zu rufen!

Die mühsam erlangte Sicherheit, das ohnehin schon angeknackste Selbstbewußtsein, da schwanden sie wieder dahin, übrig blieb eine von Zweifeln geplagte und mit schlechtem Gewissen belastete Pfarrfrau.

»Du bekommst soviel begeisterte Briefe und hängst dich an die wenigen bösen«, schalt Manfred, »das ist undankbar! Wie kann ein denkender Mensch überhaupt anonyme Briefe lesen? Man wirft sie in den Papierkorb, und wenn du es nicht tust, dann werde ich dafür sorgen!«

Er fing den Briefträger ab und verschwand mit der Post in seinem Zimmer, um sie zu sichten. Ich sah denn auch einen zerrissenen Brief und hatte große Mühe, alle Schnipsel aus dem Papierkorb zu fischen und wieder zusammenzusetzen.

»Es ist meine Post, und du darfst sie nicht einfach aufmachen und zerreißen!«

»Ich hab' nur diesen einen Brief zerrissen, weil er dich nämlich verunsichert hätte.«

»Und wenn er mich zehnmal verunsichert! Ich will ihn lesen!«

»Gut, tu was du nicht lassen kannst!«

Damit verschwand er und ward bis zum Abendbrot nicht mehr gesehen.

Ich versuchte, mich auf Wilhelm Buschs Briefe zu konzentrieren, aber die Buchstaben verschwammen vor meinen Augen.

»Was isch, Mulchen?« Mathias tippte mir auf die Schulter. »Warum weinsch du? Weil du soviel lerne musch oder wie?«

»Nein, ich bin nur ein bißchen müde.«

»Soll i vielleicht unser Zimmer aufräume? Freusch du di da?«

»Und wie! Ganz arg!«

»Gut, i mach Hausputz, aber dann bisch au vergnügt, gell!«

Ordnung machen war ihm von Herzen zuwider, trotzdem schritt er zur Tat und werkte gewaltig im Kinderzimmer. Er schüttete den Inhalt sämtlicher Schubladen auf den Boden, denn Ordnung begann bei ihm mit einem Chaos.

Es klingelte. Kurz darauf stürzte Mathias zu mir ins Zimmer, riß und zerrte an der Schürze, die er sich umgebunden hatte.

»Schnell, Mulchen, mach auf! Dr Bruno kommt! Huh, isch mir des peinlich! Wenn der sieht, daß i Hausputz mach. Der lacht mi aus!«

Aber Bruno sah das Chaos im Zimmer mit Wohlgefallen.

»Was schpielst du do?« fragte er.

»I räum um!«

«Guat«, sagte Bruno, »guat, daß i komme ben, umräume du i au gern. Alle Möbel müsset naus und dr Deppich au!

Mir hent dahoim no en Eimer mit Farb, den hol i, und dann streichet mir's au glei!«

»Ja!« Mathias strahlte vor Begeisterung. »Des machet mir!«

An dieser Stelle warf ich mich zwischen sie und ihre Pläne.

»Ne du, Bruno, nicht streichen! Das schafft ihr heute nicht mehr, das wird zuviel, glaub mir's! Bis ihr alles geputzt habt und umgestellt...«

»Schad drom! Mit dere schöne rote Farb hätt's gut ausgesehe.«

»Mulchen, du kannsch jetzt wieder an dei Arbeit gehe!« sagte Mathias und meinte damit: Verschwinde und red uns nicht immer rein!

Sie schafften. Ich hörte die Schränke über den Boden kreischen, hörte lautstarke Auseinandersetzungen über die Neugestaltung des Raumes, hörte Wasserplätschern und Wehgeschrei, als nämlich Bruno im Eifer des Gefechts den Putzeimer umstieß und sie beide der Wasserfluten nicht Herr werden konnten. Gegen Abend endlich rückten sie bei mir an, hochrot und völlig durchnäßt.

»Jetzt darfsch du gucke, Mulchen! Aber vorsichtig, 's isch no net ganz trocke!«

Die Möbel standen in eigenwilliger Anordnung im Zimmer verstreut, der Boden glänzte vor Nässe.

»Na, was sagsch jetzt?«

»Toll!«

»Bisch jetzt froh?«

»Ja, sehr!«

»Dann mach halt au a frohs Gsicht!«

In der darauffolgenden Zeit fand ich keinen einzigen anonymen Brief mehr im Kasten.

»Manfred, könnte es möglich sein, daß du wieder in der Post herumfischst?«

»Aber Malchen!« Er schaute mich an mit traurig-verwundertem Blick. »Was denkst du denn von mir? Hast du irgendwelche Fetzen im Papierkorb gefunden?«

»Nein, im Papierkorb nicht. Es gibt auch noch einen Abfalleimer.«

»Wie kann man nur so mißtrauisch sein? Ich dachte, du kennst mich.«

»Eben!«

Dann überraschte ich Mathias, wie er vor dem Briefkasten

hockte, tief versunken in die Post. Er drehte die Briefe hin und her, nahm einen an sich und verstaute ihn in seinem Schulranzen.

»Was machst du da?«

Er fuhr herum.

»Mensch, Mulchen, hasch du mi erschreckt!«

Ich wiederholte meine Frage, lauter und deutlicher als vorher.

Er erhob sich gekränkt.

»Mr wird ja wohl no d' Poscht angucke dürfe! Und überhaupt, Mulchen, i hab gnug vom dauernde Putze!«

Die lange Nacht der Wahrheit und die kurze des Triumphs

Pratzels luden ein zu Hochzeitssuppe und Filmvorführung.

»Ich hab' ein schlechtes Gefühl, Manfred. Was werden sie zu der Fernsehgeschichte sagen? Hugo ist immer so direkt.«

»Ah bah, da brauchst du dir keine Sorgen zu machen! Sie mögen dich doch! Weißt du nicht mehr, wie sie dir im Krankenhaus geholfen haben?«

»Ja, im Krankenhaus...«, ich sprach nicht weiter, dachte aber bei mir, daß mein Herz für eine hinkende Amei im Krankenhaus sehr viel wärmer geschlagen hätte, als für eine strahlende im Fernsehen.

Ich bat Manfred, einen besonders großen Blumenstrauß für Eva zu kaufen und nicht kleinlich nach dem Preis zu schielen. Die Schokoladentafeln für Pratzels sieben wickelte ich in rotes Seidenpapier und versah sie mit kunstvollen Schleifen. Nachdem dies alles geschehen, wurde mir etwas wohler.

Pratzels begrüßten uns mit Herzlichkeit. Finks saßen schon in der Sofaecke, Säuseles erschienen mit nur zehn Minuten Verspätung.

»Wir hätten es fast geschafft«, Sigmund überreichte Eva den dritten Blumenstrauß des Abends, ein Biedermeiersträußchen, klein, bunt, mit weißer Manschette und rosa Schleife. Eva brach in Begeisterungsrufe aus, sagte, daß sie noch nie so etwas Süßes bekommen habe, und trug die Winzigkeit wie einen Schatz in die Küche. Unser bombastischer Strauß lag auf dem Flurschränkchen. Eva hatte ihn dorthin gelegt und nur bemerkt, daß er ganz großartig, aber nicht nötig gewesen wäre.

»Ja, wir hätten es fast geschafft«, wiederholte Sigmund, »aber Prilli steckt in der zweiten Trotzphase und hat eine Vase runtergeworfen.«

»Da mußtet ihr sie noch trösten!« sprach Hugo Pratzel mit scharfer Ironie in Stimme, Mienenspiel und Wortwahl. Sigmund schaute ihn freundlich an.

»Ja, da hast du recht, das mußten wir. Mir scheint, du hast einiges dazugelernt, Hugo!«

Bei Sigmund kam man mit Ironie nicht weit. Er nahm sie

einfach nicht zur Kenntnis. Hugo öffnete den Mund, um eine zweite, schärfere Salve hinterher zu schießen und klarzumachen, wie er seine Worte verstanden wissen wollte, aber Eva drängte sich zwischen die beiden.

»Hugo, die Suppe ist angerichtet, wir können essen.«

So gingen wir denn zu Tisch und löffelten die Hochzeitssuppe, die ich mittlerweile schon beinahe gerne mochte.

Oh, wie dankbar war ich für den Schlagabtausch zwischen den beiden verschiedenartigen Vätern! Mit meinem Fernsehauftritt hatte hier offensichtlich niemand Schwierigkeiten, sie beharrten bei ihren Lieblingsstreitpunkten, und mir sollte es recht sein. Eine so hohe Welle der Dankbarkeit spülte über mich hin, daß ich meinen Teller zum zweiten Mal unter Hugo Pratzels Suppenkelle hielt.

»Ich mag diese Suppe!«

»Wir mögen dich auch«, sagte Hugo, »wenngleich du uns schnöde verlassen hast und zu Fernsehruhm emporgestiegen bist.«

Jetzt lag der Brocken auf dem Tisch zu gefälliger Bedienung. Maria würgte bereits daran.

»So sehen wir dich wenigstens auf dem Bildschirm.«

»Ich muß schrecklich viel arbeiten, Maria!«

Julius Fink legte den Löffel nieder.

»Unsere Frauen arbeiten auch von morgens bis abends! Aber da ertönen keine Siegesfanfaren und keine Lobeshymnen! Sie tun es im stillen, ohne Publikum und ohne Lohn. Also beklage dich nicht!«

»Ich beklage mich ja nicht, Julius.«

»Da hast du auch keinen Grund dazu! Was meinst du, was du uns zu schlucken gibst?« Seine Baßstimme war über den Bariton bis zum Tenor hinaufgeklettert. Sie sprach aus, was vermutlich alle hier dachten. »Du heimst Lorbeeren ein, spielst den großen Star und meinst, du könntest hier alle in den Schatten stellen, die still und bescheiden ihre Arbeit als Pfarrfrau tun!«

Ich saß ertarrt.

»Mag noch jemand Suppe?« Eva Pratzel fragte es in die Stille hinein und wartete gar nicht erst auf Antwort. »Wir wollten diesmal keine Urlaubsfilme vorführen. Wir wollten mal etwas anderes machen, und da haben wir eine lustige Diaserie besorgt. Uns hat sie Spaß gemacht, aber ich weiß nicht so recht, nach Lage der Dinge...« Sie warf einen beschwörenden Blick auf ihren Ehemann. »Hugo, ich denke, wir sollten vielleicht doch umdisponieren und die Urlaubsfilme...«

»Nein, laßt doch!« riefen die anderen, dankbar Hugos Filmkunst und dem explosiven Gesprächsstoff zu entrinnen. »Lustige Dias sind gut!«

»Na, wie ihr wollt«, sagte Hugo, »dann verfügt euch mal ins Wohnzimmer, es ist schon alles aufgebaut.«

Die Serie hieß: ›Der feine Ton‹, und sie handelte vom Umgang mit Freunden und Gästen. Sympathische Geschöpfchen mit Knollennasen traten auf alle erreichbaren Hühneraugen und in sämtliche Fettnäpfchen, schnitten peinliche Gesprächsthemen an und gerieten in unerfreuliche Situationen.

Wir saßen in betretenem Schweigen, keiner lachte.

»Da hast du wirklich Gipspfoten gehabt, Hugo«, Julius Fink sprach es, nun wieder in sonorem Baß, »laß dir gratulieren zu deiner geschickten Auswahl!«

»Ich fand's halt lustig«, verteidigte sich Hugo, »konnte ich ahnen, daß gerade heute so etwa passiert. Und überhaupt, ihr Lieben, ich habe schon bemerkt, daß ihr meine Filme nicht mögt! So dumm bin ich nun auch nicht!«

Schweigen. Eva knipste das Licht an. Manfred wand die Finger ineinander, daß sie knackten.

»Uns wird schwindlig beim Zuschauen, weil du nämlich zuviel mit der Kamera herumfuhrwerkst und sie nie still hältst.«

»Was verstehst denn du vom Filmen!« rief Hugo. »Du fotografierst doch nur!«

»Bißchen was verstehe ich schon davon. Ich habe es dir schon immer sagen wollen, Hugo.«

»Und darf ich fragen, warum du es mir nicht gesagt hast?«

»Weil du es mir doch nicht geglaubt hättest, Hugo, und weil ich dir nicht den Spaß verderben wollte...«

»Heute endlich ist es dir gelungen, weil deine Amei angegriffen wurde...«

Manfred wiegte den Kopf. »Ja, vielleicht Hugo. Es könnte tatsächlich sein...«

»Komm, Hugo«, drängte Julius, »laß deine Serie weiterlaufen, damit wir es endlich hinter uns bringen.«

Er knipste das Licht aus, und die Figürchen erschienen wieder auf der Leinwand, schlidderten über glattes Parkett, landeten auf der Nase und sagten einander die Wahrheit.

»Das war also diese Serie«, Eva knipste das Licht an, »ich habe geahnt, daß sie heute nicht paßt.«

Nichts wie weg! Das war mein einziger Gedanke. Ich erhob mich.

»Manfred, ich glaube, wir sollten jetzt...«

Julius faßte mich am Arm.

»Bleib da, bitte, einen Augenblick. Setz dich noch mal, ja? Des Menschen Zorn tut nicht, was vor Gott recht ist. Ich habe mich hinreißen lassen, aber ich wollte dich nicht verletzen. Es tut mir leid! Weißt du, da hat sich einiges in mir aufgestaut. Maria hat nie etwas gesagt, aber ich sehe doch, wie sie schlucken muß, wenn sie von deinen Erfolgen hört...«

»Nein, Julius, ich muß nicht schlucken«, rief Maria, »ich muß mich nur zurechtfinden!«

»Wir hätten schon längst darüber sprechen sollen«, Manfred drückte mir ein Tempotaschentuch in die Hand, »aber wir hatten Mühe, mit unseren eigenen Problemen fertig zu werden. Jetzt merke ich erst, wie schwierig es für euch ist.«

»Du hast dich großartig aufgerappelt, Amei!« Agathe Säusele schenkte mir einen freundlichen Blick. »Wenn ich denke, wie schlimm du dran warst!«

»Ja, es ist eine Therapie und keine schlechte!«

Das kam von Sigmund Säusele. Ich konnte ihn nicht genau sehen, weil meine Augen überliefen, das passierte mir immer, wenn mich das Selbstmitleid überkam. Julius neben mir war auch nicht froh, er hatte die Hände zusammengekrampft. Maria legte den Arm um seine Schultern.

»Du hast schon richtig gesehen, Julius. Ich mußte schlukken. Wir buttern so im Kleinen herum ...«

»Aber das hab' ich doch auch erlebt, Maria!« rief ich dazwischen. »Erst auf dem Dorf und dann hier mit dem Laienspielkreis und so ...«

»Dann wirst du verstehen ...«, jetzt wedelte auch Maria mit dem Taschentuch.

»Solche Gespräche bringen ungeheuer viel für die zwischenmenschlichen Beziehungen!« Sigmunds Stimme klang direkt euphorisch. »Wir reden auch immer mit unseren Kindern! Psychologisch gesehen ...«

»Halt die Luft an, Sigmund!« fuhr ihm Hugo in die Rede. »Damit du's nur weißt, Amei, ich habe ein Fußballspiel ausfallen lassen, nur um ›Alles oder Nichts‹ zu sehen!«

»Ja wirklich!« bestätigte Eva. »Wir wollten's erst gar nicht glauben.«

»Aber mit dir muß ich noch sprechen!« Hugo pflanzte sich vor Manfred auf und bohrte seinen Zeigefinger in dessen Magengegend. »Was paßt dir nicht an meinen Filmen?«

»Du bist zu hektisch, Hugo! Wirklich, es wird einem schlecht, wenn du dauernd mit der Kamera in Bewegung bist.«

»Ich muß Manfred beipflichten«, sagte Julius bedächtig, »dabei interessieren mich deine Filme. Du darfst es nicht als Kritik auffassen, Hugo!«

»Als was denn sonst?« knurrte der. »Wißt ihr, was jetzt noch fehlen würde?« Nein, wir wußten es nicht genau und schüttelten deshalb den Kopf. »Daß euch unsere Suppe nicht schmeckt!«

Er schaute in die Runde, sah lauter zu Boden geschlagene Augen, zusammengekniffene Münder.

»Na, was ist, schmeckt sie euch oder nicht?«

»Nicht!« sagte Maria mit leiser, aber fester Stimme.

»Ich werd' verrückt! Eva, hast du es gehört? Sie mögen unsere Hochzeitssuppe nicht! Ja, ist es denn zu fassen?« Er ließ sich auf den nächsten Stuhl sinken. »Ihr habt doch immer gesagt, daß ihr sie wunderbar findet!«

»Nein, Hugo, da irrst du!« Julius hob den Blick. »Keiner von uns hat das jemals gesagt!«

»Aber ihr habt auch niemals eine Andeutung gemacht, daß sie euch nicht schmeckt!«

»Wie stellst du dir das vor?« fragte Sigmund. »Wir sind bei dir eingeladen, setzen uns an deinen Tisch, schieben den Teller fort und sagen, wir mögen deine Suppe nicht. Ne, du, das geht nicht! Ich bin zwar sehr für Wahrheit und freien Umgang miteinander, aber das schaff' selbst ich nicht. Agathe hat's mal wollen – stimmt's, Agathe? –, aber ich hab' ihr gesagt, sie soll's lassen.«

»Ja, so war es!« Agathe nickte.

Eva erhob sich, murmelte etwas und ging hinaus.

»Da seht ihr, was ihr angerichtet habt!« rief Hugo. »Jetzt weint sie!«

»Ich schau mal nach«, Maria eilte hinaus, ich lief hinterher und Agathe auch.

Eva stand am Spülstein in der Küche und stellte meine protzigen Blumen in einen Krug. Sie weinte tatsächlich.

»Eva, bitte, wir wollten dich doch nicht verletzen!«

»Ihr habt mich auch nicht verletzt! Ich weine nur über meine eigene Dummheit!« Sie putzte sich energisch die Nase. »Wir mögen diese Suppe nämlich schon längst nicht mehr! Ich hätte euch gern etwas anderes angeboten, was nicht derartig viel Arbeit macht, aber ich war fest davon überzeugt, daß ihr alle ganz verrückt auf die Suppe seid. Warum habe ich euch nie gefragt? O ihr, wie kann man nur so dumm sein!«

Die Herren gesellten sich zu uns.

»Dies war ein Abend der Wahrheiten«, sprach Julius.

»Ja, wir haben heute viel aufgearbeitet«, meinte Sigmund.

Hugo warf ihm einen scharfen Blick zu. »Ihr seid die einzigen, die nichts abgekriegt haben!«

»Ach, weißt du, wir kriegen so viel von dir ab, daß wir dieses Mal gern verzichten konnten!«

Eva schüttete die restliche Suppe in eine kleine Schüssel. Ein letztes Tränlein tropfte aus ihrem Auge, fiel in die Suppe und bereicherte sie um ein neues, kostbares Ingredienz.

»Was wollen Sie mit dem gewonnenen Geld anfangen?« fragte mich am nächsten Tag ein Reporter.

»Ich hab's ja noch nicht.«

»Ja, aber wenn Sie es hätten, was würden Sie sich dann kaufen?«

»Ich hätte mal gerne was aus Pelz!« So sprach ich in meines Herzens Einfalt und weil mir das gerade einfiel.

Am nächsten Tag stand in der Zeitung: »Sie kauft sich einen Pelzmantel!«

Ein Sturm der Entrüstung brauste über das Land.

»Was, eine Pfarrfrau einen Pelzmantel! Hat man so etwas schon gehört? Gibt es nichts Wichtigeres? Kinder hungern! Menschen darben! Und sie will einen Pelzmantel! Eine schöne Pfarrfrau ist das!«

Agathe Säusele rief an, erzählte von den verschiedenen Phasen, in denen sich die Kinder gerade befanden, und kam dann zum eigentlichen Grund ihres Anrufes.

»Weißt du, Amei, es ist psychologisch unklug, zu sagen, du willst dir einen Pelzmantel kaufen. Die Leute bringen Pelzmantel und Pfarrfrau nicht zusammen, und du kriegst Ärger! Also denk dran: Psychologisch klug handeln!«

Ich hatte mich kaum am Schreibtisch niedergelassen, da

klingelte das Telefon schon wieder. Diesmal war es Eva Pratzel.

»Habt ihr euch von vorgestern erholt? Jetzt kann ich schon über die Suppe lachen. Aber Hugo ist's nah gegangen. Er hat sich ein Buch gekauft ›Filmen, aber richtig‹, das liest er gerade und knurrt dabei dauernd vor sich hin. Übrigens, Amei, ich will mich nicht einmischen, aber sag doch nicht solche Sachen, daß du einen Pelzmantel kaufst und so. Du weißt doch, wie die Leute sind. Nachher kriegst du was auf die Nase. Also, verheb's!«

Am Nachmittag erschien Maria Fink, bepackt mit Kefir, Kleiekeksen und einem duftenden Strauß Fresien.

»Irgendwann hast du mal gesagt, daß Fresien deine Lieblingsblumen sind, also hat Julius sie für dich gekauft. Er läßt dich herzlich grüßen. Kleiekekse schlagen nicht an, du kannst sie also ohne Sorgen knabbern, während du lernst. Kefir ist jetzt besonders wichtig für dich, denn er stärkt und beruhigt die Nerven. Ich bitte dich herzlich, ihn regelmäßig zu trinken!«

Wir sprachen über dies und das und besonders über den »Abend der Wahrheit«, versicherten uns unseres gegenseitigen Wohlwollens und landeten beim – wie hätte es anders sein können – Pelzmantel.

»Er ist mir überhaupt nicht wichtig, Maria, wirklich, ich hab's bloß so hingesagt!«

»Dreh jedes Wort dreimal um, bevor du's rausläßt! Ich will nicht, daß man über dich spricht!«

Dann ging sie, und ich begab mich wieder an den Schreibtisch, denn die letzte Sendung rückte in bedrohliche Nähe.

»Gitti, kommst du mit zu der letzten Sendung! Ich darf Gäste mitbringen, und es ist so beruhigend für mich, wenn ich eine kleine Hausmacht dabei habe.«

Ja, sie wollte und Bruder Stefan auch. Die beiden blieben allerdings die einzigen.

Der große Tag brach an. Nur Manfred aß sein Frühstück mit gutem Appetit, wir anderen kauten lustlos an unserem Toast herum.

»Mulchen«, ließ sich Mathias vernehmen, »i sag dir, wenn heut abend was passiert, und du verliersch, dann heul bloß net, sonsch kann i mi nie mehr in meiner Klass sehe lasse. Gell du, des tusch du net?!«

Ich versprach es.

»Pah, was soll denn da passiere?« rief Andreas. »Du hasch des Zeugs ja so glernt, also da hab i überhaupt kei Angscht!«

Als wir aber später zum Auto hinuntergingen, faßte er mich am Ärmel.

»Du, Mulchen, i hab was vergesse. Du kannsch au Pech habe, aber daß du's bloß weisch, ganz, ganz beschtimmt, was au passiert, i hab di lieb!«

Nichts passierte, außer daß der Zeitgenosse in der Probe auftauchte, sich neben Manfred setzte und die Hosenbeine arrogant übereinanderschlug. Prompt stolperte ich denn auch über ein Kabel, stieß ans Mikrophon und benahm mich so verworren, daß Dr. von Westen sich zu mir niederbeugte und flüsterte:

»Frau Müller, um Himmels willen, Sie haben sich doch nicht etwa Mut angetrunken?«

»Kein Glas!« schwor ich, »keinen Tropfen!«

Der Zeitgenosse stand neben uns.

»Was ist mit ihr?«

»Sie ist verständlicherweise nervös«, sagte Dr. von Westen.

Der Zeitgenosse deutete eine Verbeugung an und sprach: »Gnädige Frau, ich war bei Ihrem allerersten Auftreten dabei, wissen Sie es noch, Sie waren sich nicht ganz klar über die Fahrtrichtung des Zuges und überhaupt.« Ich nickte. Er bedachte mich mit seinem lieben, arroganten Lächeln und fuhr fort: »Ich habe es mir nicht nehmen lassen, auch Ihr letztes Auftreten durch meine Gegenwart zu verschönen, denn ich bin stolz auf Sie und würde es auch gerne bleiben. Darum, verdammt noch mal, reißen Sie sich zusammen!«

Er stolzierte auf seinen Platz zurück, und weil ich Manfred damals von ihm erzählt hatte und er fast genauso aussah und wirkte, wie ich ihn geschildert hatte, so sprach Manfred ihn an. Sie saßen bald in angeregtem Gespräch versunken und fixierten mich nicht mehr mit ihren Blicken, so daß ich mich wieder normal bewegen konnte und die Probe gut hinter mich brachte.

Die Sendung verlief ohne Pannen, nur daß ich mit den Kopfhörern nicht zurechtkam und in der engen Glaskabine nach Luft ringen mußte. Aber dann erhob ich meine Augen und sah Manfreds Gesicht in der ersten Reihe, Gittis und Stefans etwas weiter hinten, und ich wurde ruhig.

Die Siegesfanfaren schmetterten früher als ich gedacht, und meine Fernsehkarriere war beendet.

Zum letzten Mal schmierte mir mein guter Geist in der Maske Creme auf das verschwitzte Gesicht. Wir sagten »Auf Wiedersehen« und wußten doch, daß wir uns nicht wiedersehen würden.

Erich Helmensdorfer war schon fort, als ich aus der Maske kam. Aber Dr. von Westen hatte gewartet, ebenso der Zeitgenosse. Im Regieraum hätten sie gesessen, sämtliche Daumen gedrückt und nach Behebung der Schwierigkeiten mit dem Kopfhörer fast keine Angst mehr gehabt.

Mit Gitti und Stefan zogen wir noch in ein Restaurant, um zu feiern, aber ich war traurig und hatte keinen Appetit.

»Zu Hause auf dem Bildschirm wirkt alles viel schöner!« klagte Gitti.

»Ich habe vor lauter Kameras fast nichts gesehen!« schimpfte Stefan.

Im Auto legte Manfred seine warme auf meine kalte Hand.

»Nun bist du wieder bei uns, ich bin froh darüber, denn wir brauchen dich!«

Auf meinem Nachttisch stand ein Plakat.

DU WARST TOLL!! WIR SIND STOLZ AUF DICH!!!

Auf dem Kopfkissen lag eine Rose, dunkelrot und langstielig. Sie war schon ein wenig welk, aber sie duftete noch.

Die blaue Blume der Romantik und der Heilige Geist

»Was schreibst du da?« Ich beugte mich über Mathias, der brummend an seinem Schreibtisch saß.

»Ich darf in der Stunde keine Brausestengel lutschen!«

»Warum mußt du das schreiben?«

»Mensch, Mulchen, schtell di doch net so an! Weil i a paar glutscht hab, deshalb. D' Frau Kuchschmidt verschteht au kei bißle Spaß, und jetzt muß i's zehnmal schreibe.«

»Man lutscht auch keine Brausestengel in der Schule, Mathias!«

Er seufzte.

»Des weiß i jetzt ja! Mensch, Mulchen, hasch du denn gar nix mehr zum Schaffe? Musch du immer gucke, was i mach? Des isch ja furchtbar!«

»Ich hab' mit Frau Kuchschmidt gesprochen, sie ist nicht zufrieden mit dir, weil du frech bist und deine Hausaufgaben hinschlampst!«

»So? Aber daß i dr Bescht bin im Schport und am schnellste renn und a Urkunde krieg, des hat se dir natürlich net gsagt!«

»Nein, aber daß wir Diktate üben müssen, weil deine Rechtschreibung haarsträubend ist. Komm, wir schreiben gleich eins!«

»Was? I hab no net amal die Brauseschtengel fertig. Heut geht's net und morge au net, weil i da nämlich bei dr Schuluntersuchung bin, und dr Vati muß mi hinfahre.«

Am nächsten Morgen trabte er aufgeregt von einer Ecke der Wohnung in die andere.

»Warum kommt er denn net? Er hat's mr doch verschproche! Oh, Mulchen, wie kann dr Vati mir des antun, wo doch um zehn Uhr d' Mädle drankommet.«

Es langte noch. Manfred brachte ihn hin und wieder zurück.

Der Vater lachte, der Sohn blickte schmerzlich verklärt und trug den Arm streng angewinkelt.

»Oh, Mulchen, was hab i leide müsse. Mei Arm braucht a Schlinge. Da hat se fürchterlich reigschtupft und drei Gläser mit Blut rausgholt. Und dann hält se mir so was an mein Finger, und i denk an nix Bös, auf eimal schnappt da a

Messer raus und fährt in mein Finger, da bin i so furchtbar erschrocke, daß i richtig hab schreie müsse.«

»Mathias, du bist ein Hypochonder!«

»Ja, Mulchen, du hasch recht, des bin i. Isch des a arg schlimme Krankheit?«

Am Nachmittag, als ich ihn endlich zum Diktat überredet hatte, sah er mich mit großen, traurigen Augen an, strich sich mit den Fingerspitzen leicht über die Stirn, wie es die Omi zu tun pflegte, wenn sie an Migräne litt, und sagte: »I tät furchtbar gern a Diktat schreibe, aber's geht net, leider. Wenn i d' Auge zudrück, dann hab i a ganz heißes Gfühl im Kopf.«

»Dann laß sie halt offen!«

»Und wenn i von hinte mein Arm anlang, dann hab i a schrecklich feschts Gfühl.«

»Was brauchst du dir von hinten an deinen Arm ranfassen? Du willst dich bloß vorm Diktat drücken!«

»Oh, Mulchen, wie kannsch du bloß so was sage? Ehrlich, mei Kopf platzt!«

»Komm mit ins Badezimmer. Ich schmier dir Salbe drauf, dann platzt er nicht mehr.«

Er nahm die Behandlung mit Niveacreme gern auf sich und reichte auch noch beide Arme her, damit ich sie einreibe.

Kaum saßen wir wieder am Schreibtisch, da ging das Gequengel von neuem los.

»Och, des isch ja furchtbar! Jetzt hab i lauter schrecklich rutschige Gfühl! I muß nunter ins Höfle, damit's d' Sonn trocknet!«

Weg war er.

Meine vermehrte Aufmerksamkeit machte ihm zu schaffen und bot Grund zu Verdruß. Auf einmal hatte das Mulchen Zeit, steckte die Nase in alles hinein, wollte Schulaufgaben überwachen und Diktate üben, er aber war Freiheit gewöhnt.

Zu seiner großen Erleichterung nahm Andreas eine Zeitlang meine Aufmerksamkeit in Anspruch, indem er mir seinen Herzenswunsch offenbarte.

»Ach, Mulchen«, bat er, »i hätt so gern a eigens Zimmer! Weisch, mit 'm Mathias isch's manchmal richtig schwierig. Der will schpiele und Krach mache, und i will lese und Ruh habe, und dann schtreitet mir. Vorher hab i nix sage wolle, weil du so viel hasch lerne müsse. Aber i hab mir überlegt, da isch doch obe die Dachkammer, wo dr ganze Gruscht drin schteht, meinsch net, mr könnt ...«

Und wie wir konnten!

Umräumen gehört zu meinen liebsten Tätigkeiten. Manfred weiß es aus leidvoller Erfahrung. Es ist wie eine Krankheit, die mich plötzlich überfällt. Ich sitze am Klavier und spiele ein Präludium von Bach, auf einmal, mittendrin, aus unerforschlichen Gründen wird es mir klar, daß das Klavier nicht länger an dieser Stelle stehen kann. Ich erhebe mich und schaue das Zimmer an und weiß nicht, wie ich es ausgehalten habe, so lange in dieser unerfreulichen und praktischen Möbelanordnung zu leben. Ich gehe durch die Wohnung und kann nur den Kopf schütteln. Diese Krankheit ist übrigens ein Erbstück. Meine Mutter litt unter ganz starken Anfällen. Sobald sich die ersten Anzeichen bei ihr bemerkbar machten, und sie mit nachdenklichem Blick durch die Zimmer streifte, einen Stuhl hierhin und einen Sessel dorthin stellte, waren wir Kinder bereits angesteckt und begannen in unseren Zimmern die Bilder umzuhängen. Nur mein Vater blieb immun gegen die Krankheitskeime und reagierte mit Verdruß auf den Ausbruch der Epidemie in seinem Haus.

So warteten wir, bis er einen Nachmittag lang unterwegs war, und schritten dann unverzüglich zur Tat, denn nur so konnten wir genesen. Mutti gab an, wie sie sich die Neugestaltung des Raumes vorstellte, und wir Kinder leisteten ihr freudig Beistand. Kehrte der Hausvater endlich zurück, so empfing ihn eine erschöpfte, aber geheilte Familie.

»Ist es nicht wunderschön geworden, Paul-Gerhard?« Mutti hatte sich bei ihm eingehängt, schaute mit strahlendem Lächeln zu ihm auf und führte ihn an die Stätte unseres Wirkens.

»Na, ich weiß nicht, mir hat es vorher auch gefallen, und ich muß mich erst daran gewöhnen. Weib«, er hob die Stimme, »laß dir bloß nicht einfallen, in meinem Zimmer ...!«

»Aber Paul-Gerhard, wo denkst du hin! Nie würde ich mich erdreisten! Obwohl dein Schreibtisch viel mehr Licht bekäme, wenn er an der anderen Seite des Fensters stünde ...«

Es war nur eine Frage der Zeit, bis die Krankheit uns erneut überfiel und wir in seinem Zimmer ans Werk gingen.

Da allerdings war er nicht willens, das Haus zu verlassen, sondern stand sprungbereit in der Mitte des Raumes, um sich auf uns zu stürzen, falls wir nicht pfleglich mit seinen Büchern umgingen.

»Wenn ich dich nicht so liebte ...«, der Rest seiner Rede erstarb in unverständlichem Gebrummel.

»Ich habe nun einmal diese kleine Schwäche«, entgegnete meine Mutter, »sei duldsam, Paul-Gerhard, und denke an den Farn!«

Der Farn grünte im Garten, und sooft Vater seiner ansichtig wurde, wandte er sich mißmutig ab. Dieses Gewächs hatte ihm Spott und Ärger eingetragen und erinnerte ihn das liebe lange Gartenjahr hindurch an eigene Schwächen. Es verhielt sich nämlich so, daß mein Vater keinen Hausierer von der Tür weisen konnte, ohne ihm etwas abzukaufen, und daß er auf jeden Trick hereinfiel.

»Paul-Gerhard, ich bitte dich!« jammerte Mutti. »Was soll ich mit all dem Ramsch anfangen?«

Aber trotz ihrer Klagen häuften sich in unserem Haushalt ranzige Seifen, stumpfe Scheren und haarende Bürsten.

»Hausierer sind arme Menschen«, sagte mein Vater. »Sie müssen bei Wind und Regen von Tür zu Tür gehen, ich bringe es nicht übers Herz, sie abzuweisen.«

»Dann gib ihnen etwas Geld, und laß sie ihr Zeugs wieder einpacken!«

»Nein, das würde sie demütigen! Es sind ehrenhafte Händler, die etwas verkaufen wollen.«

Nun, wie ehrenhaft diese Händler waren, das zeigte der Farn, welcher sich in unserem Garten ausgesprochen wohl fühlte und aufs beste gedieh.

Mein Vater war allein zu Hause, als der Hausierer mit einem Koffer voller Wurzeln erschien.

»Es sind Wunderblumen, mein Herr, exotische Gewächse von unerhörter Schönheit, blaue Blüten, goldene Staubgefäße darin, wie ein Krönchen ...«

»Aber ich habe sie noch nie gesehen«, warf mein Vater dazwischen, ehrlich bemüht, sich diesmal nicht einfangen zu lassen.

»Das können Sie auch nicht, mein Herr, denn ich habe sie aus Indien mitgebracht, unter größten Gefahren. Stellen Sie sich vor: eine einsame Bergwiese, so blau wie der Ozean, und der Duft, unbeschreiblich süß!«

Die »blaue Blume der Romantik«, so sagte mein Vater nachher, wäre vor seinen Augen erblüht. Da hätte er nicht widerstehen können, zumal die Wurzel seltsam geartet und der Händler armselig gewandet gewesen sei. Er hätte auch nur eine einzige gekauft, obwohl es ihn schmerzlich nach einer blauen Wiese im Garten verlangt hätte.

»Ein teures Gewächs!« seufzte Mutti und betrachtete die Wurzel mit ärgerlichen Blicken. »Hoffentlich hält sie, was sie nicht verspricht. Oh, Paul-Gerhard, daß du es nicht lassen kannst!«

Else grub die Wurzel im Garten ein. Sie tat dies unter deutlichen Kundgebungen ihres Mißfallens.

»Mei bosche kochanje! Ich will nuscht nich jesacht haben, aber das sieht mich nicht nach einer Wunderblume aus! Und was der Herr Pfarrer ist, der kann schön predchen, aber sonst ist er zu jut für diese Welt...«

»Else!«

»Ja, ich sach ja nuscht nich mehr!«

Die Wunderblume wuchs heran, von meinem Vater sorgsam gedüngt und gegossen. Sie wurde trotz aller Pflege zum ganz gewöhnlichen Wurmfarn, der jedes Jahr treulich seine Wedel ausrollte und grünte, aber niemals blaue Blüten trug.

Diesen Farn also rief meine Mutter zu Hilfe, wenn sie ihrer kleinen Schwäche nachgab.

Ich aber hatte kein solches Hilfsmittel zur Hand, um Manfred von der Notwendigkeit einer Umräumaktion zu überzeugen.

»Unsere Zimmer sind optimal eingerichtet!« So hatte er in Weiden nach meinen ersten diesbezüglichen Vorstößen festgestellt. »Jedes Möbelstück steht am richtigen Platz, da gibt es nichts zu verändern!«

»Wie du meinst, Manfred. Schade, es wäre für mich eine große Arbeitserleichterung gewesen, wenn das Eßzimmer neben die Küche und dein Studierzimmer ans andere Ende der Diele käme, dann könnte man das Schlafzimmer zum Kinderzimmer und das...«

»Hör auf, Malchen! Das kommt überhaupt nicht in Frage!«

Wir räumten in Weiden alles um, was sich bewegen ließ. Wir vertauschten die Zimmer und verstellten die Möbel. Als alles schon einmal dagewesen war, zogen wir um.

Auch die Stadtwohnung erhielt immer wieder ein neues

Gesicht, doch in dem Augenblick, da Andreas um ein eigenes Zimmer bat, hatte ich die Hoffnung, irgend etwas noch schöner gestalten zu können, längst aufgegeben. So fiel seine Bitte auf fruchtbaren Boden. Nach einer Woche hektischer Betriebsamkeit, nach Räumen und Malen, nach Streit und Versöhnung, bezog Andreas sein eigenes kleines Reich und fühlte sich wie ein König.

»Und wer soll mir abends vorlese?« schimpfte Mathias.

»Du kannsch selber lese, du Faultier, außerdem hat ja 's Mulchen jetzt wieder Zeit!«

»Gut, dann will i aber mei Zimmer au umräume!«

So wurde noch einmal geräumt, und es war eine große Freude und eine schöne Zusammenarbeit.

Andreas zog sich in sein Zimmer zurück, wann immer dies möglich war, las, züchtete Kröten und Eidechsen und betrachtete die Welt durch ein Mikroskop.

»Was gibt's Guts?« Er kam früher als sonst von der Schule heim.

»Ist eine Stunde ausgefallen, oder warum bist du so früh dran?«

»Sie spielet no Völkerball.«

»Und du? Du spielst doch auch gern.«

»Ja, gern scho, aber net gut, da bin i eifach übrigbliebe.«

»Och, Andreas!« Glühendes Mitleid erfüllte mein Mutterherz. »Ärger dich nicht, das sind ganz blöde Burschen!«

»Aber i ärger mi doch gar net, Mulchen. Es macht mir ehrlich nix aus. Im Gegeteil, jetzt kann i scho a bißle vorlerne. Heut nachmittag will i ›Blättle‹ austrage.«

Er war »Gemeindedienstfrau« geworden, verteilte in einem Bezirk den Gemeindebrief und versah seinen Dienst mit Eifer und Sorgfalt. Spät kehrte er heim, ließ sich auf einen Küchenstuhl fallen und streckte müde die Beine aus.

»Mensch, Mulchen, i bin vielleicht erledigt. Die alt Frau Haberschlamm hat gsagt, i soll mit ihr Tee trinke, und dann habet mir uns gmütlich hingsetzt und Tee trunke, und sie hat aus ihrm Lebe erzählt. Du, die hat was durchgmacht mit ihrm Mann, weil er doch so lang krank war, und sie hat ihn pflegt und sich richtig aufgopfert und zum Schluß sogar no gfüttert. Aber jetzt isch se furchtbar allei, seit er gstorbe isch, und dann hat se gweint. Mir war's so arg, und i hab gsagt: ›Frau Haberschlamm, wollet Se vielleicht no en Tee‹, aber se hat gar net mit Weine aufghört.«

»Was hast du denn dann gemacht?«

»Was hätt i mache solle? I bin halt sitzebliebe, bis se fertig war und bloß no so a bißle gschnieft hat, und dann hab i ihr Tee eigschenkt und gfragt, ob der Mann auf dem Bild an dr Wand vielleicht ihr Mann wär. Da war se scho wieder a bißle froher und hat gsagt, ja, in seine beschte Zeite. Mulchen, dr Vati muß se unbedingt mal bsuche!«

»Da hast du aber nicht viel Blättchen austragen können?«

»Ach wo! I war doch no bei dem Mann. Weisch, bei dem, der nebe 'm Hof wohnt, mit seim dicke Dackel, der immer gschimpft hat auf uns, wenn mir gschpielt habet, und gschrien, er holt d' Polizei. Weisch nimmer?«

»Doch, ich weiß! Der hat dich reingelassen?«

»Ja, er hat d' Türkette weggmacht und gsagt, i soll reikomme. I hab zerscht furchtbar Angscht ghabt vor ihm und dem Dackel. Aber der Dackel isch bloß in dr Eck gsesse und hat a bißle kläfft. Der Mann war ganz freundlich und hat mir was Beppsüßes zum Trinke gebe und gsagt, jemand müßt mit dem Dackel schpaziere gehe. Er könnt's net, weil er krank wär, und ob i's net tun könnt. Da bin i halt gange.«

»Hast keine Angst gehabt vor dem Dackel?«

»Ach, Mulchen, er isch ja furchtbar dick und hat richtig schnaufe müsse. Alle paar Schritt habet mir schtehebleibe müsse, damit er pinkle kann und sich ausruhe. Dann hab i für den Mann no Wurscht und Brot eikauft, und er hat gsagt, er hätt zwar sein Glaube an d' Menschheit verlore, aber i wär a Ausnahm. Dann hab i no was von dem Beppsüße trinke müsse, und jetzt isch mir's ganz durmelig. Aber morge werd i wieder hingehe, denn der Dackel zerreißt eim ja's Herz. Ach, Mulchen, manche Leut habet kei schös Lebe! Bis nachher, i geh nauf und mach no a bißle Hausaufgabe.«

Er war erwachsen geworden, und ich hatte es nicht gemerkt. Anders verhielt es sich mit Mathias. Er ging in die entgegengesetzte Richtung und wandelte eine Wegstrecke zurück, die wir längst überwunden glaubten.

»I hab Angscht«, erklärte er, als ich mich abends von ihm verabschieden wollte.

»Aber Mathias, seit wann denn?«

»Seit vorgeschtern, wo ihr au weg wart.«

Ich setzte mich an sein Bett. »Erzähl mal, was war denn?«

»I hab solche Angscht ghabt, daß i am liebschte a Ameis gwese wär. Da war a schrecklichs Geräusch, wie wenn jemand auf'm Flur geht. I war ganz starr, ja, Mulchen, i hab sogar betet und gsagt: ›Lieber Gott, gib mir doch a Zeiche, wenn des Geräusch weitergeht, dann isch da jemand, und wenn net, dann net ...‹«

»Ja und?«

»Dann isch des Geräusch weitergange!« Er barg seinen Kopf in meinen Schoß.

»Du brauchst keine Angst zu haben, Mathias, hier kommt bestimmt niemand rein!«

»Doch, Geischter könnet rei!«

»Es gibt keine Geister, Mathias!«

Er hob den Kopf und schaute mich strafend an.

»Doch, 's gibt, Mulchen! Hasch du denn dr Heilige Geischt vergesse?«

»Was redet ihr denn da?« Manfred stand in der Tür, den Blick vielsagend auf die Armbanduhr gerichtet.

»Wir reden über den Heiligen Geist.«

»Muß das jetzt sein, wo wir eh schon spät dran sind?«

»Ja!« rief Mathias. »I hab nämlich Angst vor dem!«

Manfred schüttelte ungläubig den Kopf, kam näher und setzte sich auf den Bettrand.

»Vor dem Heiligen Geist braucht man keine Angst zu haben, Mathias, er ist kein Gespenst oder was immer du dir darunter vorstellst!«

»Ja, wie sieht er denn dann aus?«

Manfred rang nach Worten.

»Laß mich mal«, sagte ich. »Wir haben doch die Bilderbibel angeguckt.« Mathias nickte. »Kannst du dich an das Bild erinnern, wie der Herr Jesus getauft wird?« Er nickte wieder. »Da schwebt er über ihm, und ich hab' ihn dir auch gezeigt und gesagt, daß es der Heilige Geist ist, weißt nimmer? Wie hat er ausgesehen?«

»Wie en Vogel, a Taube oder so.«

»Na siehst du! Vor einer Taube brauchst du doch keine Angst zu haben!«

»I will aber net, daß hier in dr Nacht eine rumfliegt und in Wirklichkeit dr Heilige Geischt isch!«

»Was sagst du ihm auch für Sachen, Malchen!« Manfred erhob sich ärgerlich. »Das ist doch alles Unsinn! Ich erkläre es dir morgen, Mathias. Wir müssen jetzt wirklich gehen! Du brauchst keine Angst zu haben!«

»Aber i hab halt Angscht!« rief Mathias kläglich.

Ich knöpfte mir den Mantel auf. »Ich bleibe zu Hause!«

»Nein, das kommt nicht in Frage. Du mußt mit, Malchen, und zwar jetzt auf der Stelle, sonst kommen wir zu spät!«

Ich nahm Mathias in die Arme. »Hast du auch Angst, wenn's hell ist?«

»Net so arg.«

»Gut, dann lassen wir das Licht im Flur an und machen deine Tür weit auf. Ist's recht so, oder soll ich den Andreas rufen?«

»Ja, wenn der komme tät und 's Licht im Flur anbleibt, dann hab i, glaub i, kei Angscht mehr.«

Ich rief Andreas, der murrte zwar, kroch aber dann doch zu seinem Bruder ins Bett.

Manfred stand wütend an der Wohnungstür und schaute auf die Uhr.

»Bei uns geht's zu wie bei Säuseles!« knurrte er. »Und zu spät kommen wir natürlich auch wieder!«

»Mir ist's peinlich, als erste anzurücken und den Eindruck zu erwecken, als hätte ich den ganzen Tag nur auf diesen Augenblick gelauert!«

»Nun, diesen Eindruck hast du noch nie in deinem Leben erweckt, scheint mir«, sagte er bissig und fügte den Spruch hinzu, den er an dieser Stelle zu sagen pflegte und der mich noch nie überzeugt hatte: »Pünktlichkeit ist die Höflichkeit der Könige!«

»Da hast du völlig recht«, sagte ich, denn meine Gedanken weilten bei Mathias. »Wir hätten ihn nicht allein lassen dürfen mit seiner Angst vor dem Heiligen Geist!«

»Ich wollte, man würde mehr vom Heiligen Geist bei uns spüren! Licht anlassen im Flur! Mach ihn nur wieder zum Baby, das wird ihm sicher helfen!«

»Vielleicht befindet er sich gerade in einer Phase. Ich muß mal die Agathe fragen.«

Als wir heimkamen, lagen beide Söhne friedlich schlafend in Mathias' Bett. Sie hatten eine Mauer von Büchern um sich aufgerichtet.

Am nächsten Tag sprachen Vater und Sohn über den Heiligen Geist, wobei allerdings dem Sohn keine große Erleuchtung zuteil wurde. Fürchten täte er sich nicht mehr vor ihm, so erklärte er mir später, »aber, Mulchen, 's isch schwierig. Man kann ihn fascht überhaupt net verschtehe.«

Allmählich wich die Angst vor der Dunkelheit, die Angst vor dem Alleinsein blieb.

»Mensch, Mulchen, müsset ihr immer zamme wegfahre, der Vati und du? Und wenn amal en Unfall passiert, was isch dann? Hasch dir net überlegt, daß mir dann zwei Stiefeltern krieget?«

»Du weißt doch, wie gut der Vati fährt!«

»Ja, des weiß i, aber wie fahret die andere?«

»Draußen ist so schöner Schnee. Wir gehen spazieren, der Vati und ich, kommt ihr mit?«

»Nei, i möcht lieber hierbleibe und lese«, sagte Andreas.

»Und du, Mathias?«

»I tät natürlich au viel lieber hierbleibe und schpiele, aber ...«, er erhob sich seufzend, »gehet mir halt.«

»Bleib doch da, Mathias, wenn du nicht magst!«

»Und wenn ihr euch hinsetzt und einschlafet? Was isch dann? Im Fernsehen isch a Schtück komme, da sin drei Männer im Schnee eingschlafe, und als se aufgwacht sin, ware se alle tot. Nei, i geh mit!«

»Ich hab es getragen sieben Jahr« oder: »Gardez votre dame«

›Sieben Jahre war ich in Batavia ...‹ sang es aus dem Radio. Manfred und Nick spielten Schach. Ich saß dabei und stopfte schweigend vor mich hin, denn so geboten es die Regeln des Schachabends. Die Blicke der Herren strichen zuweilen gedankenverloren über mein gebeugtes Haupt, ihre Hände schoben das leere Weinglas zu mir herüber, damit ich es wieder fülle, ihre Ohren jedoch verschlossen sich vor meiner Anwesenheit, und ihre Mienen verstellten sich, sobald ich auch nur den geringsten Laut von mir gab. Schweigend mußte ich miterleben, wie zwei hölzerne Damen mich völlig an den Rand des Geschehens drückten, mußte mit ansehen, wie liebevoll die Herren sie umfaßten, mit ihnen in sämtliche Richtungen zogen, sie deckten und verteidigten und schließlich das Haupt verzweifelt gegen die Tischplatte schlugen, wenn sie ihrer verlustig gingen. Einmal in der Woche brach dieser Schachabend über mich herein, und dies nun schon seit sieben Jahren.

›Sieben Jahre war ich in Batavia ...‹ sang also der Tenor im Radio und war schon bald ans Ende seiner Arie gelangt, da geschah es, das noch nie Dagewesene, das Überraschende und Umwerfende: Manfred hob den Kopf, schaute sinnend zu mir herüber und sprach: »Wir sind auch schon sieben Jahre hier ...«

»Gardez!« rief Nick, Triumph in der Stimme. »Deine Dame ist in Gefahr, mein Lieber!«

Manfred wandte den Blick von mir ab und seiner Dame zu, zog sie hierhin und dorthin und warf sie schließlich Nick zum Fraß vor. Der schüttelte den Kopf, blickte auf und fragte: »Ist das dein Ernst?«

»Ja«, entgegnete Manfred, »das kannst du mir glauben! Nach sieben Jahren sollte man sich verändern!«

»So geht man nicht mit seiner Dame um!« rief Nick.

»Da hast du recht!« mischte ich mich ein und setzte mich damit über die Tabus des Schachabends hinweg. Nick reagierte denn auch mit Heftigkeit.

»Was weißt denn du?« Er warf mir einen vernichtenden Blick zu.

Ich wußte gerade genug und viel mehr als Nick. Ich wußte, daß Manfred willens war, seine Dame zu packen, sie von Stelle zu Stelle zu schleifen, mit ihr in eine neue Gemeinde zu ziehen, fort von den alten Freunden und der vertrauten Umgebung. Alles würde sein, wie es schon einmal gewesen. Ich seufzte. Auch Nick tat es, aber nicht aus Kummer wie ich, sondern aus purem Groll. Er lehnte Veränderungen und Neues grundsätzlich ab, und daß dieser Schachabend in solcher Weise mißbraucht und entwürdigt wurde, verunsicherte ihn zutiefst.

»Ich denke, wir spielen Schach!« grollte er.

»Hier bin ich vierter, ich könnte jetzt eine erste Pfarrstelle übernehmen«, bemerkte Manfred.

Das war zuviel! Nick sprang auf, stieß den Stuhl zurück und suchte seine Schuhe, welche er während des Schachspiels auszuziehen pflegte.

»Hoffentlich seid ihr nächsten Freitag wieder normal!«

Nick blickte auf seine Armbanduhr und schauderte zusammen, ein neuerlicher Einbruch in liebgewordene Regeln. Zehn Minuten vor zwölf zeigte seine Uhr, und seit sieben Jahren pflegte er Punkt zwölf das Schlachtfeld zu verlassen. Er schmetterte die Wohnungstür hinter sich zu, schlich dann aber im Schneckentempo die Treppen hinunter, damit noch etwas Zeit vergehen möchte und seine Welt nicht völlig in Unordnung gerate. Manfred und ich stellten die Schachfiguren auf.

»Was meinst du dazu, Malchen?«

»Ich muß mich erst an den Gedanken gewöhnen.«

Er ließ mir Zeit, und ich nutzte sie, sah mit Abschiedsaugen von der Terrasse hinunter auf die Stadt, ging wehmütig durch die Wohnung – und fing an, mich zu freuen auf eine neue Gemeinde, neue Aufgaben, ein neues Haus, vielleicht würde es uns allein gehören, nur eine Treppe haben und einen großen Garten. Niemand würde mehr sagen: »Es ist nicht zu glauben, daß Sie wieder so gut gehen können ... Wenn ich denke, wie schlimm Sie dran waren ...« Das Alte war vorbei. Ein neuer Anfang winkte.

Als meine Überlegungen soweit gediehen, ging ich in Manfreds Studierzimmer, nahm vor ihm auf dem Schreibtisch Platz und fragte: »Hast du schon etwas im Auge?«

Ja, er hatte und begann denn auch sogleich zu suchen.

»Ich habe das Heft doch zurechtgelegt«, murmelte er, »warum kann ich es nicht finden?«

»Weil hier eine Unordnung ist!« antwortete ich. »Da, schau dir das Chaos an auf deinem Schreibtisch!«

»Es ist kein Chaos, sondern meine Art von Ordnung. Ich weiß genau, wo ich was hingelegt habe, und ich finde jeden Zettel, sofern du nicht vorher staubgewischt hast und ich genügend Zeit habe.«

Er machte sich auf die Suche nach dem Heft mit den Stellenangeboten. Er ging dabei systematisch zu Werke, begann an der linken Seite des Schreibtisches und arbeitete sich langsam zur rechten durch. Lange Jahre der Übung kamen ihm dabei zugute, die eine Hand schüttelte Hefte aus, die andere drehte Zettel um, fand er etwas, schon lange verloren Geglaubtes, so verklärte sich sein Antlitz, fiel sein Auge auf einen vergessenen Termin, so umdüsterte es sich. Schließlich forderte er mich auf, meinen Sitzplatz zu verlassen, damit er auch diesen noch durchforsten könne. Und siehe, da lagen die Stellenangebote, und ich hatte sie zugedeckt.

»So ist es immer«, sprach er. »Ich habe eine Ordnung, und du machst sie zunichte. Wie kann ein Mann Ordnung halten auf seinem Schreibtisch, wenn seine Frau diesen als Sitzplatz benützt!«

Dann breitete er die Stellenangebote vor mir aus, aber da war keines, das mich hätte locken können, Umzugsstrapazen und dergleichen Unannehmlichkeiten mehr auf mich zu nehmen.

»Laß uns lieber noch warten«, sagte ich deshalb, »vielleicht kommt im nächsten Monat etwas Besseres. Ein Häuschen mit Garten ...«

Manfred aber zappelte bereits am Angelhaken, hatte sich festgebissen an der Beschreibung einer ersten Pfarrstelle in der Vorstadt, und als Köder diente der Satz: »Die Jugendarbeit liegt beim zweiten Pfarramt.«

»O Malchen«, seine Stimme klang ganz sehnsüchtig, »ich hab' es getragen sieben Jahr, und ich kann es nicht tragen mehr ... Da wäre ich die Jugendarbeit los, da hätte ich nichts mehr damit zu tun. Hört es sich nicht verlockend an? Zweifamilienhaus in stiller Wohnlage. Im Erdgeschoß das zweite Pfarramt, im ersten Stock das erste. Kleiner Garten hinter dem Haus. Wir sollten es uns anschauen!«

»Aber nur von außen, Manfred! Wir dürfen uns nicht sehen lassen bei den Leuten, sonst müssen wir nachher hin, ob wir wollen oder nicht. Wenn man ein Haus von außen anschaut, kann man sich auch vorstellen, wie's drinnen aussieht.«

Dieser letzte Satz erwies sich leider als Irrtum, denn wir konnten uns keineswegs vorstellen, wie's innen aussehen sollte, nachdem wir mehrere Male, als harmlose Passanten getarnt, an dem Haus vorbeigegangen waren.

»Komm, laß uns reingehen, Malchen! Ich will mich nur ein wenig mit dem Kollegen unterhalten, und du kannst einen Blick in die Wohnung werfen. Dann gehen wir wieder heim und wissen Bescheid.«

Ich hatte ein ungutes Gefühl, zu Recht, wie sich später herausstellen sollte.

Der Kollege hielt gerade Konfirmandenunterricht, aber seine Frau Marianne und sein Töchterchen Friederike führten uns eine Treppe hoch, schlossen die leere Wohnung des Vorgängers auf und geleiteten uns durch kleine Zimmerlein und einen Wohnraum, der zugleich den Durchgang zu den hinteren Räumlichkeiten bildete, bis zu einem Bad, in welchem ein schlanker Mensch bequem stehen konnte.

»Es ist winzig«, sagte die Frau des Kollegen, »aber man muß sowieso immer die Tür auflassen, sonst schimmelt es, so ohne Fenster.«

»Aber zwei Klos hat's«, sagte die kleine Friederike, »und draußen im Garten hat's Ratten. Habt ihr vielleicht schon mal Ratten gehabt?«

»Ja, einmal im Keller. Aber die haben wir ausgerottet.«

»Mammi, was ist ›ausgerottet‹?«

»Totgemacht.«

»A ja, der Pappi hat auch mal eine Maus ausrotten wollen, aber er hat sie nicht gekriegt; sie ist in die Küche gelaufen hinter den Spülstein und da hat sie furchtbar gestunken.«

»Das mit den Ratten stimmt leider«, bestätigte die Mammi, »denn die Bahnlinie liegt gleich hinter dem Haus. Wir haben uns schon daran gewöhnt, daß alle fünf Minuten ein Zug vorüberbraust ...«

»Aber wenn wir Gäste haben«, plapperte die Kleine dazwischen, »dann können sie immer nicht schlafen und sagen, es ist eine Zumutung ...«

Die Mutter legte der Tochter die Hand auf den Mund, um wieder zu Wort zu kommen.

»Ihr Vorgänger war ein freundlicher ...«, so hub sie an,

aber dieses Mal fuhr ich ihr in die Rede, »er ist noch gar nicht unser Vorgänger, wir wissen ja nicht, ob wir überhaupt hierher kommen ...«

»Also der Vorgänger hier«, verbesserte sie sich.

»Mammi, warum der Vorgänger und nicht unser Vorgänger? Mammi, was ist ein Vorgänger?«

»Heideblitz, Friederike, jetzt laß mich doch mal die Geschichte von den Eichhörnchen erzählen!«

»Au ja, Mammi!« Friederike kreischte vor Vergnügen.

»Also, er war ein reizender Mensch, aber in der Tierkunde nicht sonderlich bewandert. Er erzählte uns, daß er jeden Morgen solche Freude an den Eichhörnchen habe, die gar possierlich durch den Garten tollten ...«

»Laß mich weitererzählen, Mammi, bitte. Dann sind wir morgens ganz früh aufgestanden und haben aus dem Fenster geguckt, da waren's lauter Ratten, und die Mammi hat gesagt, sie wird ohnmächtig, und der Pappi, er wird verrückt, und ich hab' laut ›Buh‹ gemacht, da sind sie weggelaufen. Magst du Ratten, Frau Müller?«

»Nein, Friederike, überhaupt nicht!«

»Ich auch nicht. Aber es sind die einzigen Tiere, die es bei uns gibt, und darum müssen wir froh sein, daß wir sie haben.«

»Manfred, laß uns gehen ...«

Der Rest meiner Rede erstarb im Rattern des vorbeibrausenden Zuges.

»Warum willst du denn schon gehen? Der Pappi kommt doch gleich.«

Ich war überhaupt nicht begierig darauf, den Pappi kennenzulernen, denn wenn die Mammi schon so nett war und die Tochter, wie erst würde der Pappi sein? Manfreds Augen glänzten schon jetzt und hatten vermutlich die Puppenzimmer mitsamt dem Badekämmerlein gar nicht wahrgenommen. Ich zog und schob ihn voran, aber so sehr ich mich auch mühte, der Pappi erwischte uns an der Haustür, drückte uns zurück ins Haus, hinein in seine Wohnung, lachte schmetternd und erzählte lauter Schönes und Gutes über die Gemeinde.

Manfreds Augen strahlten in überirdischem Glanz und die des Pappis auch, und die Mammi machte Tee, und die kleine Friederike saß auf meinem Schoß und war eine Süße.

»Kannst du Märchen erzählen, Frau Müller?«

»Und wie!« antwortete Manfred für mich. »Niemand erzählt so viele Märchen wie sie!«

»Ach bitte, dann komm doch hierher, Frau Müller! Ich hör' so gerne welche, und die Mammi kennt schon gar keine mehr. Der Pappi wär' auch froh, weil er alle Arbeit allein machen muß und jeden Sonntag Kirche halten und Beerdigungen und so. Und er sagt, wenn endlich einer kommt, dann hat er ihm schon seine ganze Gemeinde wegbeerdigt ...«

Auf der Heimfahrt versank ich in düsteres Grübeln. Warum war alles Glück so unvollkommen? Hätte zu Mammi und Pappi und Friederike nicht noch eine schöne Wohnung gehören können? Mußte dieser hübsche Garten ein Spielplatz für Ratten sein, das Bad so klein und der Bahndamm so nah?

Zu Hause machte ich die Buben mobil, streute Zorn gegen den verblendeten Vater in ihre Herzen, hetzte und klagte: »Der Vati will in eine verpifferte Wohnung, winzige Zimmerlein, ein Bad wie ein Fingerhut, im Garten Ratten, Mäuse, Schlangen ...«

Die beiden gingen sofort an die Arbeit, schmiedeten Verse, verfertigten Plakate, sagten Streik an und Demonstration.

Als Manfred am nächsten Tag aus der Schule kam, marschierten sie durch die Wohnung, schwenkten ihre Plakate und schrien ihre Parolen:

»In Zimmer winzig klein, wollen wir nicht rein!«
»Die Ratten in dem Garten, die solln auf andre warten!«
»Ein Bad, wie'n Fingerhut, ist nur für'n Schmierfink gut!«

»In Ordnung«, sagte Manfred, »ihr könnt es vergessen. Wenn ihr nicht hinwollt und eure Mutter auch nicht, dann lassen wir es eben sein.«

Ich warf mich dankbar an seine Brust und beschloß, demnächst Maultaschen zu kochen und ihm auch sonst jeden Wunsch von den Augen abzulesen.

Er schrieb keine Bewerbung. Pappi und Mammi, Ratten und Bahndamm versanken in Vergessenheit, nur die kleine Friederike trieb sich manchmal in meinen Träumen herum.

Nach einem halben Jahr war die Stelle noch immer nicht besetzt. Der zuständige Oberkirchenrat führte ein Gespräch mit Manfred. Der kam nach Hause, druckste herum, stocherte in seinem Essen und gab nach langem Drängen kund, daß man ihm die Stelle am Bahndamm warm empfohlen und ihn gebeten, sich zu bewerben.

»Oh, du armer Mann!« rief ich zornig. »Wie schwer dich das Schicksal doch geschlagen hat! Jetzt mußt du also auf die Stelle, nach der es dich schon seit einem halben Jahr verlangt! Oh, wie tust du mir leid!«

»Ja«, sagte Manfred, »ja, ich will hin!«

»Und ich nicht!« schrie ich dagegen.

»Machet doch kei Gschrei!« rief Andreas. »Könnet ihr 's net leis sage?«

»Ich kann es schon«, knurrte Manfred, »aber deine Mutter...«

Mathias schaltete sich ein.

»Mr muß es in Ruhe überlege. Wenn 'r doch so gern hin will, Mulchen...«

»Nein, ich will nicht!«

»Ratten gibt es keine mehr«, versicherte Manfred.

»Woher weißt du das?«

»Ich habe mit dem Kollegen gesprochen.«

»Hast du gesagt, daß du kommst?«

»Noch keine feste Zusage.«

Ich schob den Teller von mir und stand auf.

Abends waren wir bei Bruder Christoph eingeladen.

»Judy, Christoph, er will auf diese Stelle, und ich muß einfach mit! Findet ihr das richtig?«

»Ja«, sagte Christoph mit Nachdruck, »ja, das finde ich richtig!«

Mir blieb der Mund offenstehen. Mein kleiner Bruder! Er schlug sich auf Manfreds Seite.

»Bist du noch bei Trost?« fauchte ich.

»Bist du eine Pfarrfrau?« schnaubte er zurück.

»Wenn Manfred sich berufen fühlt, dann mußt du ihm folgen. Wie steht's schon so schön in der Bibel? ›Wo du hingehst, da will ich auch hingehen‹!«

»Hah!« rief ich. »Pfarrerssohn, der die Bibel nicht kennt! ›Wo du hingehst, da will ich auch hingehen!‹ Das sagt nicht das folgsame Eheweib zu ihrem Mann, das sagt die Witwe Ruth zu ihrer lieben Schwiegermutter!«

»Ich werd' verrückt!« Christoph riß erschreckt die Augen auf. »Stimmt das, Schwager?«

»Ja, leider«, antwortete Manfred, »mir hätte es anders auch besser gepaßt.«

»Schade, das war ein Schuß nach hinten, so etwas kann passieren. Trotzdem«, Bruder Christoph wandte sich wieder mir zu, »trotzdem solltest du dich schämen, daß du nach einer schönen Wohnung schielst und nicht nach der Gemeinde und dem, was Manfred wichtig ist.«

»Das mußt gerade du sagen, Christoph, du mit deinem tollen Haus!«

Christoph war zu Geld und Ansehen gelangt. Nicht etwa durch eine Beschäftigung im theologischen Bereich, nein, er wirkte in der Wirtschaft, wie denn Pfarrerssöhne zuweilen mit dem schnöden Mammon gar geschickt umzugehen und ihn um ein Vielfaches zu mehren wissen. Vermutlich, weil sie ihn im Elternhaus oft schmerzlich entbehren mußten.

Der wirtschaftlichen Misere entronnen, im eigenen Haus mit Garten und Swimming-pool, schämte er sich nicht, mich, seine Schwester, zur Enthaltsamkeit anzuhalten.

»Pfarrfrauen haben auch ein Recht, glücklich zu sein!« stieß ich hervor.

»Sie sollten ihr Glück in anderen Werten suchen als in einer schönen Wohnung!« Bruder Christoph wurde direkt salbungsvoll.

»An welche Werte, bitte schön, hast du gedacht?«

»Na, so an Höheres ...«, er brach ab, verstummte kurz und sprach dann normal weiter. »Ach, Amei, ich weiß nicht, wie ich dir's erklären soll. Ich muß immer an Mutti denken. Sie hätte keinen Augenblick überlegt ...«

Ich brauchte drei Tage dazu. Manfred schloß mich überglücklich in die Arme. All das, was ihn und mich bedrückte, kehrten wir sauber unter den Teppich und hielten die Sache damit für erledigt und ausgestanden. Daß dies ein Irrtum war, erwies sich, als ich zum ersten Mal im winzigen Bad saß und keine Luft bekommen konnte, so daß die Tür sperrangelweit aufbleiben mußte, was mein Badevergnügen empfindlich störte und mir einen Schnupfen einbrachte. Es erwies sich, als die Züge in der Nacht donnernd vorbeibrausten, mich aus dem Schlaf rissen und für die restliche Nacht in zorniger Empörung zurückließen.

Es erwies sich beim Möbeleinkauf, als mein hart erkämpftes Geld dahinfloß für Möbel, die wir eigentlich schon hatten und die nun im Keller stehen mußten, weil sie für die kleinen Zimmer zu groß waren.

Der Kirchengemeinderat der neuen Gemeinde erschien im Gottesdienst der Nikodemuskirche, um Manfred predigen zu hören. Nach dem letzten Amen stürzte ich zur Kirchentür, fing die Gäste auf und schleuste sie die Treppe hinunter in einen der unteren Gemeinderäume. Auch ein paar Irrläufer gingen mit, Menschen, die ich nicht kannte und also für fremde Kirchengemeinderäte gehalten und mit eingeladen hatte. Sie hinwiederum vermeinten, es folge noch eine Andacht für besonders Auserwählte oder aber ein Frühschoppen, weshalb sie meine Einladung gerne annahmen. Sie tranken denn auch ein Gläschen Wein mit uns und knabberten eine Salzstange, doch taten sie dies mit immer weniger Lustgefühlen, breitete sich doch langsam die Erkenntnis bei ihnen aus, daß sie hier am falschen Platz seien. Sie schauten verschämt nach allen Seiten, erhoben sich, murmelten einige Worte des Dankes und der Verlegenheit und eilten zur Tür. Dort stand ein Stuhl, auf welchen ein Kirchengemeinderat seinen Hut abgelegt hatte. Sie drehten diesen um und warfen ein Opfer hinein, wie man es beim Verlassen von kirchlichen Räumen zu tun pflegt. Nach dieser Handlung wurde ihnen ein würdiger Abgang zuteil.

Der Kirchengemeinderat aber und Eigner dieses Hutes behielt die Nikodemuskirche in lieber Erinnerung, denn, als er seinen Hut aufsetzte, flogen ihm die Zehnerle um die Ohren, weshalb er eine Woche lang auf Kosten der Nikodemuskirche parken konnte. Er wunderte und er freute sich und beschloß, dieses Erlebnis in der nächsten Sitzung zur Sprache zu bringen.

Die Kirchengemeinderäte nippten an ihrem Weinglas, knabberten Salzstangen und hatten dabei Gelegenheit, den künftigen Pfarrer nebst seiner Frau nach Herzenslust auszufragen. Sie taten es maßvoll und mit Freundlichkeit. Was hätten sie anderes tun sollen? Auch wenn Manfred eine verdächtige theologische Richtung verfolgt, auch wenn er länger als eine Stunde gepredigt, alles abgelesen und trotzdem steckengeblieben, das Beffchen auf dem Rücken getragen, kurz, wenn er all das getan hätte, was ein Kirchengemeinderat nicht gerne an seinem Pfarrer sieht – sie hätten beide

Augen zudrücken müssen. Er war der einzige Bewerber weit und breit, und seit einem Jahr stand die Pfarrstelle leer.

Nun, sie gerieten in keine derartigen Konflikte, der Gottesdienst war zu allgemeiner Zufriedenheit verlaufen, und also taten sie ihre Wünsche und Erwartungen kund, und Manfred die seinen. Auf einmal kam es über mich. Ich war es leid, still dazusitzen und lieb zu lächeln, schlicht und »oifach« zu erscheinen und hingerissen an Manfreds Mund zu hängen. Ich öffnete den meinen und sprach: »Was erwarten Sie von der Pfarrfrau?«

Darauf zog ich den Kopf ein, um den unvermeidlichen Schauer auf mich niederprasseln zu lassen: »Frauenkreis, Mütterkreis, Kirchenchor, Ehepaarkreis ...«

»Nichts!« sagte der hinterher so reich beschenkte, von mir seit dieser Stunde mit treuer Anhänglichkeit verfolgte Kirchengemeinderat. »Wir stellen den Pfarrer an und nicht die Pfarrfrau, also haben wir keine Forderungen zu stellen! Wenngleich wir natürlich glücklich sind, wenn die Pfarrfrau ein bißchen mitmacht.«

Die anderen nickten. Das war ein Wort! Vergiß die Wohnung, so sprach ich zu mir, denn du kommst zu Menschen. Und als wir heimgingen, sagte ich es noch einmal laut zu Manfred und fügte hinzu: »Alles ist gut so, und ich bin froh, daß du die Stelle genommen hast.«

Der Umzug fand bei Schneegestöber statt. Manfred litt an Heuschnupfen, mitten im kalten Winter. Seine Augen tropften, ebenso seine Nase, mir ging es auch ohne Schnupfen nicht anders. Wieder murrten die Packer, aber mittlerweile waren wir es gewohnt. Dieses Mal erhob sich ihr Groll, weil sie dauernd in die Tiefe mußten, erst aus unserer luftigen Wohnung hinunter in den Möbelwagen, dann aus dem Möbelwagen hinunter in den Keller.

»Wellet Se em Keller wohne?« fragte der eine. »Obe hent Se nix als Bücherkischte!«

Die kleine Friederike schlängelte sich zwischen all diesen Kisten hindurch, um uns mitzuteilen, daß die Mammi zum Mittagessen einlade und daß sie, Friederike, den Nachmittag bei uns verbringen wolle, um zu helfen und Märchen zu hören.

»Denn darum, Frau Müller«, so sprach sie, »bist du ja hergekommen, und ich habe gebetet, daß es klappt.«

An Mammis gut gepfefferten Frikadellen lag es nicht, daß Manfred und ich beim Mittagessen andauernd mit den Taschentüchern wedelten.

Feierliche Investitur am Sonntag. Schöne Reden beim Stehempfang, mit Sekt hinuntergespült, mit belegten Brötchen garniert.

Pappi hatte alles aufs beste vorbereitet. Nichts blieb uns zu tun. Wir durften genießen, Ehrungen entgegennehmen und Willkommensgrüße, und jedermann wußte, daß ich »Helmensdorfers Pastorengattin« gewesen war.

Manfred warf sich hernach mit Elan in die Gemeindearbeit. Pappi und er waren ein Herz und eine Seele. Wenn der eine lachte, dann wußte der andere warum, und wollte der eine in der Sitzung etwas durchdrücken, dann wollte es der andere auch. Eine Gemeindedienstfrau faßte dies in die Worte: »Früher haben sich unsere Pfarrer zu schlecht verstanden. Jetzt verstehen sie sich zu gut!«

Auch die Buben waren froh. Sie konnten in ihrem Gymnasium bleiben, behielten ihre Schulfreunde, gewannen jedoch keine neuen dazu.

So war denn alles eitel Sonnenschein. Die kleine Friederike erschien jeden Tag bei uns, stand daneben, wenn ich bügelte und kochte, hörte zu, wie ich Märchen erzählte, und wußte selber welche. Sie war ein kluges und sprachbegabtes kleines Mädchen, und sie redete gern und viel. Jeden Tag wollte sie mit einem anderen Namen gerufen werden. Nicht wie ein Mensch wollte sie heißen, sondern wie ein Tier, weil sie Tiere in ihrem Leben schmerzlich vermißte. Heute nun wollte sie »Schneckle« heißen, denn sie hatte beim Spaziergang eine Schnecke gefunden, welche sie mitgebracht hatte, damit ich sie bewundern könne.

»Sie hat weiche Hörner auf dem Kopf, Frau Müller, und sie trägt ihr Haus auf dem Rücken, deshalb kommt sie auch so langsam voran. Ich setz' sie jetzt hier an die Küchentür, und bis du mir das Märchen von der Schnecke und dem Königssohn erzählt hast, gucken wir gar nicht hin, und dann gucken wir und sehen, wie weit sie ist. Du mußt mich jetzt ›Schneckle‹ heißen, gell, Frau Müller!«

»Ja, gut, Schneckle!«

»Frau Müller, der Pappi sagt, du hast nicht hierher wollen. Warum hast du das nicht wollen?«

»Ach, Schneckle, das ist schwer zu sagen.«

»Du hast doch gewußt, daß ich zu dir komm', wenn die Buben in der Schule sind!«

Sie nannte Andreas und Mathias nur »die Buben«, sprach sie auch nie direkt an, sondern nur über mich. »Frau Müller, frag die Buben, ob sie für mich was Gutes haben!« – »Frau Müller, sag den Buben, sie sollen ihr Radio nicht so laut anmachen!« Die Einzahl hieß dann: »Frau Müller, frag den Bub, ob ich mal durch sein Mikroko gucken darf ...«

Jetzt also stand das Schneckle neben mir in der Küche und wollte Genaueres hören.

»Du hast doch gewußt, Frau Müller, daß ich zu dir komm' und daß du nicht allein sein mußt, warum hast du dann nicht her wollen?«

»Schneckle, ich hätt' so gern ein schönes, großes Haus gehabt!«

»Aber es ist doch ein schönes, großes Haus, Frau Müller!«

»Ich wollt' eins ganz für uns allein, Schneckle.«

»Aber Frau Müller, dann hättst du mich doch nicht gehabt!«

»Da hast du recht! Du bist ein kluges Mädchen ...«

»Schneckle!« verbesserte Friederike. »Frau Müller, du darfst nicht vergessen, daß ich heute ein Schneckle bin!«

Manfred schloß die Wohnungstür auf und kam zu uns in die Küche.

»Herr Müller!« Ein schriller Schreckenslaut. »Herr Müller, du hast mein Schneckle verdappt!«

Er hob entsetzt den Fuß.

»O Himmel, wie konnt' ich wissen, daß hier eine Schnecke rumläuft. War das deine, Friederike?«

»Schneckle!« verbesserte sie streng. »Herr Müller, du mußt mich heute Schneckle nennen, und den Buben kannst du's auch sagen!«

»Gut, Schneckle! Du, Malchen, ich leg' mich ein bißchen auf die Couch, mir tut der Kopf weh und die Ohren und der Hals ...«

»Dann mußt du gurgeln«, mahnte das Schneckle. »Ich glaube nicht, Frau Müller, daß wir den Doktor holen müssen. Vielleicht hat er einfach zuviel Süßigkeiten gegessen. Leg dich schon mal hin, Herr Müller. Wir müssen noch zu Ende sprechen. Es ist schade, daß du das Schneckle verdappt hast, aber Halsweh hättest du deswegen nicht gleich kriegen brauchen!«

Manfred veränderte sich auf erschreckliche Weise. Sein Hals schwoll an, seine Backen auch.

Als Friederike am nächsten Morgen seiner gewahr wurde, schaute sie ihm lange nachdenklich ins Gesicht und kam dann zu mir.

»Frau Müller, wie heißt das Tier, von dem du mir erzählt hast, das Nüsse und Körner in seine Höhle schleppt?«

»Meinst du ein Eichhörnchen?«

»Nein! Es steckt alle Körner in die Backen, und dann sehen sie so aus wie dem Herrn Müller seine. Wie heißt das Tier?«

»Hamster!«

»Ja, und so will ich heute heißen! Frau Müller, warum sieht der Herr Müller aus wie ein Hamster?«

»Ach, Hamsterle, weil er Mumps hat! Himmel, wie konnt' ich das vergessen! Friederike, mach, daß du runterkommst! Schnell! Schnell! Und die Mammi soll dir die Hände in Desinfektionsmittel waschen!«

Friederikes Lippen begannen bedrohlich zu zittern, ihre Mundwinkel senkten sich abwärts, dann kam es in hohem Heulton: »Frau Müller, ich heiß' Hamsterle! Huuuuu! Warum soll ich machen, daß ich runterkomm'? Huuuu! Die Buben sind doch noch nicht da! Huuu! Warum soll die Mammi meine Hände in Desinfe ... Huuuu!«

Ich hob sie hoch, drückte sie trotz Ansteckungsgefahr an mich, wiegte sie hin und her.

»Komm, Hamsterle, heul nicht! Der Herr Müller hat Mumps, das ist furchtbar ansteckend. Du willst doch nicht aussehen wie ein Hamster?«

»Doch, ich will!«

»Aber es tut weh, und man muß ins Bett. Lauf runter, schnell! Wenn ich nachher einkaufen gehe, dann nehm' ich dich mit.«

Das Hamsterle heulte die Treppen hinunter und stand kurz danach wieder vor der Wohnungstür, mit strahlenden Augen, ein Taschentuchhäubchen auf dem Kopf, Mammis weiße Schürze zweimal um den Leib geschlungen.

»Ich hab' ihn schon gehabt, und da kriegt man ihn nicht mehr, sagt die Mammi, und er heißt in Wirklichkeit Ziegenpeter. Und er soll Kaugummi kauen. Und jetzt werd' ich bei euch Diakhornisse!«

»Da bin ich aber froh, Schwester Friederike!«

»Du kannst ruhig Hamsterle zu mir sagen, Frau Müller. Wollen wir mal sehen, wie's ihm geht?«

Es ging ihm schlecht. Er hatte Fieber und Schmerzen und sah aus wie der Glöckner von Notre Dame.

»Ach, Herr Müller, wie du ausschaust!« rief das Hamsterle. »Wenn ich nicht wüßt', daß du der Herr Müller bist, ich tät' mich richtig graulen! Jetzt mußt du Kaugummi kauen, sagt die Mammi, das ist gut für die Ohrenspeicherdüsen. Hier! Mund auf!«

»Nein«, jammerte er, »ich kann nicht kauen, es tut weh! Oh, wie geht es mir schlecht!«

Das Hamsterle schob ihm resolut den Kaugummi zwischen die Lippen.

»Los! Jetzt wird brav geseint!«

Er stöhnte.

»Armer Manfred! Du tust mir leid!«

Ich streichelte sein verunstaltetes Gesicht, erneuerte den Ölumschlag und mußte trotz allem Mitgefühl dauernd das Glucksen hinunterschlucken, das mir die Brust erschütterte, durch die Kehle in den Mund drängte und sich gerne als Lachen befreit hätte. Aber wie könnte ich ihm das antun, ihm, der mit dicken Hamsterbacken, die nahtlos in den Hals übergingen, mit anklagenden Augen und grämlich verzogenem Mund auf seinem Schmerzenslager ruhte?

»Durst!« keuchte er. »Habt ihr nichts zu trinken?«

Wir hielten ein Glas Tee an seinen Mund, aber schon nach dem ersten Schluck sank er aufstöhnend zurück.

»Mein Hals, mein Hals! Ich kann nicht schlucken!«

Das Hamsterle betrachtete ihn mit überlegenem Kopfschütteln.

»Wie der Pappi! Wie der Pappi! Weißt du, was die Mammi gesagt hat, Frau Müller?«

»Nein, was hat sie denn gesagt?«

»Wenn Männer krank sind, dann ist es eine Heimsuchung. Wirklich, als der Pappi Grippe hatte, da sind die Mammi und ich gerannt und mußten ihm Sachen bringen und an seinem Bett sitzen und zuhören, wie er Schmerzen hat. Und einmal hat er gesagt, er kann nicht ins Bad gehen, denn er ist zu schwach dazu. Aber da hat die Mammi gesagt, jetzt nimm dich mal ein bißchen zusammen, Willfried!«

»Ist er dann gegangen?«

»Ja, aber wir haben ihn stützen müssen, und er hat sich richtig runterhängen lassen und immer gesagt, mir wird schlecht, mir wird schlecht!«

Manfred stieß einen tiefen Seufzer aus.

»Könnt ihr euch nicht draußen unterhalten! Ich hab' rasendes Kopfweh und die Ohren und der Hals! Ein neuer Umschlag, bitte, und die Tabletten! Ich bin ganz naßgeschwitzt...«

Das Hamsterle und ich liefen um die Wette, holten herbei, schleppten davon und schlichen, als unser Patient endlich in leichten Schlummer gesunken, mit hängenden Schultern und müden Füßen ins Wohnzimmer. Dort sanken wir auf den Teppich und streckten alle viere von uns. So fanden uns »die Buben«, als sie frohgemut aus der Schule heimkehrten.

»Was machet denn ihr hier auf 'm Bode? Friederike, willsch du mit uns Schwarzer Peter schpiele?« Friederike wandte sich an mich.

»Frau Müller, sag den Buben, daß ich heute Hamsterle heiße und daß sie leise sein sollen und daß ich nicht Schwarzer Peter spielen kann, weil der Herr Müller Ziegenpeter hat und ich schaffen muß!«

»Wie geht's 'm Vati, Mulchen?«

Das Hamsterle antwortete für mich.

»Frau Müller, sag den Buben, daß es ihm ganz arg schlecht geht und daß sie ihm ›Grüß Gott‹ sagen sollen, damit er eine Ablenkung hat!«

Sie gingen hinein. Sie kamen wieder. Über ihr Gesicht zuckte Mitleid, Grausen und unterdrücktes Lachen.

»Mann, Mulchen«, brach es aus Mathias heraus, »wie sieht denn dr Vati aus? Wird der wieder richtig oder bleibt der so?«

»I les ihm heut nachmittag vielleicht Karl May vor«, sagte Andreas, »damit er auf andere Gedanke kommt. Des bricht eim ja 's Herz!«

Das Hamsterle faßte mich am Arm.

»Frau Müller, sag dem Bub, wenn er heut nachmittag Kallmai vorliest, dann will ich auch zuhören, weil ich es noch nicht kenne.«

»Pah!« machte Mathias. »Des isch a Männergschicht und nix für kleine Mädle!«

Das Hamsterle erhob sich würdevoll, seine Augen blitzten zornig, und in seinem Kopf arbeitete es.

»Frau Müller, sag dem Bub, daß er ein ... daß er ein ... Rhinozerochs ist!«

»Aber Friederike«, Mathias wiegte tadelnd das Haupt, »a bravs, kleins Mädle sagt so ebbes net!«

Das Hamsterle aber war nach Ausstoßung dieses fürchterlichen Wortes keiner weiteren Beschimpfung mehr fähig. Es ging gemessenen Schrittes zur Tür, den Gang entlang, drehte sich dann um, schoß zurück, flink wie ein Wiesel, und biß dem verdutzten Mathias kräftig in die Hand.

»Au verflixt!« rief der, aber da sauste das Hamsterle schon die Treppe hinunter.

»Da kannsch sehe«, sagte Mathias zu seinem Bruder, »wie gut 's isch, daß mir kei Schweschterle habet.«

Nach drei Tagen begehrte der Patient, daß man ihm ein Lager im Wohnzimmer richte und den Fernseher einschalte, damit er eine Abwechslung habe. Friederike, welche heute Schäfle hieß, äußerte ihr Befremden über einen solchen Wunsch.

»Fernsehen ist nicht gut für ihn, Frau Müller! Da kriegt er einen Rückstoß! Und wenn jemand kommt und sieht ihn, dann erschrickt er.«

Tatsächlich kam Besuch. Frau Schwälble war es, eine Gemeindedienstfrau, hübsch und jung. Nach jedem Gottesdienst wartete sie auf Manfred, um ihm mitzuteilen, wie wohl ihr seine Predigt getan und wie sie den Eindruck gewonnen, daß dieselbe ganz allein für sie bestimmt gewesen. Dabei schlug sie die Augen schmachtend zu ihm auf und lächelte süß, so daß sich meine sonntägliche Milde in Galle verkehrte.

Sie also kam und sprach, sie habe gehört, der Herr Pfarrer sei krank und sie wolle ihm deswegen ein Krankenbesüchle machen. Oh, wie hüpfte mein Herz und sprang vor Freude. Heute, so dachte ich, hat ihn der Herr in meine Hand gegeben! Lasse ich sie zu ihm, so hat er im selben Augenblick eine Anbeterin verloren. Denn welche Verehrung ist so tief und welche Schwärmerei so gefestigt, daß sie den Anblick eines mumpsgesichtigen Götterbildes ertragen könnte? Schaudernd würde die Dame ihr Haupt verhüllen, fliehen und für alle Zeiten geheilt sein!

»Frau Müller«, das Schäfle zupfte mich am Rock, »die Frau will den Herrn Müller besuchen, darf die das?«

»Nein, leider nicht, Frau Schwälble! Es ist sehr freundlich von Ihnen, aber der Arzt hat ihm völlige Ruhe verordnet!«

Sie sah mich an, und was sie dachte, war leicht zu erkennen. Du willst mich nur nicht zu ihm lassen, du eifersüchtige Nudel! So etwas mochte sie denken, und aus dem Wohnzimmer klang die Stimme des Fernsehansagers, und das Schäfle sah mich an und sagte gar nichts, denn es war ein verständiges kleines Mädchen. Die Hübsche, Junge schlug mir den Strauß – in Gedanken um die Ohren –, in Wirklichkeit in die Hand, bestellte recht, recht herzliche Grüße und tiefempfundene Genesungswünsche, nestelte ein Schüsselchen aus ihrer Einkaufstasche, sagte, dies seien Erdbeeren aus ihrem Garten, selbst gepflückt und selbst geputzt und selbst gezuckert und nur der Herr Pfarrer selbst dürfe sie essen.

»Ich mag keine Erdbeeren«, bemerkte das Schäfle, »denn ich kriege eine Allergie davon, und die Frau Müller, glaube ich, auch und die Buben. Der Herr Müller kann sie ganz alleine essen, vielen Dank! Auf Wiedersehn!«

Wir gingen ins Wohnzimmer.

»Frau Schwälble ist da, Manfred, sie will dir ein Besüchle machen!«

»Um Himmels willen!« ächzte er. »Bloß nicht! Schick sie weg!«

»Du brauchst nicht so zu jammern, Herr Müller!« sagte das Schäfle vorwurfsvoll. »Wir haben sie ja schon weggeschickt!«

Er ließ sich erleichtert zurück in die Kissen fallen und bat dann darum, ihn wieder zu seinem Bett im Schlafzimmer zu geleiten.

Am nächsten Tag wollte er nicht fernsehen und nicht lesen, wälzte sich auf seinem Schmerzenslager hin und her und versank in tiefe Betrübnis.

»Was hat er denn?« fragte Friederike. »Er ruft nicht und klingelt nicht und will nichts und liegt bloß so im Bett. Frau Müller, ich glaub', er ist traurig. Einer muß ihm Märchen erzählen! Ich oder du?«

»Zählen wir ab«, sagte ich und zählte: »Ich und du, Müllers Kuh, Müllers Esel, das bist du!«

Friederike mußte Märchen erzählen, und sie war es zufrieden.

»Frau Müller, das ist ein schöner Spruch, ich will ihn lernen, und heute mußt du mich ›Kühle‹ heißen!«

Wir gingen also zu Manfred, das Kühle und ich, und setzten

uns auf seinen Bettrand. Er sah wirklich traurig aus, irgend etwas bedrückte ihn.

»Ist was, Manfred?«

»Ja, ich habe zuviel Zeit zum Nachdenken ...«

»Wir erzählen dir jetzt eine Geschichte, Herr Müller, dann brauchst du nichts mehr zu denken.«

»Friederike, ich würde gerne einmal mit meiner Frau sprechen!«

»Ich heiße heute Kühle! Und wenn du mit deiner Frau sprechen willst, dann kannst du das ruhig tun!«

Sie war nicht gewillt zu verstehen und zu gehen, und ich wollte sie auch nicht wegschicken, um allein mit ihm zu bleiben. Er holte tief Luft.

»Ich habe dich hierher gedrängt, Malchen, das bedrückt mich ...«

Na, endlich, dachte ich. Laut sagte ich: »Es ist vorbei, Manfred, und jetzt bin ich gerne hier!«

Das Kühle sah aufmerksam von einem zum anderen.

»Ich bin ja da, wenn die Buben in der Schule sind, und deshalb ist sie froh und will kein Haus mehr für sich allein!«

»Du hast es dir so gewünscht, Malchen! Ich habe nur an mich gedacht und nicht an dich. Es tut mir leid. Das nächste Mal, da gehen wir nur dahin, wohin du willst ...«

»Was?« schrie das Kühle und sprang von meinem Schoß. »Frau Müller, du willst weg, wo du mich doch hast?«

Die Mundwinkel senkten sich, die Lippen zitterten.

»Gleich wird sie loslegen, Manfred! Ade, wir gehen einkaufen. Komm, Kühle, nicht weinen, ich geh' ja nicht weg! Mach dir keine Gedanken, Manfred, es ist vorbei!«

Mach du dir ruhig Gedanken, so dachte ich und zog dem Kühle das Jäckchen an, quäl dich ein bißchen herum, ich hab' das schließlich auch alles mitgemacht!

Wir gingen die Treppe hinunter, das Kühle war vergnügt, ich auch.

Wozu solch ein Mumps doch gut ist. Ein verstockter Mensch kommt endlich zur Erkenntnis. Das nächste Mal werde ich bestimmen, denn jetzt sitze ich am längeren Hebel ...

»Ich und du«, sang das Kühle und sprang um mich herum, »ich und du, Müllers Kuh ... Wie geht's weiter, Frau Müller?«

»Müllers Esel, das bist du!«

Das Kühle sang und sprang, und es ging mir auf die Nerven.

»Hör endlich auf, Kühle, ich kann das blöde Ding nicht mehr hören!«

»Aber es ist doch gar nicht blöd, Frau Müller! Ihr heißt doch auch so! Was ist? Warum drehst du um? Wir müssen einkaufen!«

»Schnell, Kühle, ich muß heim! Ich muß dem Herrn Müller was sagen!«

Ich lief zurück, so schnell der Fuß es zuließ, und das Kühle trabte unmutig nebenher.

»Menschenskind, Frau Müller! Was ist denn jetzt wieder los? Warum rennst du so?«

»Manfred«, ich plumpste auf den Bettrand nieder und beugte mein Gesicht hinunter zu seinen heißen, geschwollenen Hamsterbacken.

»Ach du, ich bin so froh, daß du es gemerkt hast und mir gesagt. Nun ist alles gut!«

»Die nächste Stelle sollst du aussuchen, Malchen!«

»Nein, nicht ich allein und nicht du allein, sondern ich und du zusammen! Das ist überhaupt das wichtigste, daß wir beide zusammenbleiben.«

»Ich war ein Esel!« sagte er.

»Und ich eine Kuh!«

»Nein«, rief das Kühle, »ich bin die Kuh! Und wenn wir jetzt nicht einkaufen, dann kommen die Buben heim, und das Essen ist nicht fertig! Küssen kannst du ihn nachher immer noch, Frau Müller!«